民用航空应用型人才培养特色教材

飞行器制造技术

刘清杰　刘章红　主　编

北京航空航天大学出版社

内容简介

本书以传统制造工艺为基础，融合了航空航天领域内常见异形体加工技术、数字化制造与虚拟装配等知识，分为6个模块，共12个任务，系统介绍了数控加工工艺、钣金成形工艺、铆接装配工艺、紧固件及保险施工技术、结构传动知识以及数字化制造技术等内容。在内容编排上，采用模块设计、任务驱动，注重理论与实践融合。

本书可作为飞行器制造类的专业教材，亦可供航空航天领域的专业技术人员学习参考。

图书在版编目(CIP)数据

飞行器制造技术 / 刘清杰，刘章红主编. -- 北京 ：北京航空航天大学出版社，2025.9

ISBN 978-7-5124-4308-2

Ⅰ. ①飞… Ⅱ. ①刘… ②刘… Ⅲ. ①飞行器—制造 Ⅳ. ①V47

中国国家版本馆 CIP 数据核字(2024)第 027399 号

飞行器制造技术

刘清杰　刘章红　主　编

策划编辑　冯　颖　　责任编辑　王　实

*

北京航空航天大学出版社出版发行

北京市海淀区学院路37号(邮编 100191)　http://www.buaapress.com.cn

发行部电话：(010)82317024　传真：(010)82328026

读者信箱：goodtextbook@126.com　邮购电话：(010)82316936

北京建宏印刷有限公司印装　各地书店经销

*

开本：787×1 092　1/16　印张：11　字数：282千字

2025年9月第1版　2025年9月第1次印刷　印数：2 000册

ISBN 978-7-5124-4308-2　定价：39.80元

前　言

飞行器制造技术随着国家科学与技术的进步而不断发展。航空航天产业作为国家科技水平和综合国力的重要体现之一，其技术水平的高低反映了国家在装备制造技术领域的实力和水平。飞行器制造技术面向航空航天发展前沿，以先进制造技术为基础，探求飞行器制造方法与规律，融合航空航天工程、机械工程、信息工程、控制工程、计算机科学与技术等多学科技术，旨在提升航空、航天产品的质量，缩短研制周期，降低成本，减轻劳动强度，提高生产效率和经济效益，促进航空航天产业战略升级。

本书以航空航天产品发展现状和先进制造技术为基础，对飞行器制造的特点、技术分类和模式进行了阐述，详细介绍了现代飞行器制造产业中的常见工艺和方法、复杂结构件的成形与制造技术、零部件的数字化制造技术和装配技术等内容。本书紧扣航空航天领域的最新技术发展脉络，将先进航空航天制造技术与传统加工技术相结合，使内容更具系统性、完整性、先进性和易读性。

本书由刘清杰、刘章红担任主编，吴鸿涛、王琪、吴玉超和李大朋担任副主编。编者在参阅了相关教材的基础上，精心编排本书的内容，补充了近年来航空航天产业中出现的先进制造技术和先进工艺，使教材内容尽量与世界先进制造技术接轨。全书分为6个模块，共12个任务。吴玉超老师在模块一的2个任务中以整体叶轮和异形结构件为例，详细阐述了CAM技术在数控加工过程中的应用方法；吴鸿涛老师在模块二的2个任务中介绍了典型的飞机板材和管材成形工艺；刘清杰老师在模块三的2个任务中全面介绍了铆接工艺，包括应用广泛的冲击铆接、压铆和拉铆工艺；王琪老师在模块四的2个任务中，编排了紧固件、开口销和保险片拆装工艺；李大朋老师在模块五的2个任务中详细介绍了结构传动方面的基本知识，包括钢索的拆装等；刘章红老师在模块六的2个任务中，结合传统的装配工艺，以现代飞机机头和前机身为例，详细介绍了数字化工装、数字化制造与装配技术。作为参编，卿四广老师和彭世能老师负责实操演示、插图绘制以及示意图编排，四川航天职业技术学院董小磊副教授对本书进行了审阅，在此致以诚挚的谢意。

因编写人员知识和经验有限，书中若有不妥之处，敬请各位同行和读者批评指正。

编　者

2025年5月

目　　录

模块一　数控加工工艺

模块二　钣金成形工艺

模块三　铆接工艺

模块四 紧固件及保险

模块五　传动结构

模块六　数字化制造技术

模块一　数控加工工艺

任务 1　异形轴零件数控加工

1.1　任务卡

任务编号	1	任务名称	异形轴零件数控编程
学　时	6	工作区域	数字化设计与制造实训室
参考资料	1. 李粉霞，张涛. 多轴加工项目化教程[M]. 北京：北京理工大学出版社，2024. 2. 石皋莲，季业益. 多轴数控编程与加工案例教程[M]. 北京：机械工业出版社，2021		
工作任务	1. 完成异形轴零件加工工艺分析； 2. 完成异形轴零件数控程序编制		
工具设备	计算机、UG NX 系列软件		
材　料	略		
任务要求	1. 分析零件三维模型，确定加工该零件所需刀具、夹具、量具等； 2. 掌握运用 UG NX 完成刀具和几何体等创建流程； 3. 熟悉型腔铣、底壁铣、可变轮廓铣程序的编制方法		
职业素养	1. 遵守国家法律和企业规章制度； 2. 诚信为本，按工艺文件操作，保证制造过程记录真实； 3. 爱岗敬业，积极参加岗位培训，主动学习并提高知识和技能水平； 4. 工作认真，有团队协作精神； 5. 自觉维护爱惜公共财物以及设备和工具等； 6. 着装规范，符合规定，保持工作环境整洁有序，文明生产； 7. 质量第一，用户至上		

1.2 知识准备

1.2.1 零件三维模型

异形轴零件三维模型如图 1-1 所示。

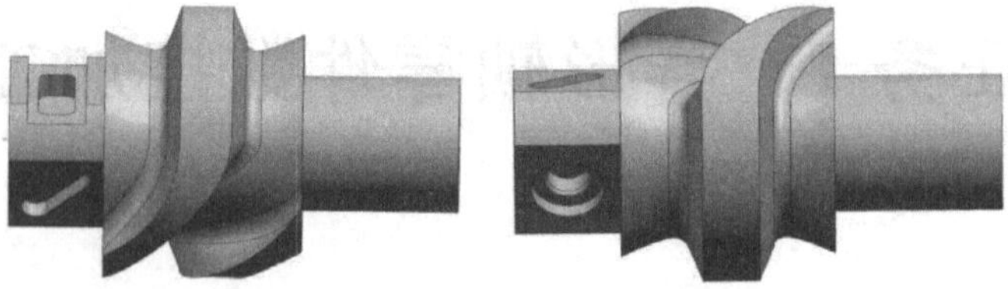

图 1-1 异形轴零件三维模型

1.2.2 零件工艺分析

零件毛坯如图 1-2 所示，材料为 5A06-H112。

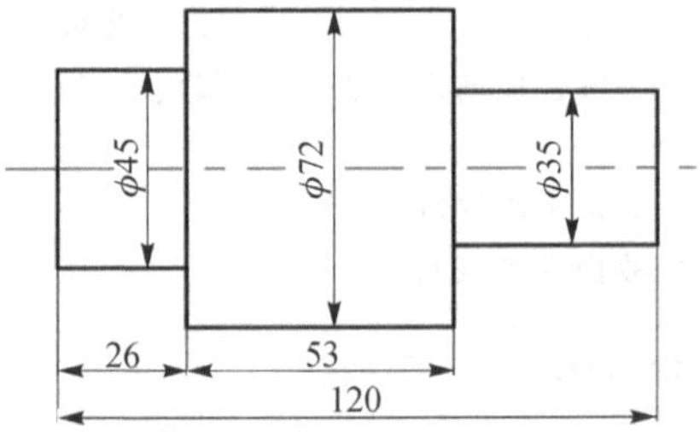

图 1-2 零件毛坯图

根据加工零件的技术要求，凸轮轴右端的光轴部分为零件加工的装夹部位，毛坯经车削加工达到尺寸要求。零件的尺寸精度达到 7 级，按入体原则保证特征尺寸加工零件，零件表面粗糙度不低于 *Ra*1.6。加工工序按照基准面先主后次、先粗后精、先面后孔的原则依次划分工序加工。

1.2.3 工具、刀具、量具的选择

在保证加工效率，满足加工要求的前提下，尽量减少工具、刀具和量具的数量，对它们的选择可参考表 1-1。

表 1-1 工具、刀具和量具清单

序 号	名 称	规 格	精 度	数 量	备 注
1	铣刀	D8R0.5、D6R0		各 1	
2	球头铣刀	D8R4、D4R2		各 1	
3	去毛刺刮刀			1	
4	寻边器			1	
5	杠杆百分表(带表座)	0～10	0.01	1	

续表 1-1

序 号	名 称	规 格	精 度	数 量	备 注
6	游标卡尺	0～150	0.02	1	
7	R 规			1	
8	内径百分表或三爪千分尺		0.01	1	

1.2.4 确定装夹方法

异形轴采用三爪卡盘装夹，如图 1-3 所示。

图 1-3 异形轴装夹

1.3 程序编制

首先进入加工环境，可以使用组合键 Ctrl+Alt+M，或者在“应用模块”下单击“加工”进入编程模块(见图 1-4)，“刀具”创建如图 1-5 所示。

图 1-4 进入编程模块

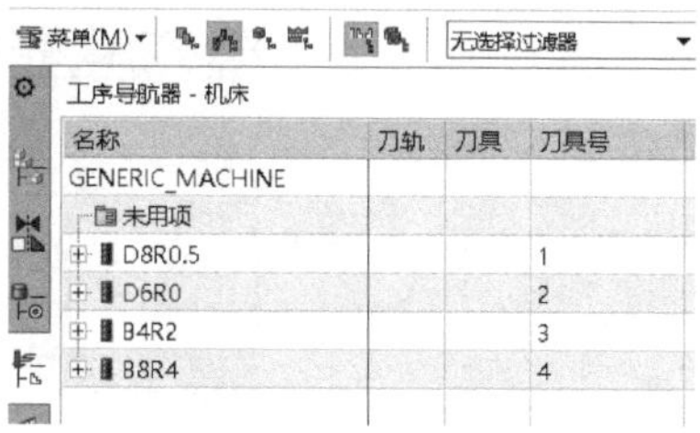

图 1-5 创建刀具

创建几何体，加工坐标系放在左端面(见图 1-6)，毛坯分两段创建(见图 1-7)。

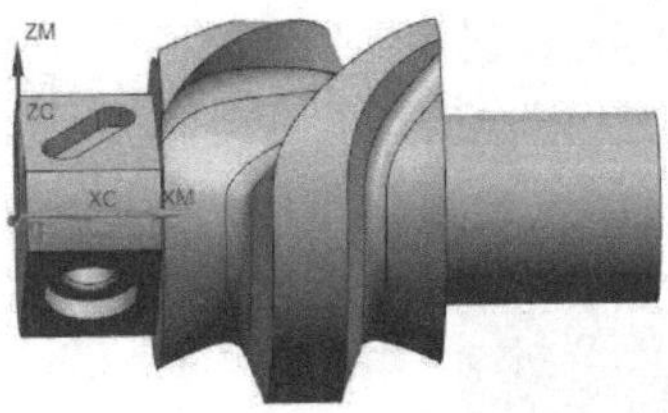

图 1-6 创建加工坐标系

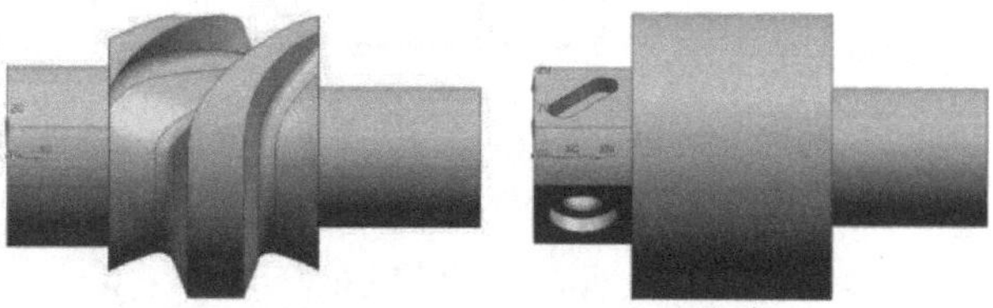

(a) WORKPIECE-1　　(b) WORKPIECE-2

图 1-7 创建毛坯几何体

1.3.1 零件左端加工

1. 左端粗加工

① 单击“创建工序”按钮(见图 1-8),弹出“创建工序”对话框(见图 1-9),在“类型”中选择 mill_contour,在“工序子类型”中单击“自适应铣削”工具按钮,在“程序”中选择 PROGRAM,在“刀具”中选择 D8R0.5,在“几何体”中选择 WORKPIECE-1,在“方法”中选择 MILL_ROUGH(也可在切削参数表里设置参数),单击“确定”按钮。

② 在“自适应铣削”对话框中(见图 1-10),打开“刀轨设置”,按图 1-11 所示设置切削层参数。

图 1-8 创建工序

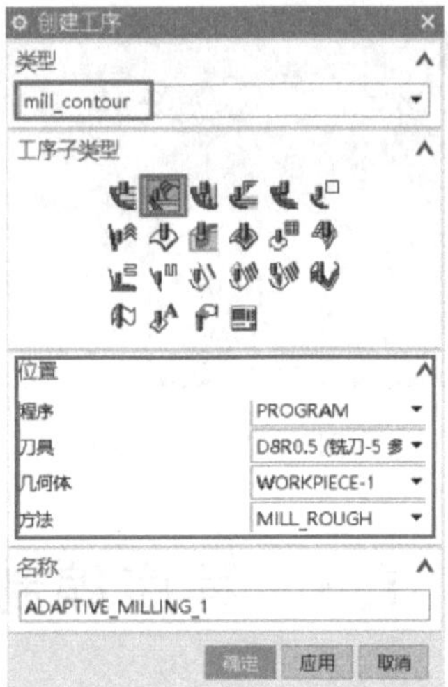

图 1-9 “创建工序”对话框

图 1-10 “自适应铣削”对话框

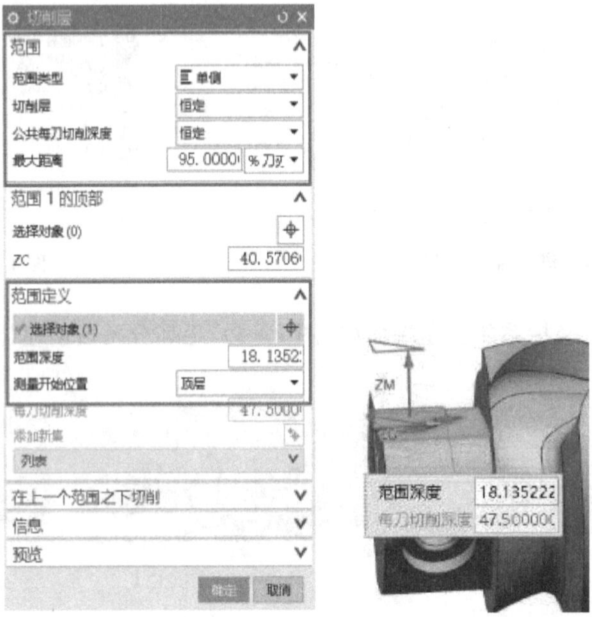

图 1-11 切削层设置

③ 在“刀轨设置”中，单击“切削参数”选项(见图 1－12)，弹出“切削参数”对话框，单击“余量”标签，然后在“余量”选项卡中选择“使底面余量与侧面余量一致”复选框，设置“部件侧面余量”为 0.5，如图 1－13 所示。单击“连接”标签，然后在“连接”选项卡中设置“开放刀路”为“变换切削方向”(见图 1－14)，其他参数保持不变，单击“确定”按钮。

④ 在“刀轨设置”中单击“进给率和速度”选项，弹出“进给率和速度”对话框(见图 1－15)。设置“进给率”中的“切削”为 1000，“主轴速度”为 6000，单击“确定”按钮。

图 1－12　“切削参数”选项

图 1－13　“余量”选项卡

图 1－14　“连接”选项卡

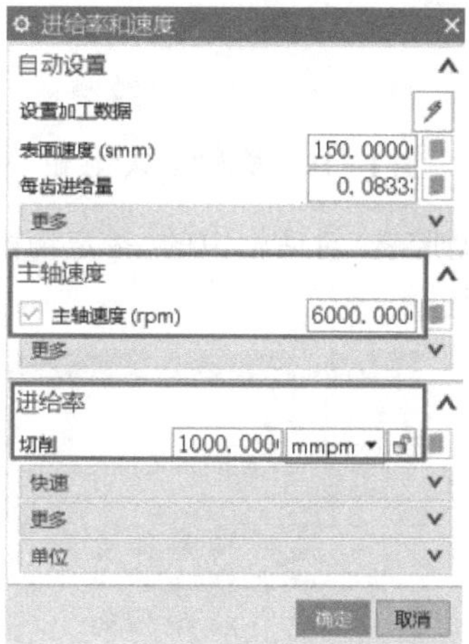

图 1－15　“进给率和速度”对话框

⑤ 单击“生成”工具按钮(见图 1－16)，创建刀具路径，如图 1－17 所示，检查刀具路径。

⑥ 单击“确认”按钮(见图 1－18)，弹出“刀轨可视化”对话框，如图 1－19 所示，仿真完成后单击“确定”按钮，完成空间舱体端面粗加工程序编制。

零件左端未开粗的两面，由于内腔较多，可采用型腔铣开粗，编程过程如下：

① 单击“创建工序”按钮(见图 1－8)，弹出“创建工序”对话框，如图 1－20 所示，在“类型”中选择 mill_contour，在“工序子类型”中单击“型腔铣”工具按钮，在“位置”中选择“程序”为 PROGRAM，选择“刀具”为 D8R0.5，选择“几何体”为 WORKPIECE－1，选择“方法”为 MILL_ROUGH。

图 1-16　单击“生成”工具按钮

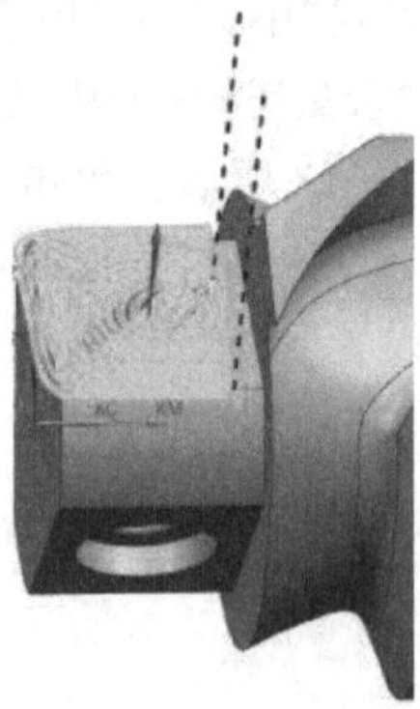

图 1-17　创建刀具路径

图 1-18　单击“确认”按钮

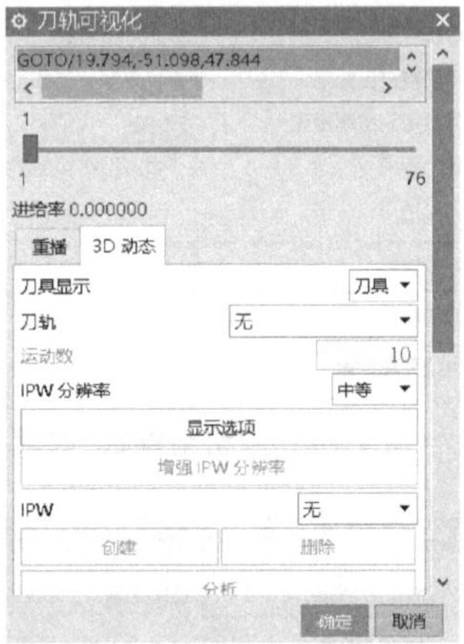

图 1-19　“刀轨可视化”对话框

② 在“型腔铣”对话框中的“指定切削区域”(见图 1-21)中选择图 1-22 所示“切削区域”中的几个表面。

图 1-20　“创建工序”对话框

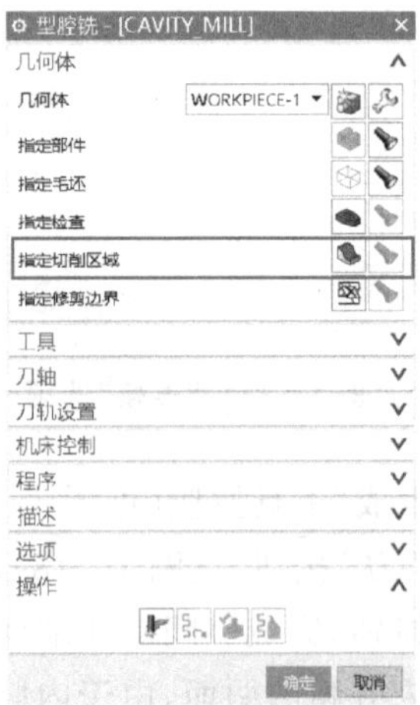

图 1-21　选择“指定切削区域”

③ 在“型腔铣”对话框中选择“刀轴”选项(见图 1-23),在“刀轴”中选择垂直于加工表面;在“刀轨设置”中,设置“切削模式”为“跟随周边”(可减少跳刀),设置“步距”为“刀具平直”,如

图 1-24 所示。

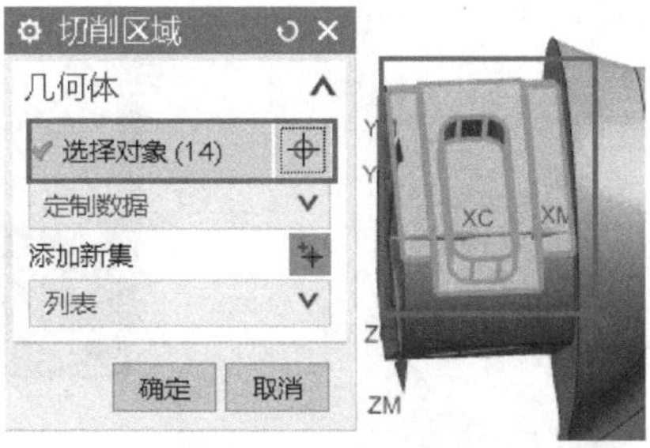

图 1-22　切削区域的选择

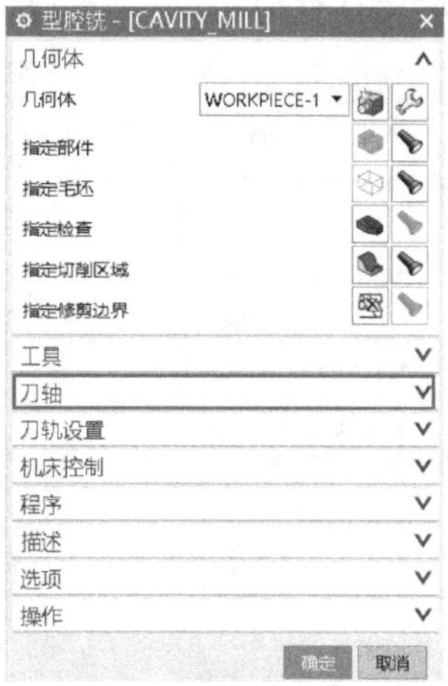

图 1-23　“刀轴”选项

④ 在“切削层”对话框中设置“切削层”参数，“公共每刀切削深度”及其他参数设置，如图 1-25 所示。

⑤ 在“刀轨设置”中设置“切削参数”，单击“策略”标签，然后在“策略”选项卡中的“切削”中选择“切削方向”为“顺铣”，选择“切削顺序”为“深度优先”（见图 1-26）。在“余量”选项卡中，选中“使底面余量与侧面余量一致”，设置“部件侧面余量”为 0.3。

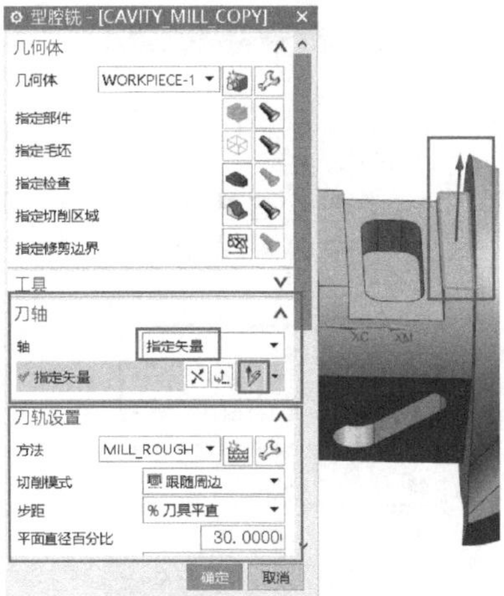

图 1-24　刀轨设置

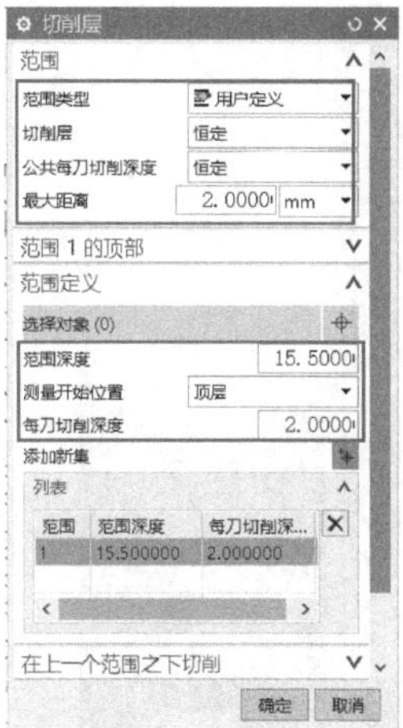

图 1-25　切削层参数

图 1-26　切削策略

⑥ 在“刀轨设置”中，单击“非切削移动”选项，弹出“非切削移动”对话框，在“转移/快速”选项卡中设置“区域内”的“转移类型”为“直接”，如图 1-27 所示。由于内腔为直槽，在“进刀”选项卡中“进刀类型”可选择“沿形状斜进刀”，进刀设置如图 1-28 所示。

⑦ 单击“刀轨设置”选项中的“进给率和速度”选项，弹出“进给率和速度”对话框，设置“进给率”为 2000，“主轴速度”为 4000，单击“确定”按钮。

⑧ 单击“生成”工具按钮，创建刀具路径，如图 1-29 所示，检查刀具路径。

左端最后一面开粗也可采用型腔铣开粗加工，方法同上。由于该内腔为圆柱孔，所以在“非切削移动”对话框中的“进刀类型”可选为“螺旋”（见图 1－30）。

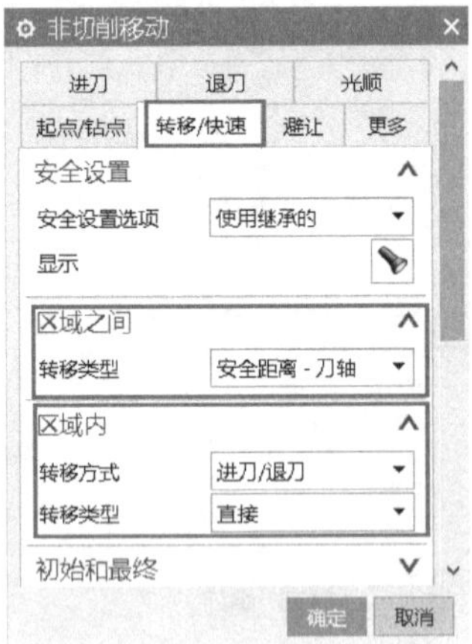

图 1－27　转移类型设置

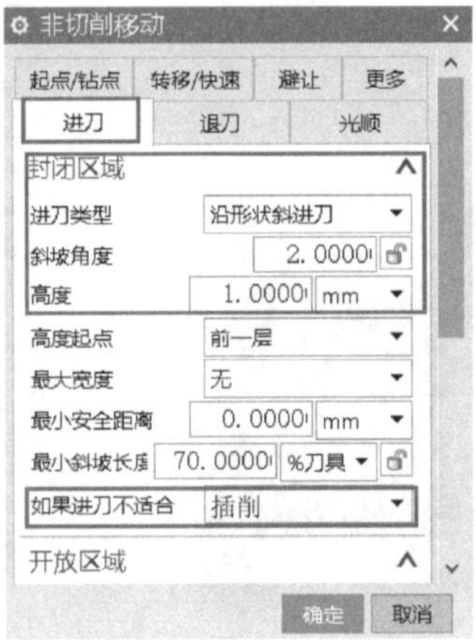

图 1－28　“进刀类型”为“沿形状斜进刀”

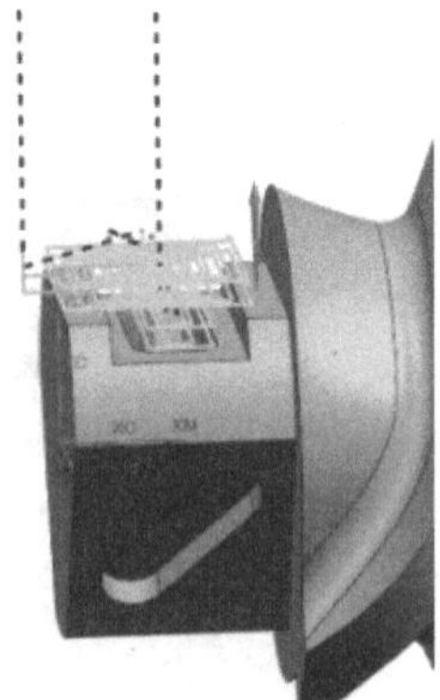

图 1－29　阶梯槽粗加工刀路图

2. 左端精加工

① 采用“底壁铣”策略创建精加工刀路。创建底壁铣工序，选择“类型”为 mill_planar，在“工序子类型”中单击“底壁铣”工具按钮，在“位置”参数中，“刀具”选择精加工刀具 D6R0，“几何体”选择 WORKPIECE－1，“方法”选择 MILL－FINISH，如图 1－31 所示。单击“确定”按钮，弹出如图 1－32 所示的“底壁铣”对话框。

图 1－30　“进刀类型”为“螺旋”

图 1－31　创建底壁铣工序

② 在“底壁铣”对话框中，“指定切削区底面”和“指定壁几何体”的选择如图 1－33 所示。

③ 在“刀轨设置”中，“切削模式”选择“往复”（见图 1－34）。

④ “切削参数”设置“余量”为 0。在“进给率和速度”对话框中，“主轴速度”设为 6000，“进给率”设为 1000。加工进给率与主轴转速根据具体情况来设定，生成刀路，如图 1－35 所示。

继续使用“底壁铣”策略对一字槽进行精加工，按图 1－36 设置刀轨参数。阶梯孔、槽结构处的精加工策略仍采用“底壁铣”，其设置方法同上（见图 1－37 和图 1－38）。

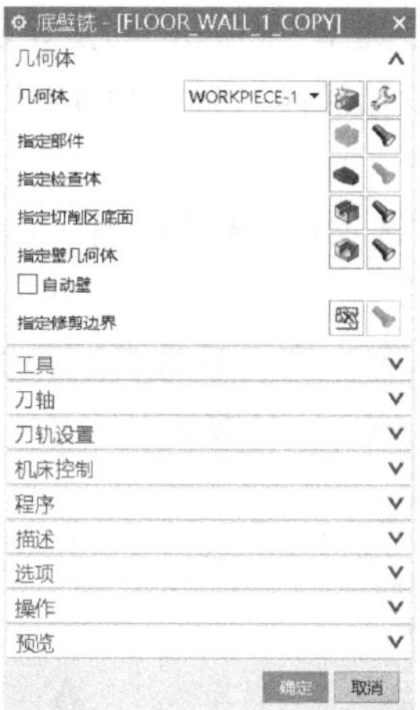

图 1-32　“底壁铣”对话框

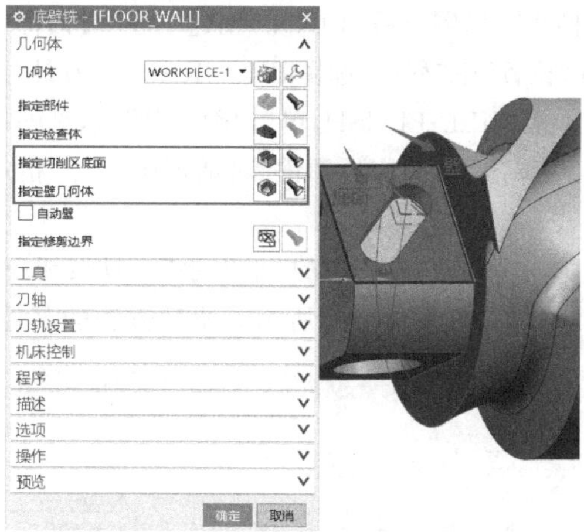

图 1-33　指定底面和壁

图 1-34　“切削模式”设置为“往复”

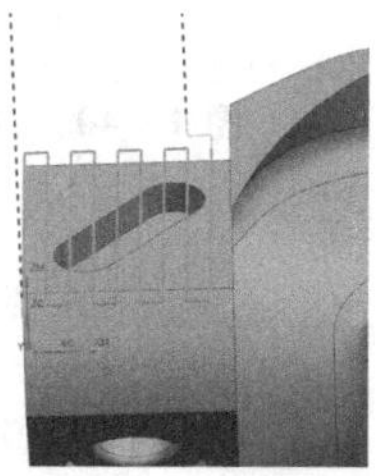

图 1-35　精加工刀路

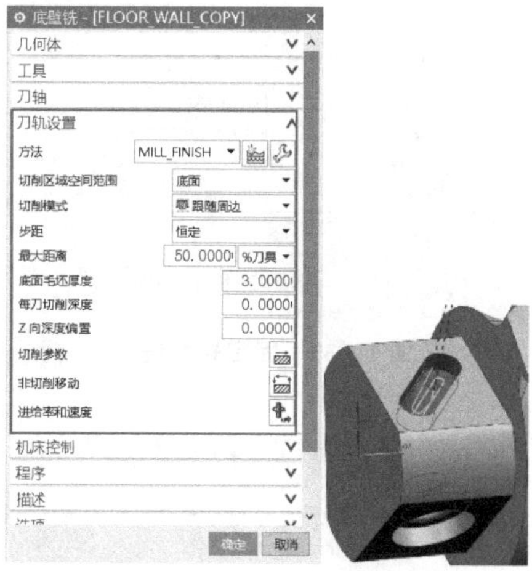

图 1-36　刀轨参数设置

图 1-37　阶梯孔底壁铣参数设置

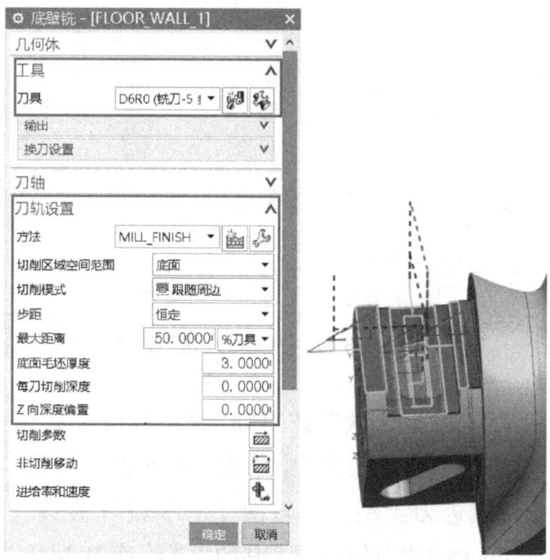

图 1-38　槽结构处底壁铣参数设置

阶梯孔圆弧倒角精加工，在“创建工序”对话框中，在“工序子类型”中单击“固定轮廓铣”工具按钮，在“位置”中“程序”选择 PROGRAM，“刀具”选择 B4R2，“几何体”选择 WORKPIECE－1，“方法”选择 MILL_FINISH，单击“确定”按钮，见图 1－39。

⑤ 在弹出的“固定轮廓铣”对话框中打开“指定切削区域”选项组，选择如图 1－40 所示的边界区域。

⑥ 单击”驱动方法”中的“小扳手”工具按钮（见图 1－41），弹出窗口后选择”驱动几何体”，指定“几何体”，如图 1－42 所示。驱动方法的其他参数设置如图 1－43 所示。

图 1－39　固定轮廓铣

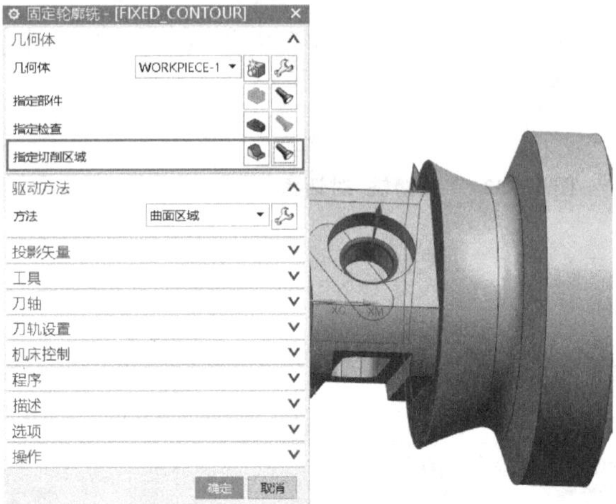

图 1－40　“指定切削区域”选项

图 1－41　“驱动方法”设置

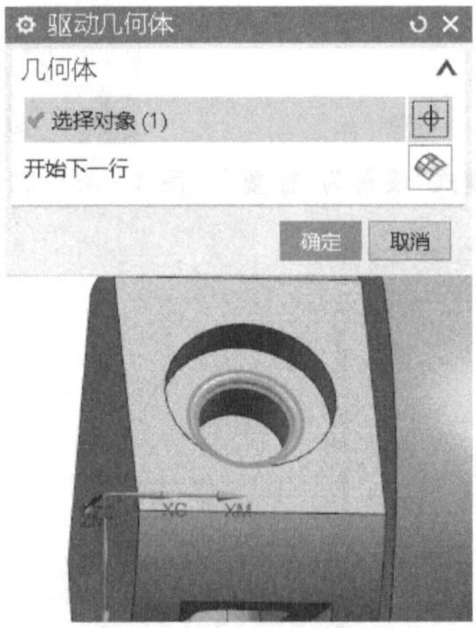

图 1－42　“驱动几何体”设置

⑦ “投影矢量”与“刀轴”等参数设置如图 1－44 所示。

⑧ 在“刀轨设置”中单击“非切削移动”选项，弹出“非切削移动”对话框，在“进刀”选项卡中设置“进刀类型”，并按图 1－45 设置参数。在“退刀”选项卡中，“退刀类型”选择“抬刀”。

⑨ 单击“刀轨设置”中的“进给率和速度”选项，弹出“进给率和速度”对话框，设置“进给率”为 1000，“主轴速度”为 6000，单击“确定”按钮。

⑩ 单击“生成”工具按钮，创建刀具路径，如图 1－46 所示，检查刀具路径。

图 1－43　“驱动设置”选项组

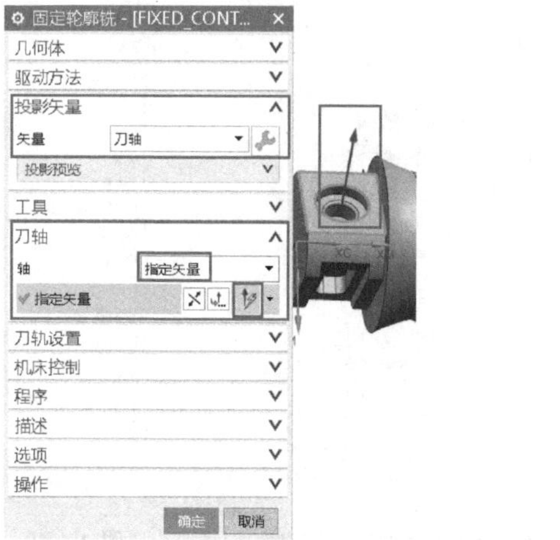

图 1－44　投影矢量和刀轴设置

图 1－45　“非切削移动”设置

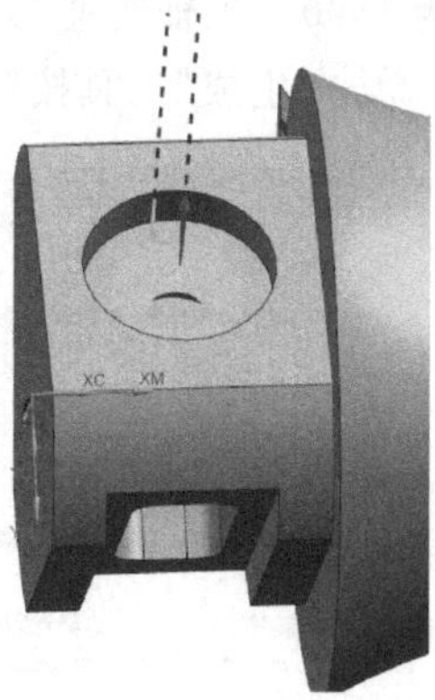

图 1－46　曲面加工刀路图

1.3.2　零件中段加工

1. 零件中段粗加工

① 采用“型腔铣”策略对零件中段进行开粗加工，创建“型腔铣”工序，其中，“刀具”选择 D8R0.5，“几何体”选择 WORKPIECE－2，“方法”选择 MILL_ROUGH，如图 1－47 所示。

② “刀轴”选择“＋ZM 轴”，该零件“切削模式”设定为“跟随周边”(可减少跳刀)，“步距”及“公共每刀切削深度”参数设置如图 1－48 所示。切削层参数设置如图 1－49 所示。

③ “切削参数”设置，在“策略”选项卡中，选择“切削方向”为“顺铣”，“切削顺序”为“深度优先”。“切削参数”设置，在“余量”选项卡中，选中“使底面余量与侧面余量一致”复选项，设置“部件侧面余量”为 0.3。

④ 在“非切削移动”对话框中的“转移/快速”选项卡中设置“区域内”的“转移类型”为“直接”，其他参数采用默认，如图 1－50 所示。

图 1-47　创建“型腔铣”工序

图 1-48　参数设置

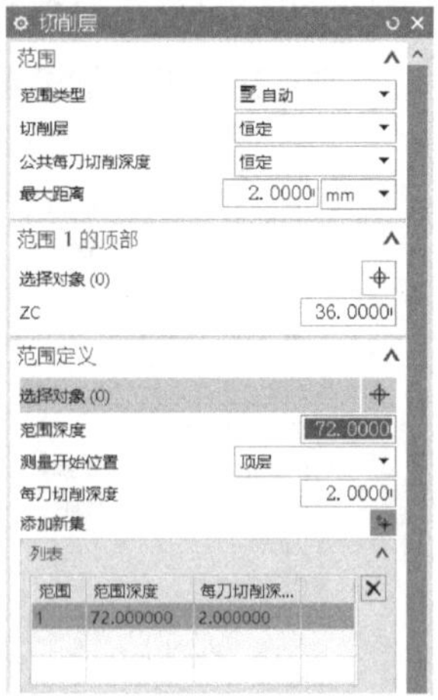

图 1-49　“切削层”参数设置

⑤ 单击“刀轨设置”选项中的“进给率和速度”选项，弹出“进给率和速度”对话框，设置“进给率”为 1500，“主轴转速”为 4000，单击“确定”按钮。

⑥ 单击“生成”工具按钮，创建刀具路径，如图 1-51 所示，检查刀具路径。

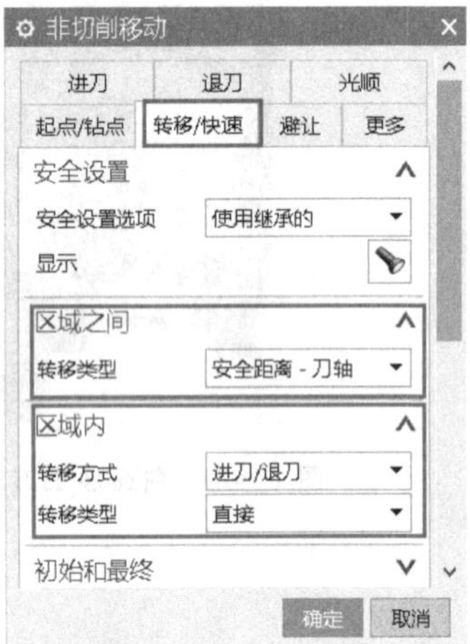

图 1-50　“转移/快速”设置

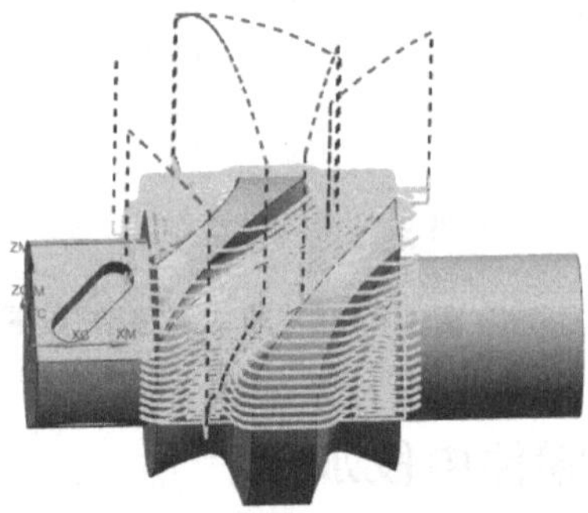

图 1-51　型腔铣开粗刀路

另一半粗加工采用相同的方法加工。

2. 零件中段精加工

零件中段粗加工后，可先进行半精加工，再进行精加工。半精加工时“步距”适中，精加工时“步距”适当调小，其余参数设置可相同。

(1) 凸轮侧面半精加工

① 创建“可变轮廓铣”工序，“类型”“位置”参数设置如图 1-52 所示。单击“确定”按钮，弹出如图 1-53 所示的“可变轮廓铣”对话框。

② 在“驱动方法”中(见图 1-53)，在“方法”下拉列表框中选择“曲面区域”，单击右侧的“小扳手”工具按钮，弹出“曲面区域驱动方法”对话框，在“驱动几何体”中的“指定驱动几何体”

中选择(见图 1－54),在“驱动几何体”对话框中的“几何体”中选择“选择对象”(见图 1－55)。

图 1－52　创建可变轮廓铣工序

图 1－53　“可变轮廓铣”对话框

③ 在图 1－54 所示的“切削区域”中选择“曲面%”,单击“曲面%”,在“曲面百分比方法”对话框中设置起点与终点百分比,进而调整刀路延展情况,按图 1－56 设置参数。

④ 在图 1－57 所示的对话框中的“驱动几何体”中选择“切削方向”,并进行“驱动设置”及公差设置。内外公差值的大小将影响刀路的光顺程度。

图 1－54　选择“切削方向”

图 1－55　选择“几何体”

⑤ 在“投影矢量”中的“矢量”下拉列表框中选择“垂直于驱动体”,如图 1－58 所示。在“刀轴”中选择“4 轴,相对于驱动体”,如图 1－59 所示。“切削参数”与“非切削移动”默认即可。

⑥ 在“刀轨设置”选项中单击“进给率和速度”,弹出“进给率和速度”对话框,设置“进给率”为 2000,“主轴速度”为 6000,单击“确定”按钮。

⑦ 单击“生成”工具按钮,创建刀具路径,如图 1－60 所示,检查刀具路径。

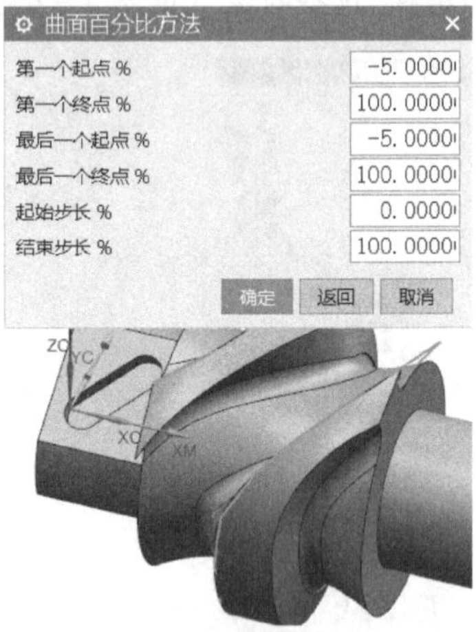

图 1-56　曲面百分比设置

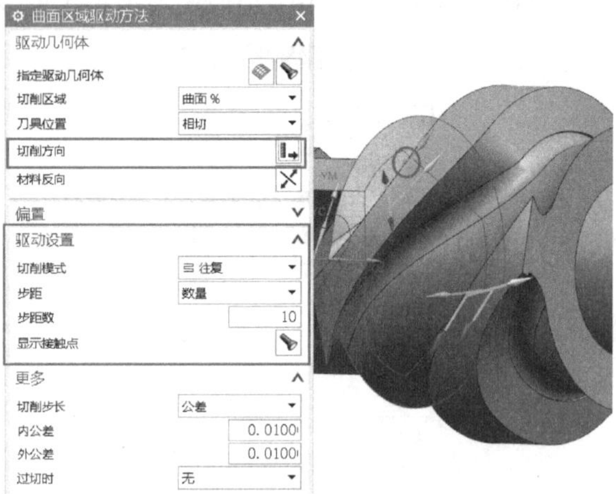

图 1-57　“曲面区域驱动方法”对话框

图 1-58　“投影矢量”设置

图 1-59　选择“刀轴”

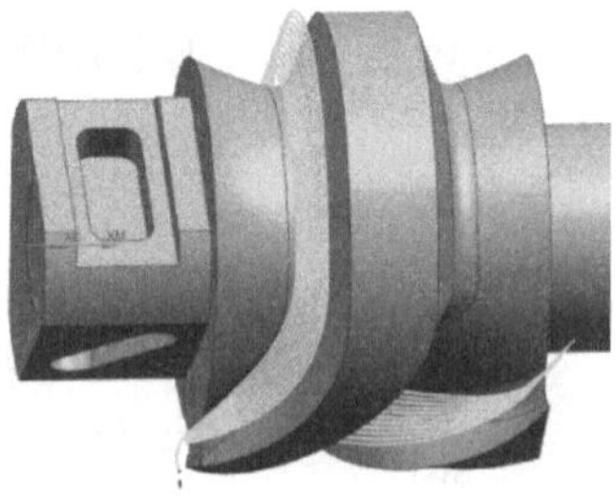

图 1-60　可变轮廓铣半精刀路

(2) 凸轮底面半精加工

① 单击“创建工序”工具按钮，在弹出的“创建工序”对话框中，“类型”选择 mill_rotary，“工序子类型”选择“旋转底面铣”，“程序”选择 PROGRAM，“刀具”选择 B8R4，“几何体”选择 MCS，“方法”选择 MILL_SEMI_FINIS，如图 1-61 所示，单击“确定”按钮，弹出“旋转底面铣”对话框，如图 1-62 所示。

② 指定底面，单击“指定底面”图标，选择几何体底面，如图 1-63 所示，指定壁，单击“指定壁”图标，选择几何体的壁，如图 1-64 所示。

③ 单击“驱动方法”中的“旋转底面精加工”图标(见图 1-65)，弹出“旋转底面精加工驱动方法”对话框，在“部件轴”中的“轴”选项中，“指定矢量”选择 XC 轴，“指定点”选择“坐标原点”(见图 1-66)，驱动设置如图 1-67 所示。

④ “切削参数”和“非切削移动”采用默认即可。在“进给率和速度”对话框中，“主轴速度”设为 6000，“进给率”设置为 2000。单击“生成”工具按钮，生成的刀路图如图 1-68 所示。

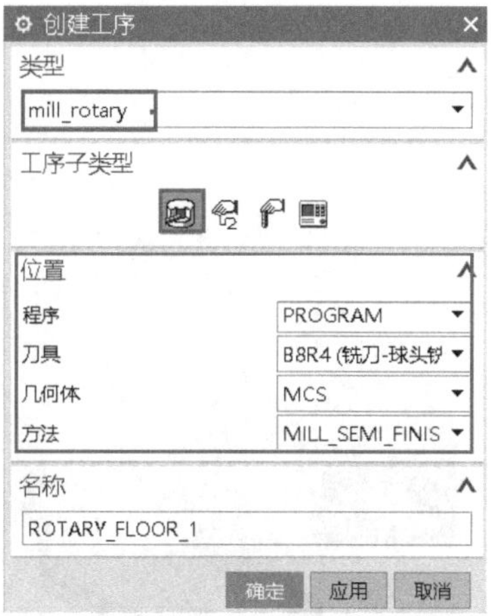

图 1-61　创建"旋转底面铣"工序

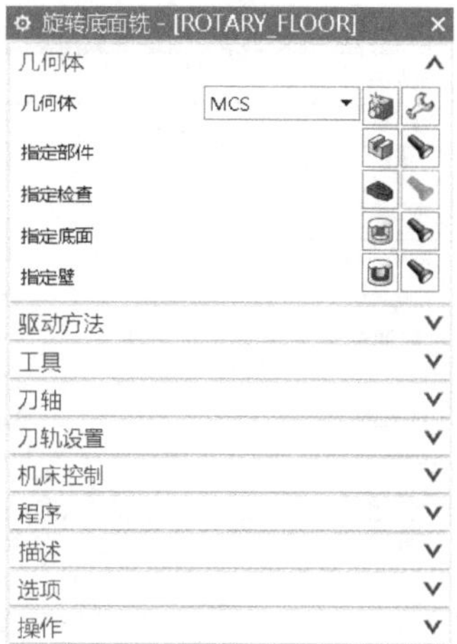

图 1-62　"旋转底面铣"对话框

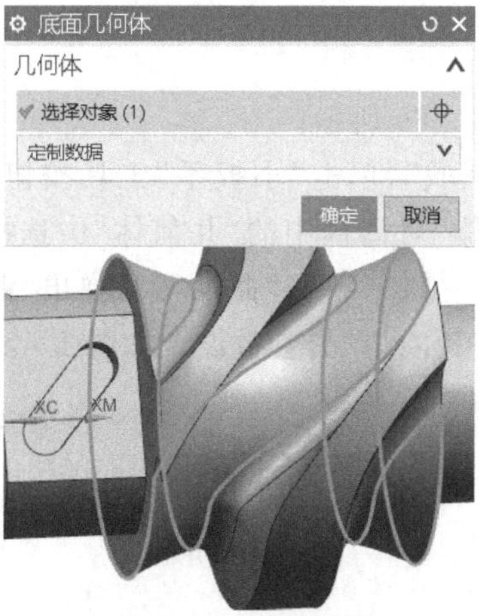

图 1-63　指定底面

图 1-64　指定壁几何体

图 1-65　"驱动方法"设置

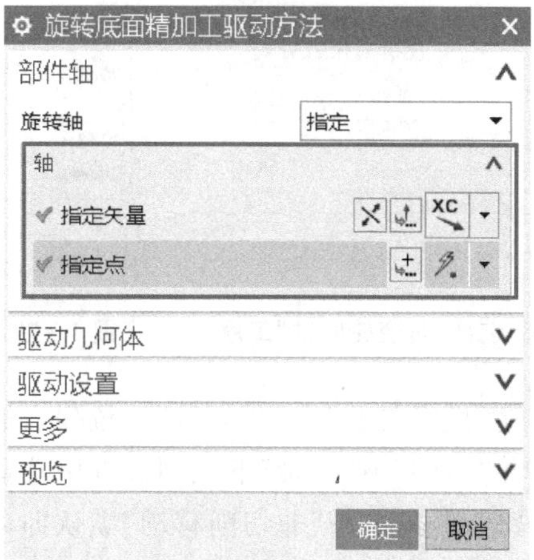

图 1-66　指定旋转轴

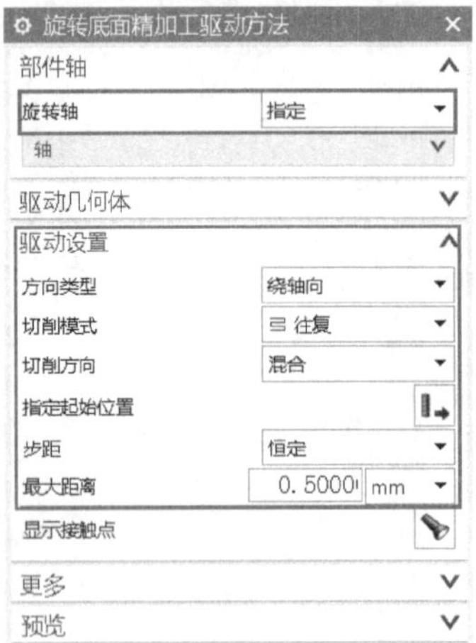

图 1-67 驱动设置

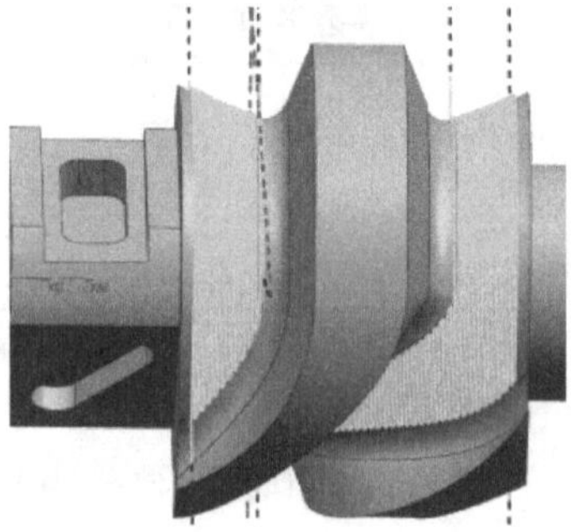

图 1-68 旋转底面铣半精刀路

(3) 凸轮外圆柱面半精加工

① 创建"可变轮廓铣","位置"参数设置如图 1-69 所示。

② "驱动方法"设置,在"方法"中选择"曲面区域",单击"小扳手"工具按钮,弹出对话框(见图 1-70),指定"驱动几何体"。在"驱动几何体"对话框中的"几何体"中选择"选择对象"(见图 1-71)。"切削区域"选择"曲面%"(见图 1-72),单击"曲面%",弹出"曲面百分比方法"对话框,设置起点与终点百分比,进而调整刀路延展情况,参数设置如图 1-73 所示。

图 1-69 创建"可变轮廓铣"工序

图 1-70 曲面区域驱动

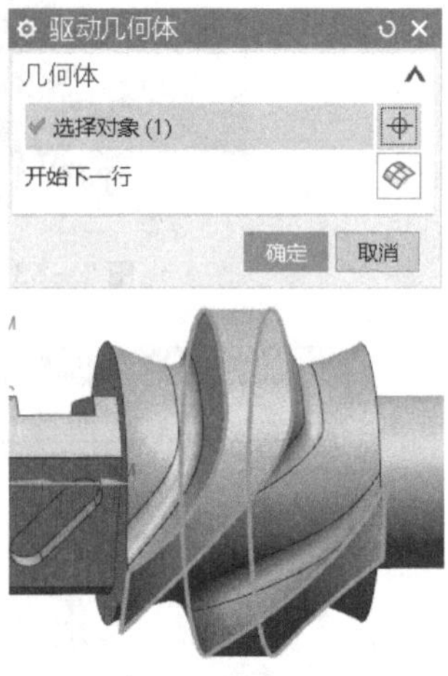

图 1-71 选择驱动几何体

③ 在"投影矢量"中的"矢量"下拉列表框中选择"垂直于驱动体",如图 1-74 所示。

④ 在"刀轴"中的"轴"下拉列表框中选择"4 轴,相对于驱动体",如图 1-75 所示。

⑤ "切削参数"与"非切削移动"默认即可。

⑥ 在"进给率和速度"中,设置"进给率"为 2000,"主轴速度"为 6000,单击"确定"按钮。

⑦ 单击"生成"工具按钮,创建刀具路径,如图 1-76 所示,检查刀具路径。

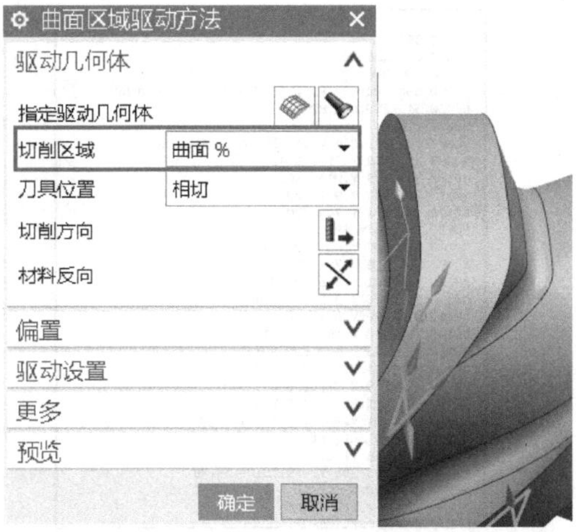

图 1－72　切削区域

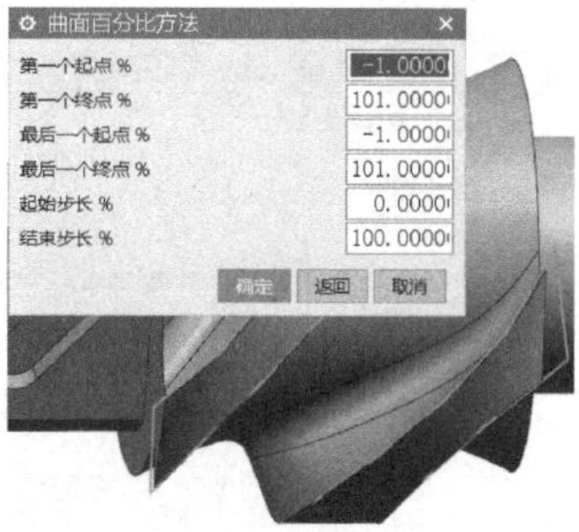

图 1－73　曲面百分比设置

图 1－74　“投影矢量”设置

图 1－75　“刀轴”设置

零件中段精加工，将“驱动设置”中的“步距数”适当调大，刀路可密集一些，其余参数设置可与半精加工相同。半精加工与精加工分开，可使精加工余量均匀，保证加工精度和表面质量。

图 1－76　可变轮廓铣半精刀路

1.3.3　后处理输出程序

选择程序进行后处理，弹出“后处理”对话框（见图 1－77），“后处理器”选择 fanuc_4a，“文件扩展名”为 NC，单击“确定”按钮，生成 NC 代码如图 1－78 所示。

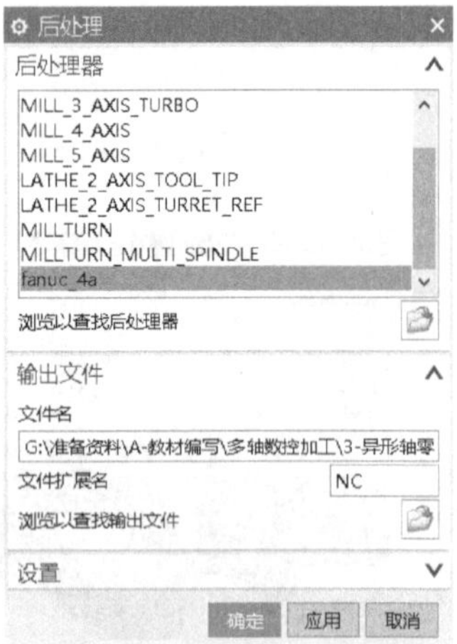

图 1-77 “后处理”对话框

```
N0010 %
N0020 G90
N0030 G91 G28 Z0.0
N0040 T05 M06
N0050 G94 G00 G90 X31.175 Y.947 A300. S800 M03
N0060 G43 Z59.098 H05
N0070 Z20.5
N0080 G01 X31.024 Y.861 Z20.453 F500. M08
N0090 X31.188 Y.75 Z20.407
N0100 X31.233 Y.943 Z20.36
N0110 X31.037 Y.917 Z20.313
N0120 X31.131 Y.743 Z20.267
N0130 X31.26 Y.893 Z20.22
N0140 X31.074 Y.96 Z20.173
N0150 X31.078 Y.762 Z20.127
N0160 X31.261 Y.836 Z20.08
N0170 X31.126 Y.981 Z20.033
N0180 X31.039 Y.804 Z19.987
N0190 X31.236 Y.785 Z19.94
N0200 X31.183 Y.976 Z19.893
N0210 X31.024 Y.858 Z19.847
N0220 X31.179 Y.779 Z19.8
N0230 G03 X31.374 Y.868 I-1.433 J3.424
N0240 X31.561 Y.968 I-1.161 J2.378
N0250 G01 X31.625 Y1.014
N0260 X31.566 Y1.022
N0270 G03 X31.283 Y.939 I.104 J-.88
N0280 G02 X30.436 Y.53 I-16.156 J32.369
N0290 G01 X30.369 Y.499
```

图 1-78 NC 代码

1.4 课后自测

1. 单选题

(1) 国产 CAD/CAM 软件是(　　)。

A. CATIA　　B. MasterCAM　　C. CAXA　　D. UG NX

(2) 多轴曲面加工可选用的加工方法是(　　)。

A. 平面铣　　B. 可变轮廓铣　　C. 型腔铣　　D. 钻孔加工

(3) 铣削凹模型腔封闭内轮廓时,刀具只能沿轮廓曲线的法向切入或切出,刀具的切入/切出点最好选在(　　)。

A. 圆弧位置　　B. 直线位置

C. 几何元素交点位置　　D. 圆心位置

(4) 一般铣削较大平面时,宜选用的加工刀具是(　　)。

A. 侧铣刀　　B. 面铣刀　　C. 端铣刀　　D. 角铣刀

(5) 型腔铣属于下面(　　)工序类型。

A. mill_planar　　B. mill_rotary　　C. mill_making　　D. mill_contour

2. 多选题

(1) 造成让刀现象的原因是(　　)。

A. 刀具直径过小　　B. 进给过大　　C. 刀具过短　　D. 刀具刚度不够

(2) 工件位置的矫正方法包括(　　)。

A. 拉表法　　B. 画线法　　C. 锤击法　　D. 固定基面靠定法

(3) UG NX CAM 软件的功能包括(　　)。

A. CAM 基础模块　　B. 车削加工模块

C. 机器人编程模块　　D. 线切割模块

(4) 使用 UG NX 系统自动编程的 NC 操作部分包括创建(　　)等部分。

A. 几何体　　B. 程序　　C. 刀具　　D. 加工状态

(5) 相对于一般的三轴加工，以下关于多轴加工的说法(　　)是正确的。

A. 加工精度提高　　B. 编程复杂

C. 加工质量提高　　D. 工艺顺序与三轴相同

3. 简答题

(1) 简述 UG NX 12.0 数控加工编程流程。

(2) 加工视图有哪几个？各有什么功能？

(3) 简述多轴加工刀轴方向的选择有哪些。

1.5　阅读拓展

异形轴加工工艺分析

多轴数控加工技术是一种高效率、高精度和高质量的减材制造技术，特别适用于加工形状复杂、小批量的异形体，被广泛应用于航空航天、汽车制造和电子产品制造领域。请同学们扫码学习。

1.6　素养拓展

先进制造技术是制造技术的最新发展阶段，是面向21世纪的技术；制造业是社会物质文明的保证，是与人类社会一起动态发展的，因此，制造技术必然也将随着科技的进步而不断更新。作为新时代的工匠，同学们要更多地了解先进制造技术，勇于钻研，敢于创新，努力学习新知识，强化自身技能，为实现伟大的中国梦贡献自己的力量。

任务 2　叶轮零件数控加工工艺

2.1　任务卡

任务编号	2	任务名称	叶轮零件数控编程
学　时	6	工作区域	数字化设计与制造实训室
参考资料	1. 李粉霞，张涛. 多轴加工项目化教程[M]. 北京：北京理工大学出版社，2024. 2. 石皋莲，季业益. 多轴数控编程与加工案例教程[M]. 北京：机械工业出版社，2021		
工作任务	1. 完成叶轮零件加工工艺分析； 2. 完成叶轮零件数控程序编制		
工具设备	计算机、UG NX 12.0 软件		
材　料	略		
任务要求	1. 根据零件三维模型分析加工该零件所需刀具、夹具、量具等； 2. 掌握 UG NX 中刀具、几何体等的创建流程； 3. 熟悉叶轮模块数控程序的编制方法		
职业素养	1. 遵守国家法律和企业规章制度； 2. 诚信为本，按工艺文件操作，保证制造过程记录真实； 3. 爱岗敬业，积极参加岗位培训，主动学习并提高知识和技能水平； 4. 工作认真，有团队协作精神； 5. 自觉维护爱惜公共财物和设备及工具等； 6. 着装规范，符合规定；保持工作环境整洁有序，文明生产； 7. 质量第一，用户至上		

2.2　知识准备

2.2.1　叶轮零件三维模型

叶轮零件三维模型如图 2－1 所示。

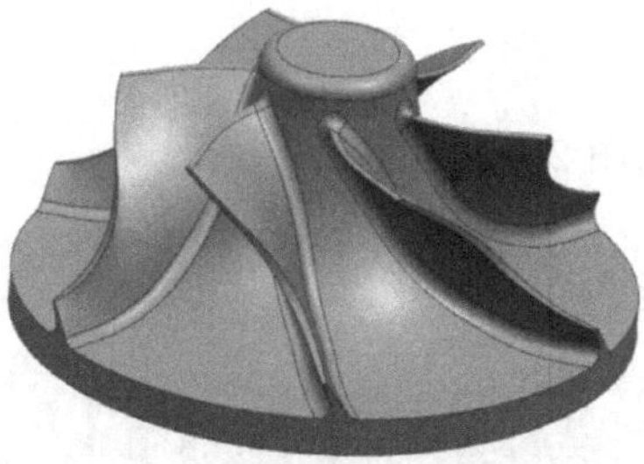

图 2-1　叶轮零件三维模型

2.2.2　叶轮零件工艺分析

叶轮零件毛坯如图 2-2 所示，材料为 5A06-H112。

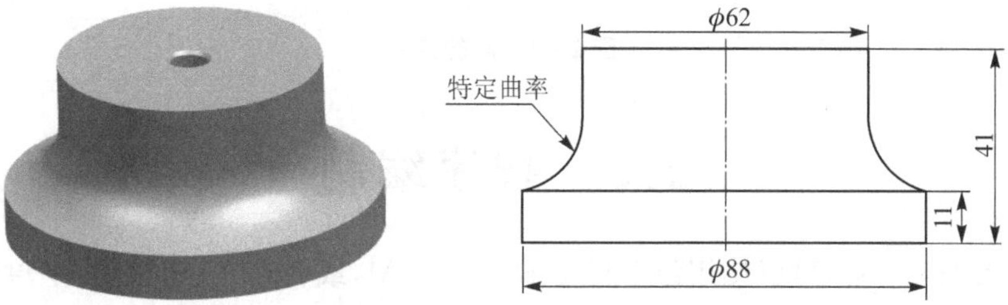

图 2-2　叶轮零件毛坯图

加工零件技术要求，叶轮底端作为零件加工的装夹部位，毛坯经车削加工达到尺寸要求。零件表面粗糙度不低于 *Ra*1.6。

2.2.3　工具、刀具、量具的选择

选择刀具时，在保证加工效率，满足加工要求的前提下，尽量减少刀具的数量。工具、刀具、量具的选择如表 2-1 所列。

表 2-1　工具、刀具、量具清单

序　号	名　称	规　格	精　度	数　量
1	铣刀	D6R0.5		各 1
2	球头铣刀	D6R3、D4R2		各 1
3	去毛刺刮刀			1
4	寻边器			1
5	杠杆百分表(带表座)	0～10 mm	0.01 mm	1
6	游标卡尺	0～150 mm	0.02 mm	1
7	R 规			1
8	粗糙度仪			1

2.2.4 确定装夹方法

叶轮采用三爪卡盘装夹，如图 2-3 所示。

图 2-3 叶轮装夹

2.3 程序编制

首先进入加工环境，可以使用组合键 Ctrl＋Alt＋M，或者在“应用模块”下单击“加工”进入编程模块。“刀具”创建如图 2-4 所示。

创建几何体，将加工坐标系放在零件上表面中心位置（见图 2-5），几何体选择叶轮，毛坯选择提前创建的几何体（见图 2-6）。

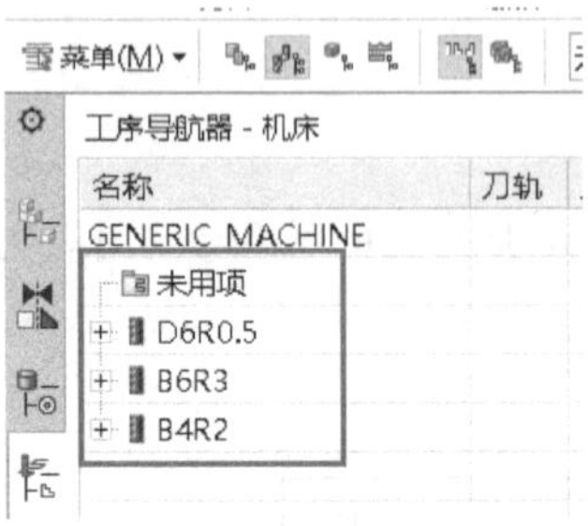

图 2-4 创建刀具

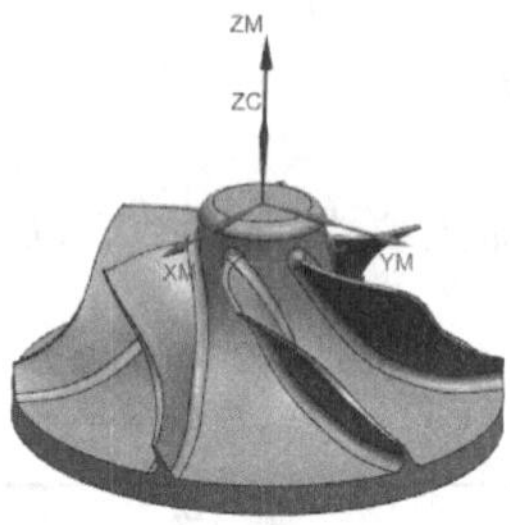

图 2-5 创建加工坐标系

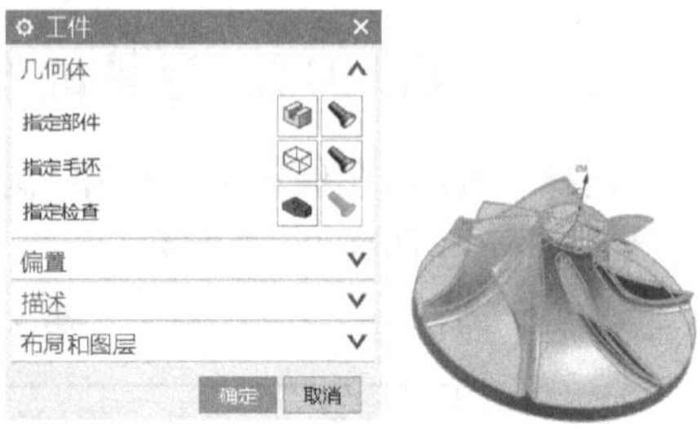

图 2-6 创建几何体

2.3.1 叶轮前端加工

1. 前端粗加工

① 创建“型腔铣”工序，在“位置”中，“程序”选择 PROGRAM，“几何体”选择 WORKPIECE，“刀具”选择 D6R0.5，“方法”选择 MILL_ROUGH，如图 2-7 所示。

② “刀轴”采用默认的“＋ZM 轴”。

③ 在“刀轨设置”中该零件“切削模式”设定为“跟随周边”，“步距”及“公共每刀切削深度”参数设置如图 2-8 所示，切削层设置如图 2-9 所示。

④ 切削层参数设置，在“策略”选项卡中，选择“切削方向”为“顺铣”，“切削顺序”为“深度优先”，如图 2－10 所示；在“余量”选项卡中，选中“使底面余量与侧面余量一致”复选框，“部件侧面余量”设为 0.3。

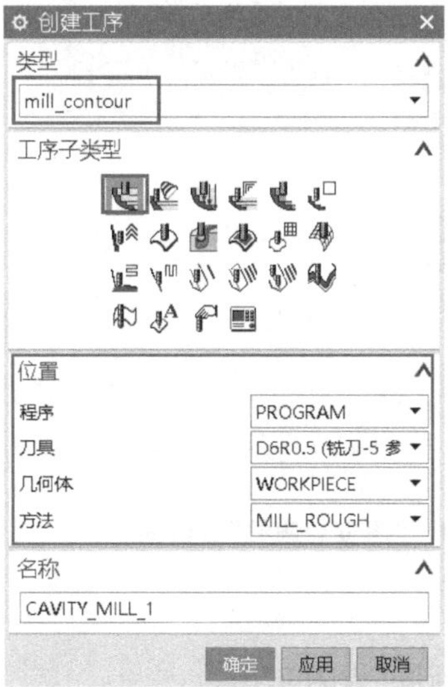

图 2－7　创建“型腔铣”工序

图 2－8　刀轨参数设置

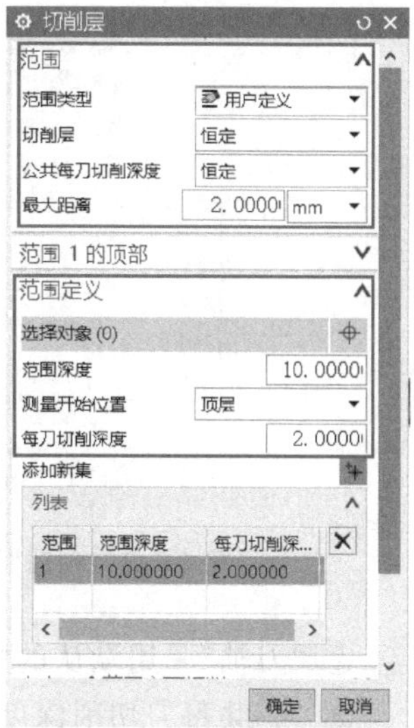

图 2－9　“切削层”设置

⑤ 在“转移/快速”选项卡中设置“区域内”的“转移类型”为“直接”，如图 2－11 所示。

⑥ 在“进给率和速度”对话框中，“进给率”为 2000，“主轴速度”为 4000，单击“确定”按钮。

⑦ 单击“生成”工具按钮，创建刀具路径，如图 2－12 所示，检查刀具路径。

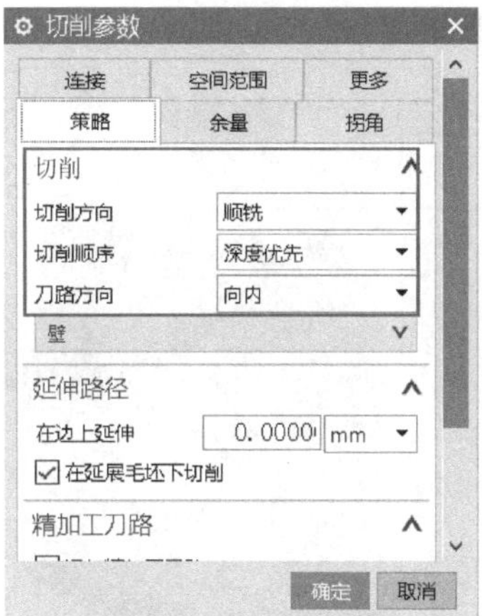

图 2－10　切削层参数设置

图 2－11　“非切削移动”对话框

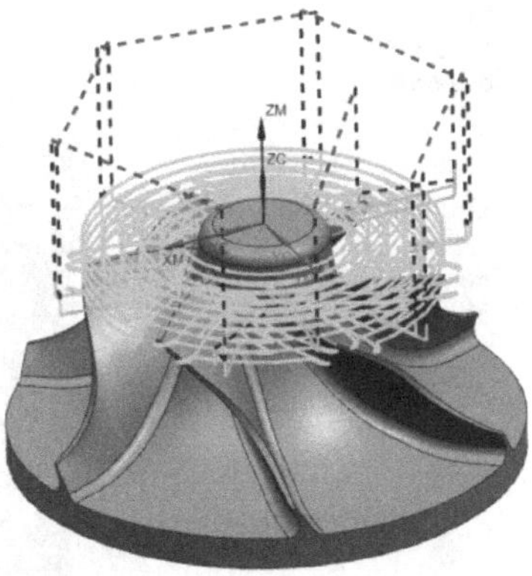

图 2－12　粗加工刀路图

2．前端精加工

① 创建“深度轮廓铣”工序，“程序”选择 PROGRAM，“刀具”选择 B6R3，“几何体”选择 WORKPIECE，“方法”选择 MILL_ROUGH，如图 2－13 所示，单击“确定”按钮，弹出如图 2－14 所示的“深度轮廓铣”对话框。

图 2-13　创建“深度轮廓铣”工序　　　　图 2-14　“深度轮廓铣”对话框

② “刀轴”采用默认的“+ZM 轴”。

③ “公共每刀切削深度”采用“残余高度”设置，“最大残余高度”设为 0.01。

④ “切削层”设置如图 2-15 所示，切削层设置需要根据模型调节，不出现跳刀为佳，此时生成刀轨，查看效果。

⑤ 单击“指定修剪边界”图标，弹出“修剪边界”对话框，在“边界”中选择“选择曲线”，“修剪侧”选择“内侧”，如图 2-16 所示。生成刀路图如图 2-17 所示。

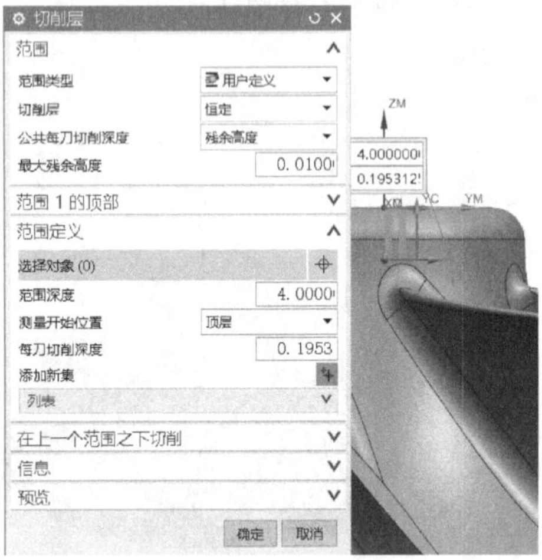

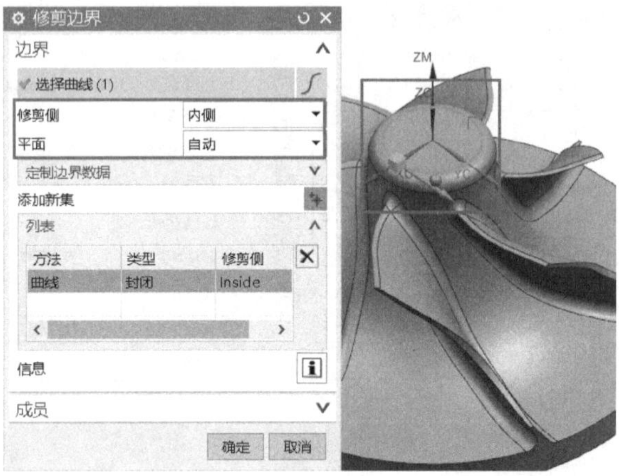

图 2-15　“切削层”设置　　　　图 2-16　“修剪边界”对话框

⑥ “切削参数”设置，在“连接”选项卡中的“层之间”中选择“沿部件斜进刀”(见图 2-18)。

⑦ 在“进给率和速度”对话框中，设置“进给率”为 2000，“主轴速度”为 6000，单击“确定”按钮。

⑧ 单击“生成”工具按钮，创建刀具路径，如图 2-19 所示，检查刀具路径。

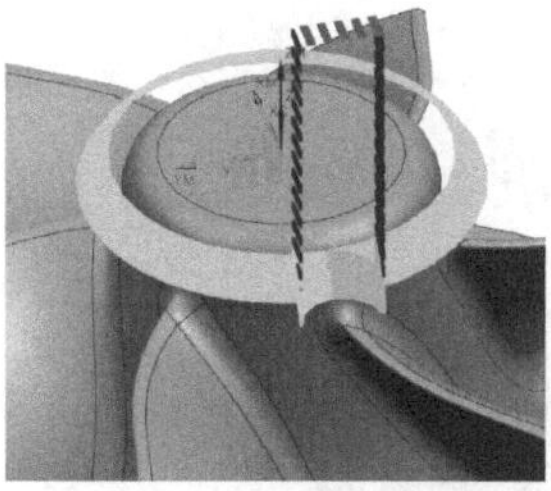

图 2－17　精加工刀路

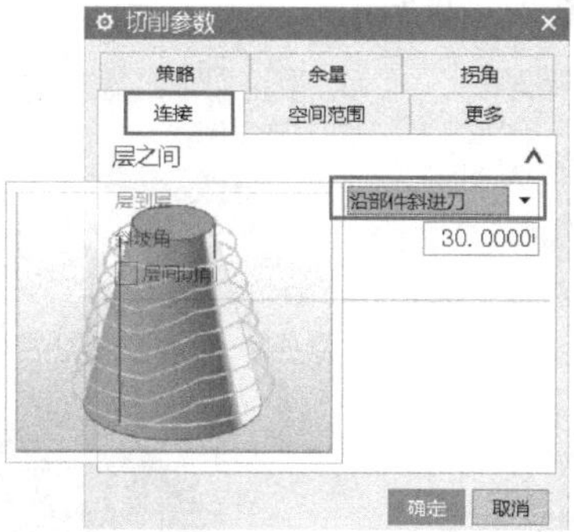

图 2－18　切削参数

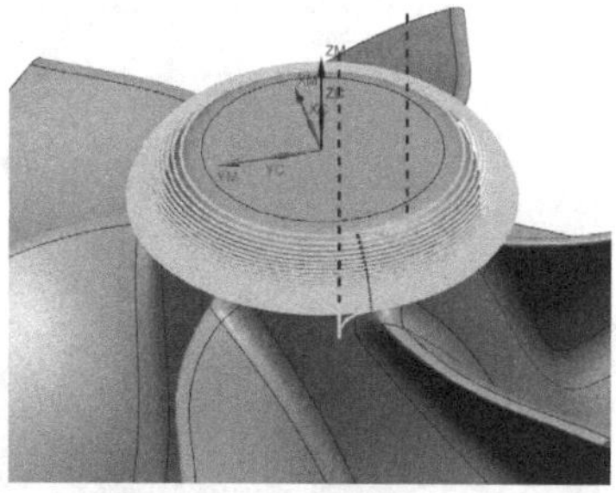

图 2－19　刀路优化

2.3.2　叶轮加工

UG NX 12.0 有专门的叶轮加工模块，几何体的创建也有单独的子类型，如图 2－20 所示。单击“确定”按钮后，弹出如图 2－21 所示的“多叶片几何体”对话框。

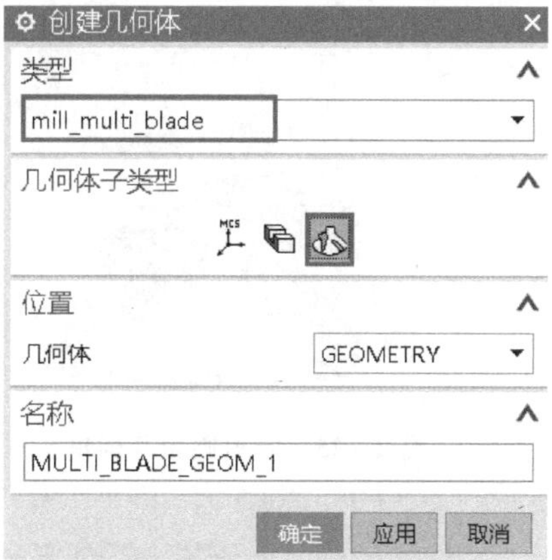

图 2－20　“创建几何体”对话框

图 2－21　“多叶片几何体”对话框

单击“指定轮毂”图标，指定叶轮轮毂，如图 2－22 所示。

单击“指定包覆”图标，指定叶轮包覆，如图 2－23 所示。

单击“指定叶片”图标，指定叶轮叶片，如图 2－24 所示。

单击“指定叶根圆角”图标，指定叶根圆角，如图 2－25 所示。

旋转叶片总数是主叶片的数量，分流叶片不计，故该模型叶片总数为 6。

1. 叶轮粗加工

① 创建“叶轮粗加工”工序，“类型”选择 mill_multi_blade，“工序子类型”选择 Impeller Rough(叶轮粗加工)，“位置”参数设置如图 2－26 所示，单击“确定”按钮，弹出如图 2－27 所示的对话框。

② 单击图 2－27 中的“驱动方法”，弹出如图 2－28 所示的“叶片粗加工驱动方法”对话框。“前缘”“后缘”参数设置可延伸或缩短沿轮毂的刀路，这部分参数可对比生成的刀路进行设置。

③ 切削层设置，在“切削层”对话框中，“深度模式”选择“从轮毂偏置”，“每刀切削深度”选

为“恒定”,“距离”设置为 50%,如图 2-29 所示。

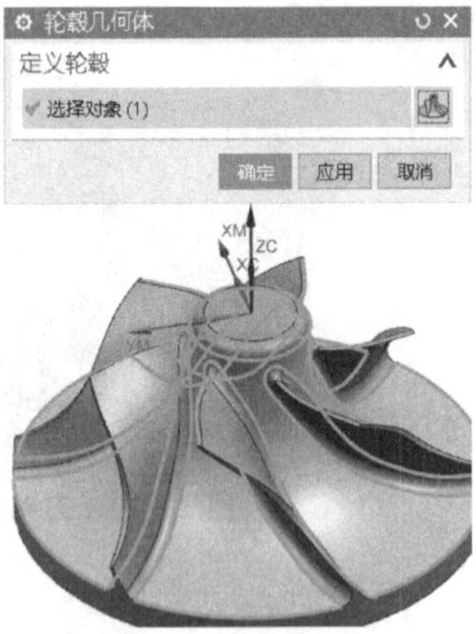

图 2-22　轮毂几何体

图 2-23　包覆几何体

图 2-24　叶片几何体

图 2-25　叶根圆角几何体

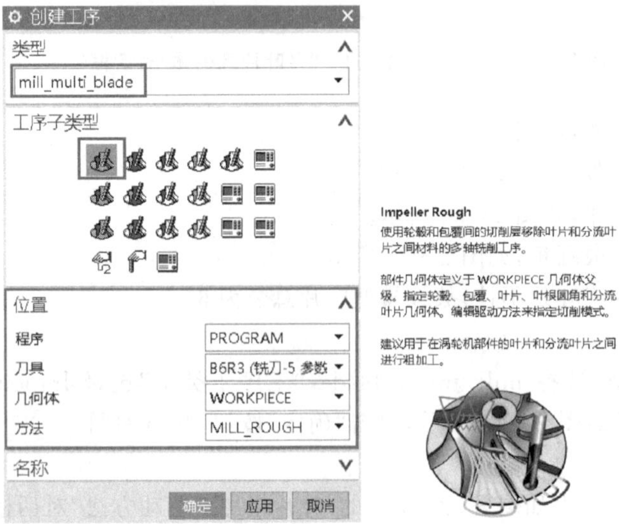

图 2-26　创建“叶轮粗加工”工序

图 2-27　Impeller Rough 对话框

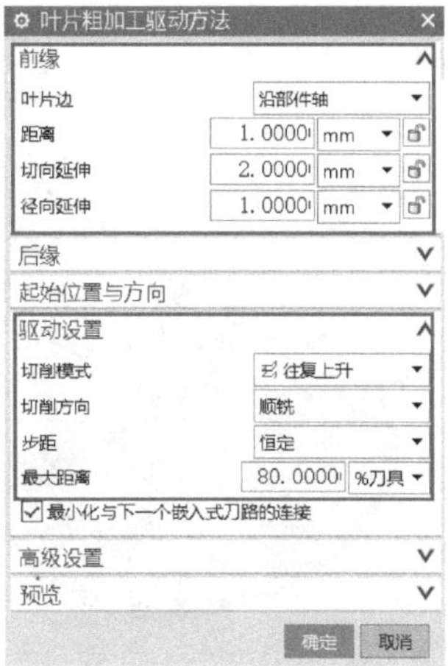

图 2-28　“叶片粗加工驱动方法”对话框

图 2-29　切削层“深度选项”设置

④ 单击“切削参数”图标，弹出“切削参数”对话框。在“余量”选项卡中，“叶片余量”输入 0.3，“轮毂余量”输入 0.3，其余为默认，如图 2-30 所示，单击“确定”按钮。

⑤ 在“进给率和速度”中，设置“主轴速度”为 8000，“进给率”为 3000，单击“确定”按钮。

⑥ 单击“生成”工具按钮，创建刀具路径（见图 2-31），并单击“确认”按钮进行 3D 仿真（见图 2-32）。

图 2-30　切削参数

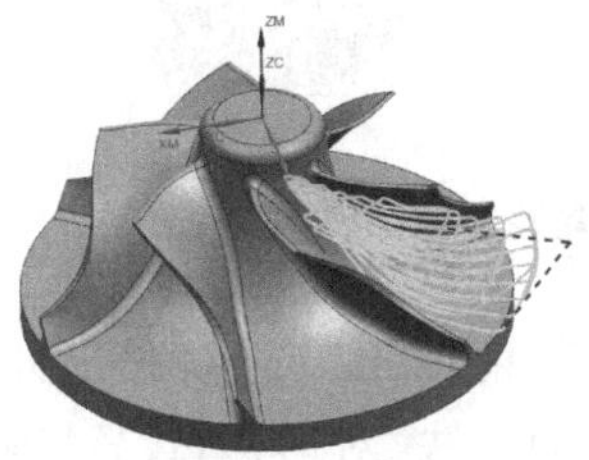

图 2-31　叶轮粗加工刀路

图 2-32　叶轮粗加工仿真

⑦ 变换/复制刀具路径，选择创建好的“粗加工叶轮”加工程序，右击，在弹出的快捷菜单中选择“对象”→“变换”，弹出“变换”对话框。“类型”选择“绕直线旋转”；在“变换参数”中，“直线方法”选择“点和矢量”，“指定点”选择“圆心”，“指定矢量”选择对应的矢量，“角度”输入 360；在“结果”中，选中“复制”单选按钮，“距离/角度分割”输入 6，“非关联副本数”输入 5（见图 2-33）。单击“确定”按钮生成刀路图，如图 2-34 所示。

2. 叶轮轮毂精加工

① 创建“叶轮轮毂精加工”工序，“类型”选择 mill_multi_blade，“工序子类型”选择 Impeller Hub Finish（轮毂精加工），“位置”参数设置如图 2-35 所示，单击“确定”按钮，弹出相应的对话框（见图 2-36）。

图 2-33 刀路变换

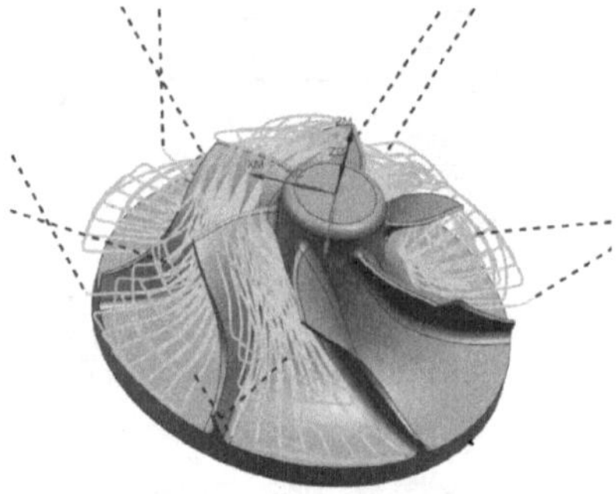

图 2-34 叶轮粗加工变换刀路

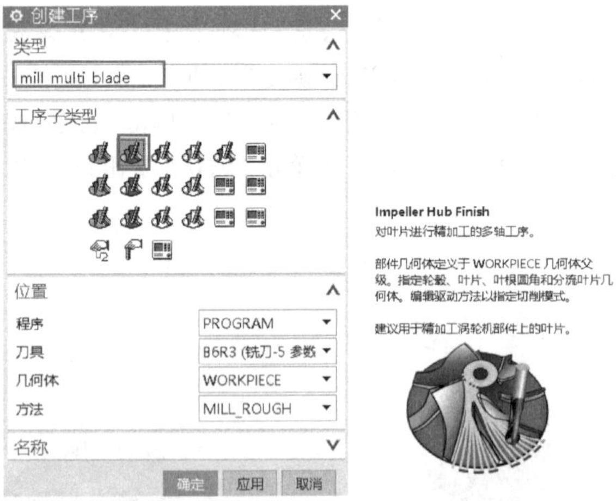

图 2-35 创建“叶轮轮毂精加工”工序

图 2-36 Impeller Hub Finish 对话框

② 单击“驱动方法”→“轮毂精加工”图标，弹出如图 2-37 所示的“轮毂精加工驱动方法”对话框，设置“前缘”参数。在“驱动设置”中，“切削模式”选择“往复上升”，“切削方向”选择“混合”，“步距”选择“残余高度”，“最大残余高度”设为 0.03，单击“确定”按钮。

③ “刀轴”“切削参数”“非切削移动”默认即可。

④ 在“进给率和速度”对话框中，设置“主轴速度”为 8000，“进给率”为 2000，单击“确定”按钮。

⑤ 单击“生成”工具按钮，创建刀具路径，如图 2-38 所示。

⑥ 变换/复制刀具路径，选择创建好的“轮毂精加工”加工程序，右击，在快捷菜单中单击“对象”→“变换”，弹出“变换”对话框。“类型”选择“绕直线旋转”，“直线方

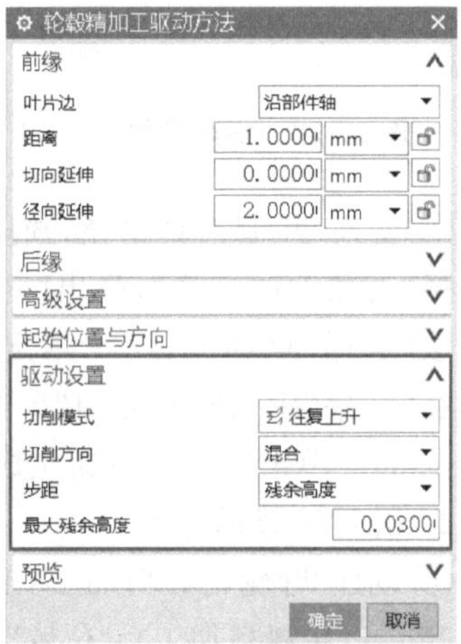

图 2-37 轮毂精加工

法”选择“点和矢量”,“指定点”选择“圆心”,“指定矢量”选择对应的矢量,“角度”输入 360,选择“复制”,“距离/角度分割”输入 6,“非关联副本数”输入 5,单击“确定”按钮,生成的刀路图如图 2－39 所示。

⑦ 单击“确认”按钮进行 3D 仿真,如图 2－40 所示。

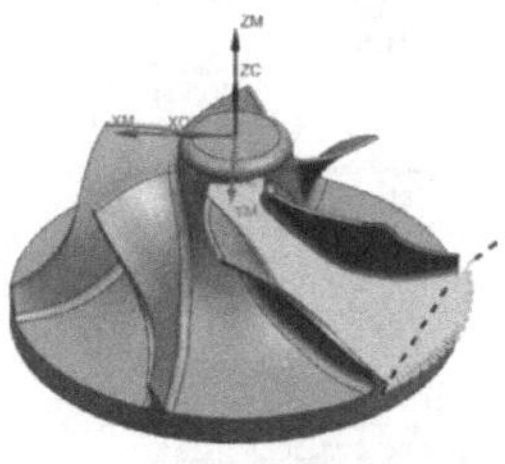

图 2－38　轮毂精加工刀路

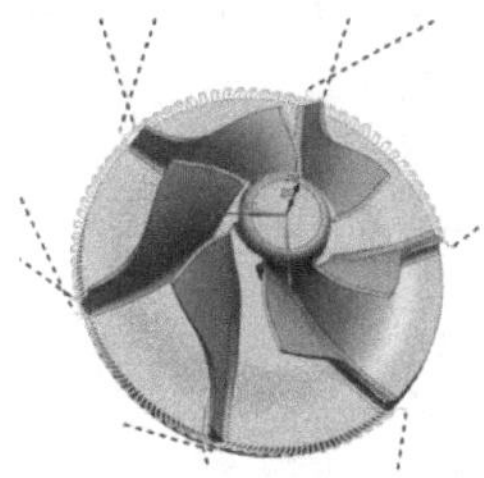

图 2－39　精加工刀路变换

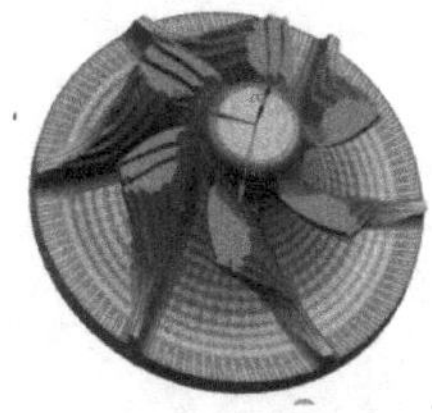

图 2－40　轮毂精加工仿真

3. 叶片精加工

① 创建“叶片精加工”工序,“类型”选择 mill_multi_blade,“工序子类型”选择 Impeller Blade Finish(叶片精加工),“位置”参数设置见图 2－41,单击“确定”按钮,弹出相应的对话框(见图 2－42)。

图 2－41　创建“叶片精加工”工序

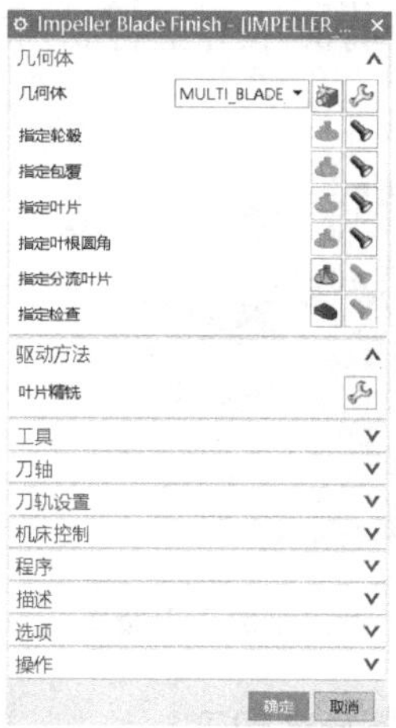

图 2－42　Impeller Blade Finish 对话框

② 单击“驱动方法”→“叶片精加工”图标,弹出如图 2－43 所示的“叶片精加工驱动方法”对话框。在“切削周边”中,“要精加工的几何体”选择“叶片”,“要切削的面”选择“左面、右面、前缘”;在“驱动设置”中,“切削模式”选择“单向”,“切削方向”选择“顺铣”,单击“确定”按钮。

③ 切削层设置,在“切削层”对话框中的“深度选项”中,“深度模式”选择“从包覆插补至轮毂”,“每刀切削深度”选为“恒定”,“距离”设置为 10%,“范围类型”选为“自动”,如图 2－44 所示。

④ “刀轴”“切削参数”“非切削移动”默认即可。

⑤ 在“进给率和速度”对话框中,设置“主轴速度”为 8000,“进给率”为 2000,单击“确定”按钮。

⑥ 单击“生成”工具按钮，创建刀具路径，如图 2-45 所示。

图 2-43　驱动方法

图 2-44　“切削层”设置

⑦ 变换/复制刀具路径，选择创建好的“叶轮精加工”加工程序，右击，在弹出的快捷菜单中选择“对象”→“变换”，弹出“变换”对话框，“类型”选择“绕直线旋转”，“直线方法”选择“点和矢量”，“指定点”选择“圆心”，“指定矢量”选择对应的矢量，“角度”输入 360，选中“复制”单选按钮，“距离/角度分割”输入 6，“非关联副本数”输入 5，单击“确定”按钮，生成的刀路图如图 2-46 所示。

⑧ 单击“确认”按钮进行 3D 仿真，如图 2-47 所示。

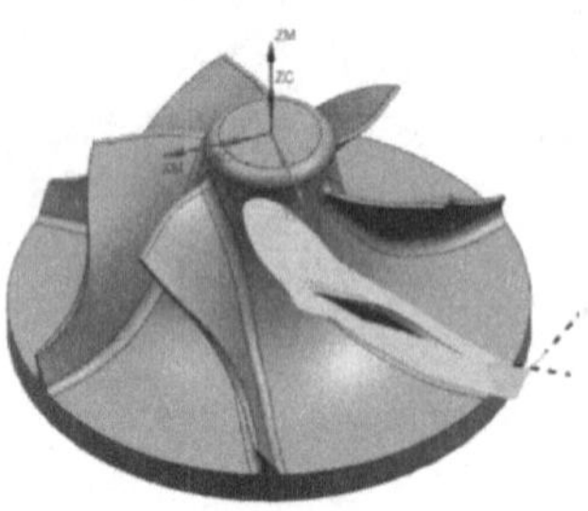

图 2-45　叶片精加工刀路图

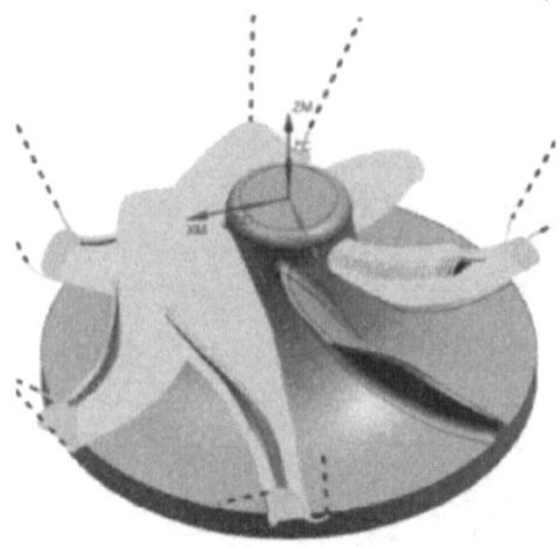

图 2-46　叶片精加工刀路变换

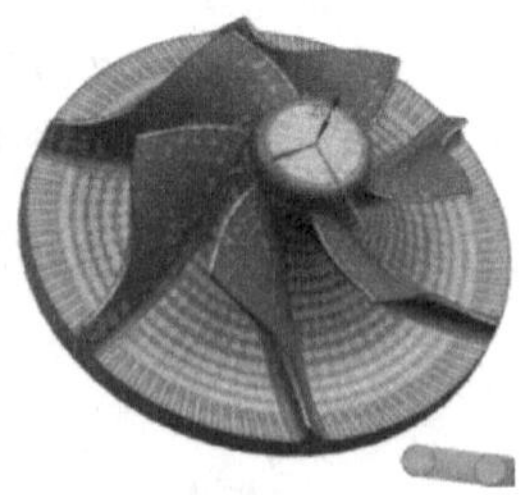

图 2-47　叶片精加工仿真

4. 叶根圆角精加工

① 创建“叶根圆角精加工”工序，“类型”选择 mill_multi_blade，“工序子类型”选择 Impeller Blend Finish(叶根圆角精加工)，“位置”参数设置如图 2-48 所示，单击“确定”按钮，弹出相应的对话框(见图 2-49)。

② 单击“驱动方法”→“圆角精铣”图标，弹出如图 2-50 所示的“圆角精加工驱动方法”对话框。在“切削周边”中，“要精加工的几何体”选择“叶根圆角”，“要切削的面”选择“左面、右面、前缘”；在“驱动设置”中，“驱动模式”选择“参考刀具”，“叶片精加工刀具直径”设置为 10，“叶片上的重叠”设置为 0.0，“刀毂上的重叠”设置为 0.5，“切削模式”设置为“单向”。

③ “刀轴”“切削参数”“非切削移动”默认即可。

④ 在“进给率和速度”对话框中，设置“主轴速度”为 8000，“进给率”为 2000，单击“确定”按钮。

⑤ 单击“生成”工具按钮，创建刀具路径，如图 2-51 所示。

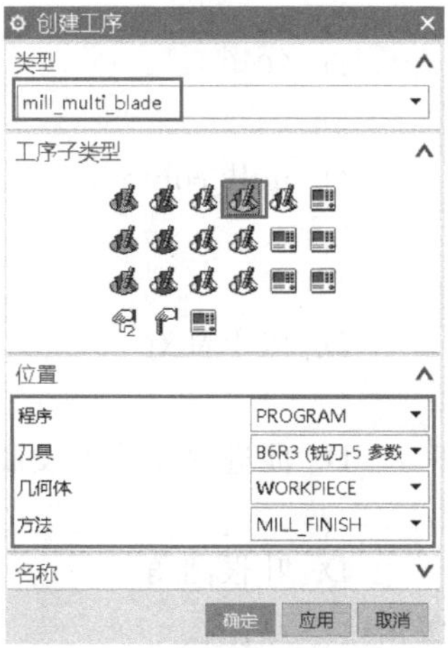

图 2－48　创建“叶根圆角精加工”工序

图 2－49　Impeller Blend Finish 对话框

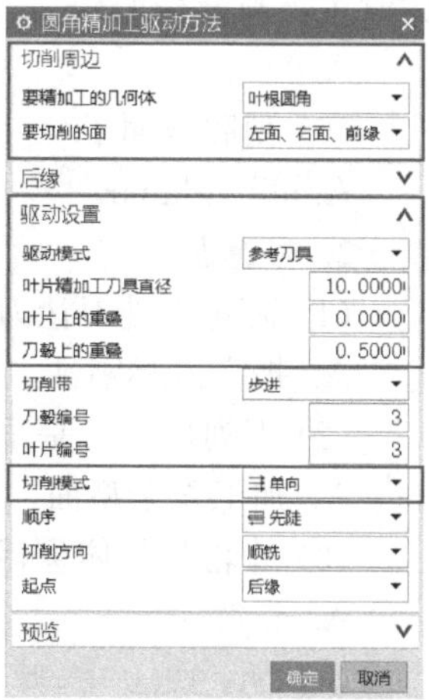

图 2－50　驱动方法设置

⑥ 变换/复制刀具路径，选择创建好的“叶根圆角精加工”加工程序，右击，在弹出的快捷菜单中选择“对象”→“变换”，弹出“变换”对话框，“类型”选择“绕直线旋转”，“直线方法”选择“点和矢量”，“指定点”选择“圆心”，“指定矢量”选择对应的矢量，“角度”输入 360，选中“复制”单选按钮，“距离/角度分割”输入 6，“非关联副本数”输入 5，单击“确定”按钮，生成如图 2－52 所示的刀路图。

⑦ 单击“确认”按钮进行 3D 仿真，如图 2－53 所示。

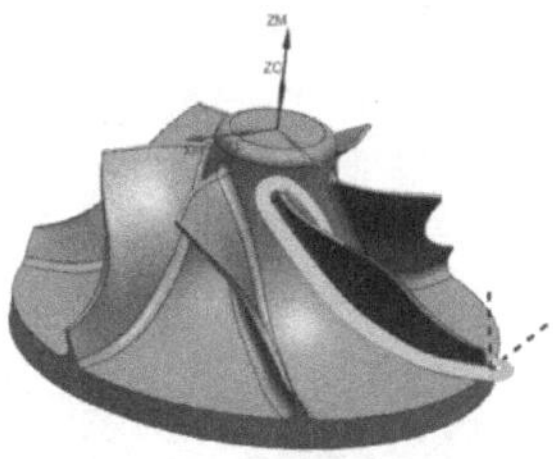

图 2－51　“叶根圆角精加工”刀路

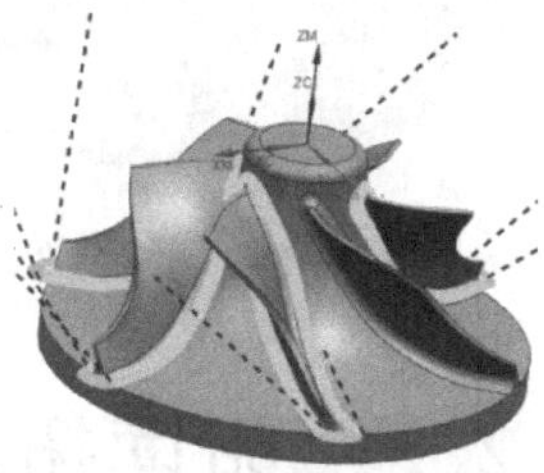

图 2－52　叶根圆角精加工刀路变换

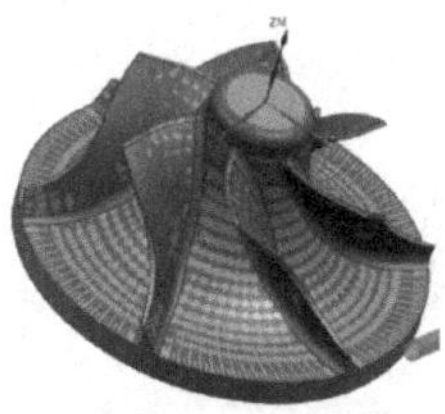

图 2－53　叶根圆角精加工仿真

2.4　课后自测

1. 单选题

(1) 封闭区域宜采用(　　)刀方式。

A. 线性进刀切入　　B. 圆弧进刀切入　　C. 摆线进刀切入　　D. 螺旋进刀切入

(2) 当在矩形件上铣削台阶或沟槽时，往往采用(　　)来进行装夹。

A. V 形架　　B. 三爪卡盘　　C. 压板　　D. 虎钳

(3) 球头铣刀的球头半径通常(　　)所加工曲面的曲率半径。

A. 大于　　B. 小于　　C. 等于　　D. 大于或小于

(4) 万能角度尺的零位，是角尺与直尺均装上，而角尺的底边及基尺与直尺无间隙接触，此时主尺与游标的(　　)度线对准。

A. 0　　B. 90　　C. 45　　D. 30

(5) 型腔铣属于(　　)工序类型。

A. mill_planar　　B. mill_rotary　　C. mill_making　　D. mill_contour

2. 多选题

(1) 防止立铣刀让刀的方法有(　　)。

A. 提高刀具刚性　　B. 缩短刀具悬长　　C. 减小切削力　　D. 以上都对

(2) 下列(　　)是采用多轴加工的目的。

A. 加工复杂型面　　B. 提高加工质量　　C. 提高工作效率　　D. 促进数控技术发展

(3) 叶轮几何体包括(　　)。

A. 轮毂　　B. 包覆　　C. 叶片　　D. 叶根圆角

(4) UG 12.0 中,叶轮叶片粗加工驱动方法中,前缘参数设置包括(　　)。

A. 指定叶片边　　B. 指定距离　　C. 指定切向延伸　　D. 指定纵向延伸

(5) UG 12.0 中,叶轮叶片编程加工刀轴选择方法包括(　　)。

A. 自动　　B. 插补矢量　　C. 侧刃切削叶片　　D. 指定矢量

3. 编程题

完成如图 2－54 所示的叶轮零件编程加工。

图 2－54　叶轮零件

2.5　阅读拓展

航空发动机是国之重器,被誉为工业桂冠上的明珠,是一个国家工业综合实力的体现。空气喷气式发动机是航空发动机的主要形式,由进气道、压气机、燃烧室、涡轮和排气装置组成。其中,根据进气形式不同,压气机又分为轴流式压气机和离心式压气机,叶轮是离心式压气机的核心部件,其加工形式多为多轴数控加工,请同学们扫码学习加工编程的详细细节。

叶轮加工虚拟仿真

2.6　素养拓展

叶轮是航空发动机重要的组成部分,也广泛应用于其他领域,其结构和工作原理都极其复杂,常常采用数控铣削加工方法生产。数控铣削加工叶轮,其特点是加工柔性好,可加工各种复杂形状,生产准备周期短,在可切削材料的加工中应用较广。希望同学们认真完成这部分内容的学习。

模块二　钣金成形工艺

任务3　板材折弯工艺

3.1　任务卡

<table>
<tr><td>任务编号</td><td>3</td><td>任务名称</td><td>板材折弯工艺</td></tr>
<tr><td>学　时</td><td>6</td><td>工作区域</td><td>钣金成形实训室</td></tr>
<tr><td>参考资料</td><td colspan="3">1. 钟展.钣金成形工艺[M].北京:北京航空航天大学出版社,2019.
2. 任仁良.民用航空器维修基础系列教材・维修基本技能[M].北京:清华大学出版社,2010</td></tr>
<tr><td>工作任务</td><td colspan="3">按图中所示完成折弯
铝合金板材：180×110×3
按要求进行折弯，达到尺寸要求
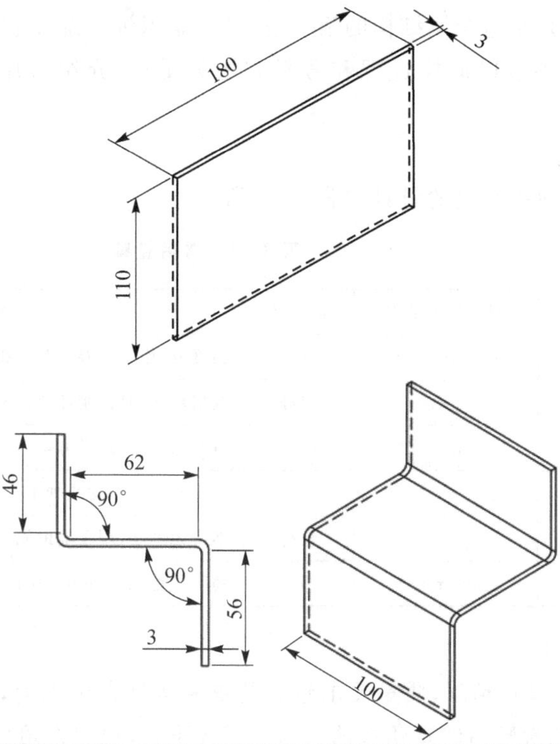
</td></tr>
</table>

续表

工具设备	铅笔、画线针、游标卡尺、角度尺、钢板尺、毛刷、整形工具、什锦锉、剪板机、折弯机等
材　料	铝合金板材
任务要求	1. 按工作单要求完成工件的加工； 2. 熟练掌握相关工具、量具的使用方法和技巧； 3. 加工后的零件应符合图纸； 4. 熟练掌握各种工具(包括:剪板机、折弯机、钣金整形工具等)
职业素养	1. 遵守国家法律和企业规章制度； 2. 诚信为本，按工艺文件操作，保证制造过程记录真实； 3. 爱岗敬业，积极参加岗位培训，主动学习并提高知识和技能水平； 4. 工作认真，有团队协作精神； 5. 自觉维护爱惜公共财物及配备的设备、工具等； 6. 着装规范，符合规定，保持工作环境整洁有序，文明生产； 7. 质量第一，用户至上

3.2 知识准备

3.2.1 放样与号料

放样与号料是制造金属结构的第一道工序，是保证产品质量、缩短生产周期、节约原材料的重要保障。本小节以放样过程和号料方法为重点，介绍常用量具、工具及实用几何作图方法。

1. 常用量具

在放样与号料中常用的量具如表 3－1 所列。

表 3－1　常用量具

量　具	铆工常用量程	精　度	特　点
木折尺	500 mm、1 m	低	精度低，用于常温下测量精度要求不高的工件
钢板尺	1 m	中等	规格较多，有公制和英制两种刻度
钢卷尺	1 m、2 m	中等	可卷入尺盒，携带方便
直角尺	—	—	用于测量垂直度或画垂直线
内外卡钳	—	较高	本身无刻度，用于辅助测量孔和外部尺寸
游标卡尺	200 mm	高	精度可达 0.02 mm，用于小零件内外尺寸的测量

注意事项如下：

① 定期检查量具精度，质量要求较高的重要构件在施工前，应进行量具精度检验。用直角尺画丁字线，如翻转后的直角尺两边与丁字线重合，说明直角尺角度准确；如有误差，须经修

理后使用。

② 根据产品的不同精度要求，选择对应精度等级的量具。对于尺寸较大而相对精度较高的结构，还要求在同一产品的整个放样过程中使用同一量具，禁止更换。

③ 使用正确的测量方法，减小测量操作误差。例如，利用外卡钳（见图 3－1）测量钢板厚度时，应在距钢板边缘 40 mm 处测量，以避免因板边缘的厚度不均匀引起测量误差。

2. 常用工具

① 画规，如图 3－2 所示，用来截取尺寸、画弧或者画圆，其两尖端须经淬火。

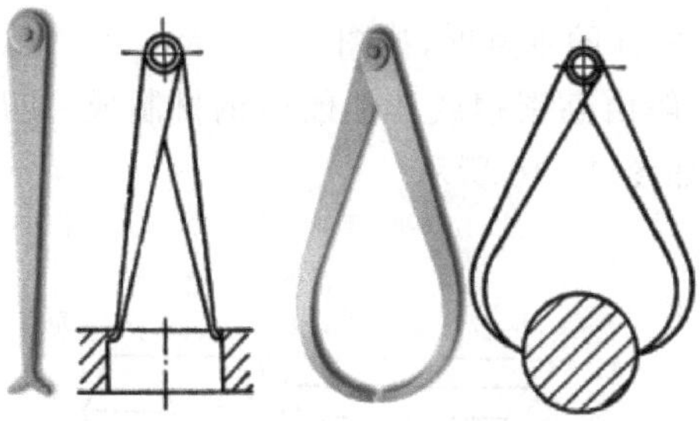

图 3－1　内外卡钳及应用

图 3－2　画　规

② 地规，如图 3－3 所示，其用途与画规相同，多用于大型构件的放样。

③ 样冲，如图 3－4 所示，多用高碳钢制成。放样和号料用来打记号，便于画线或找正。

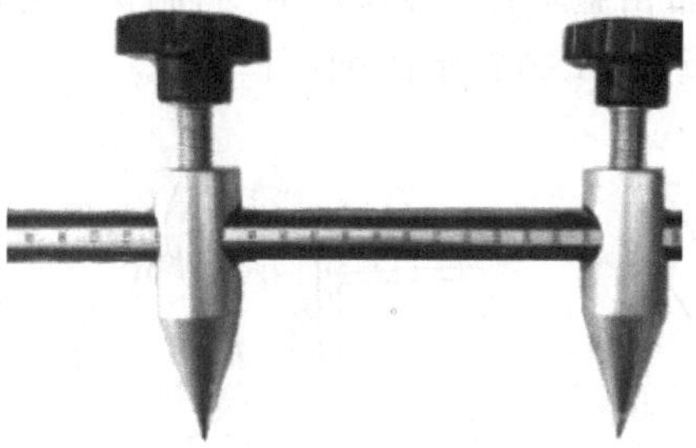

图 3－3　地　规

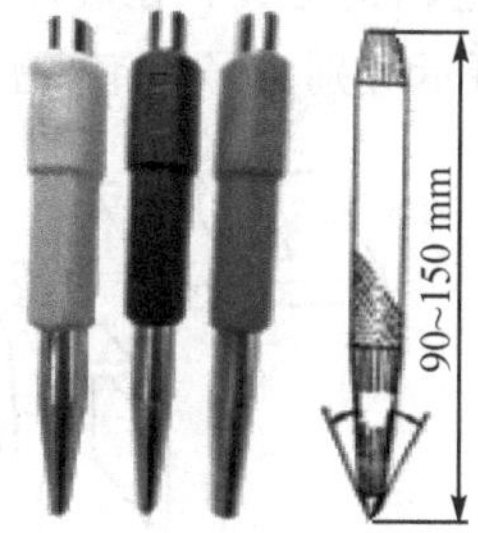

图 3－4　样　冲

④ 画针，如图 3－5 所示，一般用中碳钢锻制而成。在号料、放样时使用，精度较高。

⑤ 小手锤，如图 3－6 所示，常用来敲击样冲打出记号等，一般质量为 200 g 左右。

图 3－5　画　针

图 3－6　小手锤

⑥ 粉线，如图 3－7 所示，多用棉质细线，缠在粉线轴上，作为大型结构放样时弹画直线用。

⑦ 钢丝，常用作为结构的长基准线，其直径通常取 0.5～1.0 mm。

⑧ 线锤，如图 3－8 所示，用来检测铅垂度，其质量一般为 0.5 kg。

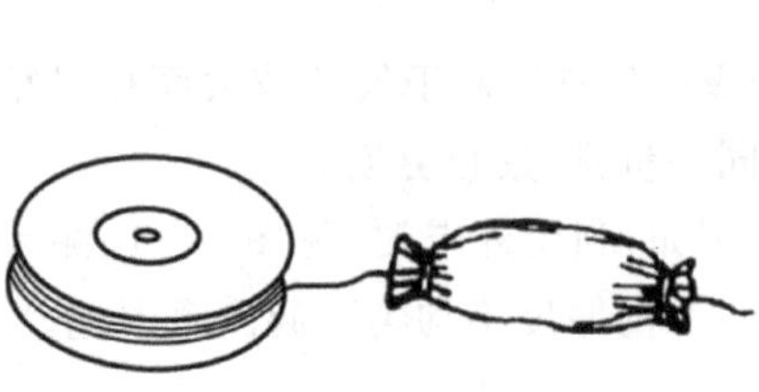

图 3-7 粉 线

图 3-8 线 锤

⑨ 座弯尺，主要用于型钢的号料和检查小构件的垂直度，如图 3-9 所示。

⑩ 勒子，主要由勒刃和勒座组成。勒刃一般由高碳钢或其他硬质钢材制成，使用时须经刃磨与淬火。勒子用于型钢号孔时画孔心线，如图 3-10 所示。

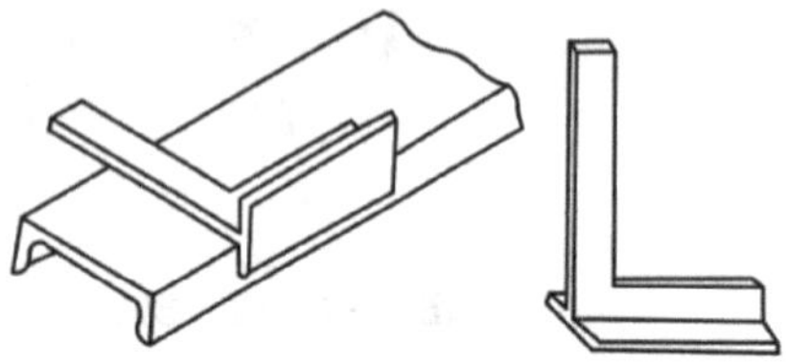

图 3-9 座弯尺

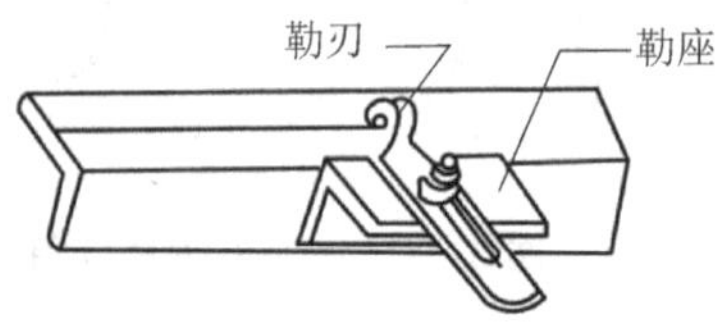

图 3-10 勒子及其应用

⑪ 其他辅助工具。在放样与号料过程中，常由施工者根据实际需要，制作一些辅助工具。图 3-11 所示分别为号角钢、槽钢时用的过线板，图 3-12 所示为样杆卡子。

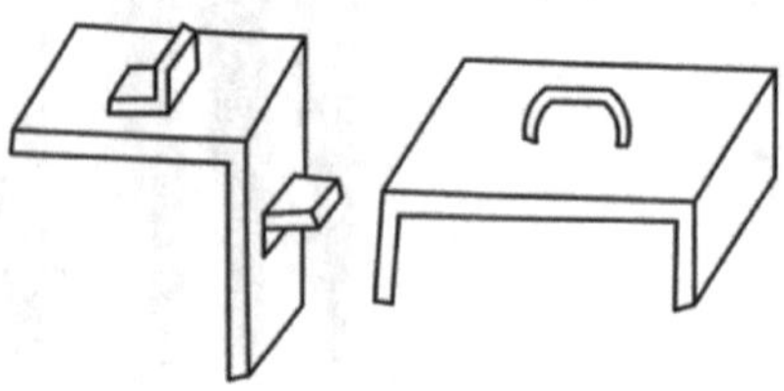

图 3-11 号角钢、槽钢时用的过线板

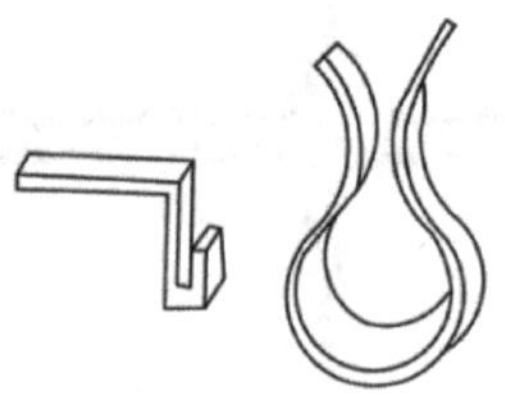

图 3-12 样杆卡子

3. 板材长度计算

板材在弯曲前后，中性层的长度没有变化，所以将其作为展开长度的计算依据，而中性层的位置视材料的弯曲程度和断面形状而定。因此，先要确定中性层的位置，才能进行展开计算。

钢板弯曲时，当弯曲的相对半径（弯曲内半径 R 与材料厚度 t 之比）$\frac{R}{t}>4$ 时，中性层的位置就在板厚的中间，中性层与中心层重合。随着变形程度的增加，即当 $\frac{R}{t}\leqslant 4$ 时，中性层偏向于材料的内侧，随变形程度而定。

(1) 中性层的位置计算

中性层的位置可用如下的经验公式计算：

$$R_0 = R + x_0 t \tag{3.1}$$

式中：R_0 为中性层的曲率半径，mm；R 为钢板内层的曲率半径，mm；t 为钢板的厚度，mm；x_0 为中性层位置的经验系数(见表 3－2)。

表 3－2　中性层位置的经验系数

$\frac{R}{t}$	0.1	0.25	0.5	1	2	3	4	>4
x_0	0.32	0.35	0.38	0.42	0.455	0.47	0.475	0.5

图 3－13 所示的弯曲件，其展开长度 L 为直线部分长度和圆弧部分长度之和，公式如下：

$$L=A+B+\frac{\pi\alpha}{180}(R+x_0 t) \tag{3.2}$$

式中：A、B 为构件直线部分长度，mm；α 为弯曲角度，(°)；R 为内弯曲半径，mm；x_0 为中性层位置的经验系数(见表 3－2)。

当制作直角折弯，即 $\alpha=90°$时，式(3.2)可化简为

$$L=A+B+\frac{\pi}{2}(R+x_0 t) \tag{3.3}$$

(2) 折角或 $R<0.3t$ 的展开计算

没有圆角半径或圆角半径很小的弯曲件(见图 3－14)，可利用等体积法确定其展开长度。

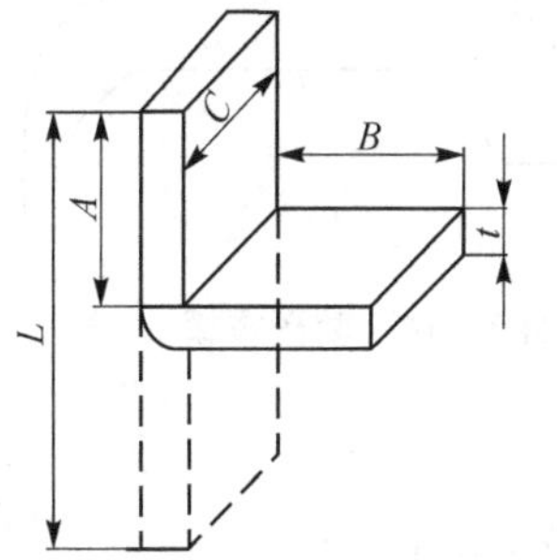

图 3－13　单件弯曲

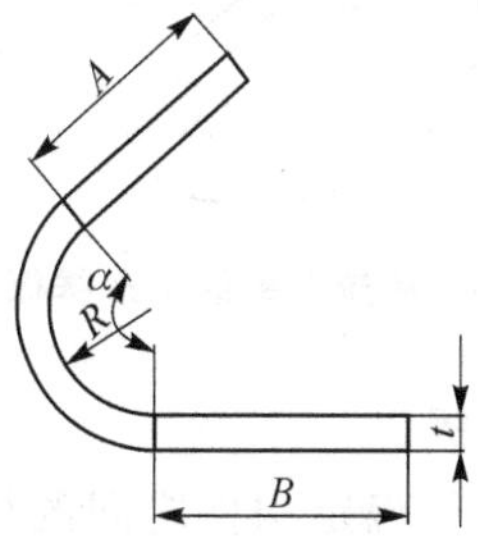

图 3－14　无圆角半径或圆角半径很小的弯曲件

毛坯的体积为

$$V=LCt \tag{3.4}$$

弯曲后工件的体积为

$$V_1=(A+B)Ct+\frac{\pi t^2}{4}C \tag{3.5}$$

又由于 $V=V_1$，所以

$$L=A+B+\frac{\pi t}{4}=A+B+0.785t \tag{3.6}$$

由式(3.6)求出的值并不很准确，因为板料在折角处及其附近均有变薄现象，因而材料会多出一部分，所以上述公式经修正后按下式计算：

$$L=A+B+\cdots+N+0.5t(n-1) \tag{3.7}$$

式中：$A,B,\cdots,N$ 为各直边的内侧线段长度，mm；n 为直边的数目。

式(3.7)求得的毛坯长度近似值，还应考虑材料的塑性、变形速度、模具的结构、模具的表

面粗糙度等影响因素。

4. 结构放样

施工图一般是缩小比例绘成的，各部分投影及尺寸关系未必准确，外部轮廓形状（尤其为一般曲面时）能否完全符合设计要求，较难确定。而放样图可采用1∶1比例绘制，剖切面多少亦不受限制，故设计中的问题将充分显露，并得到解决。

在遵守原设计要求的基础上，依工艺要求进行结构处理。结构处理主要是考虑原设计结构从工艺性看是否合理、有效，并处理因所用材料、加工能力和施工条件等因素影响而出现的结构问题。

5. 样板和样杆

放样过程中，在结构放样和展开之后，即须着手制作各种样板。样板按其用途通常分为号料样板、成形样板、定位样板和样杆。号料样板是供号料或号料同时号孔的样板。如须制作胎架，还应包括胎架号料用样板。成形样板是用于检验成形加工的零件的形状、角度、曲率半径及尺寸的样板。成形样板包括：卡形样板，主要用于检查弯曲件的角度或曲率（见图3－15）；验形样板，用于检查成形加工后零件整体或某一局部的形状和尺寸，对于双曲度的复杂构件，常常需要制作一组样板或样箱，验形样板有时也兼做二次号料用（见图3－16）。

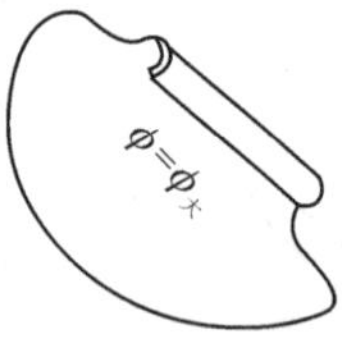

图3－15　检查曲率的卡形样板

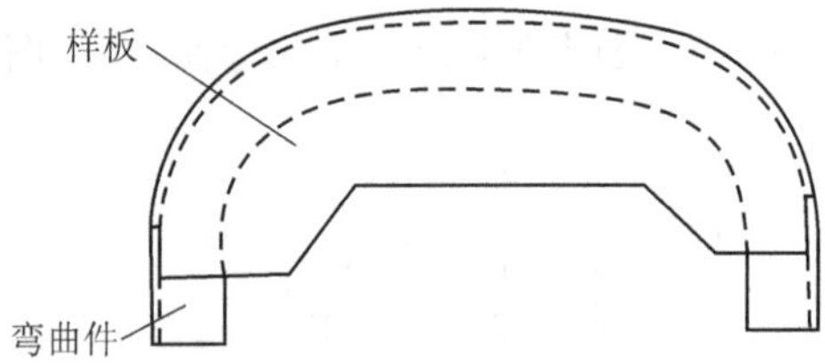

图3－16　验形样板

(1) 定位样板

定位样板用于确定构件之间的相对位置（如装配线、角度、斜度等）及各种孔口的位置和形状。图3－17所示为装配定角度样板。

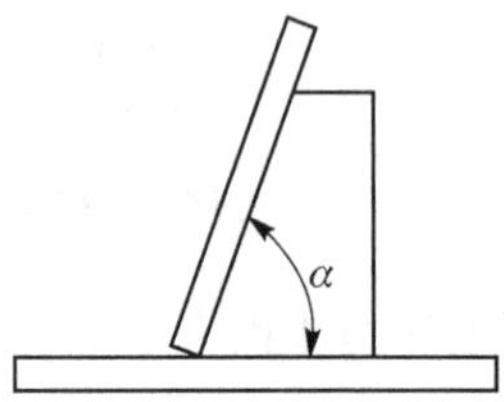

图3－17　装配定角度样板

(2) 样　杆

样杆主要用于定位，有时也用于简单零件的号料。定位样杆上应标有定位基准线。

(3) 样板、样杆的材料

制作样板的材料，一般采用0.5～2 mm的薄钢板。当样板较大时，可用板条拼成花格骨架，以减轻质量。中、小型件多用0.5～0.75 mm的薄板制作。为节约钢材，对精度要求不高的一次性样板，可用黄板纸和油毡制作。

样杆一般用25 mm×8 mm或20 mm×8 mm的扁钢条或铅条制作，木质样杆的断面尺寸通常有8 mm×20 mm或25 mm×25 mm两种规格。

在制作样板和进行号料时，经常使用各种符号。目前放样、号料所用符号并未统一，常见的符号如表3－3所列。

表 3-3　放样、号料常用的符号

序　号	名　称	符　号	序　号	名　称	符　号
1	板缝线		5	余料切线（斜线为余料）	
2	中心线	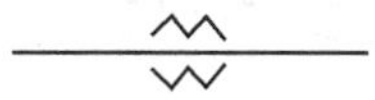	6	弯曲线	
3	R 曲线	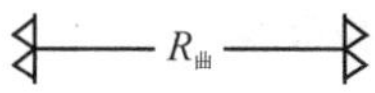	7	结构线	
4	切断线	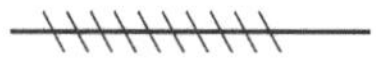	8	刨边加工	

6. 号　料

利用样板、样杆、号料草图及放样得出的数据，在板料或型钢上画出零件真实的轮廓和孔口形状，以及与之连接构件的位置线、加工线等，并注出加工符号，这一工作过程称为号料。

(1) 技术要求

号料通常由手工操作完成，号料的一般技术要求如下：

① 熟悉施工图样和产品制造工艺，合理安排各零件号料的先后次序；此外，零件在材料上位置的排布，应符合制造工艺的要求。

② 根据施工图样，验明样板、样杆、草图及号料数据；核对钢材牌号、规格，保证图样、样板、钢材三者一致。对重要产品所用的材料，应有检验合格证书。

③ 检查材料是否有缝隙、夹层、表面疤痕或厚度不均匀等缺陷，并根据产品的技术要求，酌情处理。当材料有较大变形，影响号料精度时，应先进行矫正。

④ 号料前应将材料垫放平整、稳妥，既要利于号料画线并保证精度要求，又要保证安全，同时不影响他人工作。

⑤ 正确使用号料工具、量具、样板和样杆，尽量减小操作引起的号料偏差。例如弹画粉线时，拽起的粉线应在欲画之线的垂直平面内，不得偏斜。

⑥ 号料画线后，在零件的加工线、接缝线以及孔的中心位置等处，根据加工需要打上錾印或样冲眼。同时，按样板上的技术说明，用白铅油或瓷漆标注清楚，为下道工序提供方便，文字、符号、线条应端正、清晰。

(2) 合理用料

利用各种方法、技巧，合理铺排零件在材料上的位置，最大限度地提高原材料的利用率，是号料的一项重要内容。在生产中，常采用下述方法，以达到合理用料的目的：

① 集中套排：由于材料的规格多种多样，且号料的零件千差万别，为了充分合理地使用原材料，当零件数量较多时，常将相同牌号、相同厚度的零件集中在一起，统筹安排，长短搭配，凸凹相就，这样便可充分利用原材料，提高材料的利用率，如图 3-18 所示。

② 余料利用：由于每张钢板或每根型钢号料后，经常会出现一些形状和长度大小不同的余料，所以将这些余料按牌号、规格收集在一起，用于小型零件的号料，可使材料的利用率达到最大。

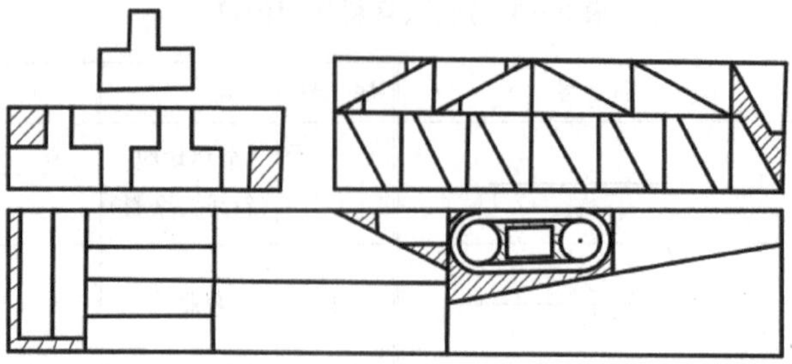

图 3－18　集中套排号料

3.2.2　下　料

下料是将原材料按需要切成毛坯。钣金下料的方法很多，按机床的类型和工作原理，可分为剪切、铣切、冲切、氧气切割及激光切割等。在生产中可根据零件的形状、尺寸和精度要求，以及材料类型、生产数量和现场设备情况来选择下料方法。

下料工作必须贯彻勤俭办企业的原则，要提高材料利用率，注意合理地排料。

1. 剪切下料

剪切机常用来剪裁直线边缘的板料毛坯。对被剪板料，剪切工艺应保证剪切表面的直线性和平行度要求，并尽量减少板材扭曲，以获得高质量的零件。液压传动剪切机的安全性高，可以防止因超载而引起的机器事故；机器体积小，操作方便，质量轻，制动容易；振动小，工作平稳，刀具寿命长。滚剪机利用一对倾斜安装的上下剪刀片进行剪切，能剪切曲线形和圆环形的板料。

2. 铣切下料

铣切下料是利用高速旋转的铣刀对成叠的板料进行铣切，其工艺方法简单，生产效率高，是制造零件的首要工序。目前在航空工业生产中，许多飞机的蒙皮、中型结构零件的展开件、某些套裁的零件都是采用铣切的下料方法。

3. 冲切下料

冲压是在室温下利用安装在压力机上的模具对材料施加压力，使其产生分离或塑性变形，从而获得所需零件的一种压力加工方法。从板料冲下所需形状的零件(或毛坯)称为落料。冲压加工生产率高、材料消耗少、零件尺寸稳定、成本低，是一种先进的加工工艺。冲切下料由于存在形状不足、易产生应力变形等缺陷，因此在飞机钣金件中使用得较少，在此不在赘述。

3.2.3　弯曲成形

1. 弯曲原理及过程

为分析板料弯曲时产生的变形情况，弯曲前在板料弯曲部分画出弯曲始线、弯曲中线和弯曲终线，然后弯曲成形，如图 3－19 所示。板料弯曲时，内层的材料因受压而缩短，外层的材料因受拉而伸长。在拉伸与压缩之间，有一层材料长度不发生变化，这层称为中性层。中性层很重要，因为弯曲前后材料长度不变，所以在下料展开时，按此层的长度来确定。中性层的位置与弯曲半径有关，在一般情况下，变化不大，通常近似取在材料厚度的 1/2 位置。在弯曲时，对窄的板料(宽度小于板厚的 3 倍时)，在弯曲区的外层，因受拉伸宽度要缩小，内层因压缩要增加，如图 3－20 所示。对宽的板料（宽度大于板厚的 3 倍时），由于横向变形受到宽度方向大量材料的阻碍，所以宽度基本不变。

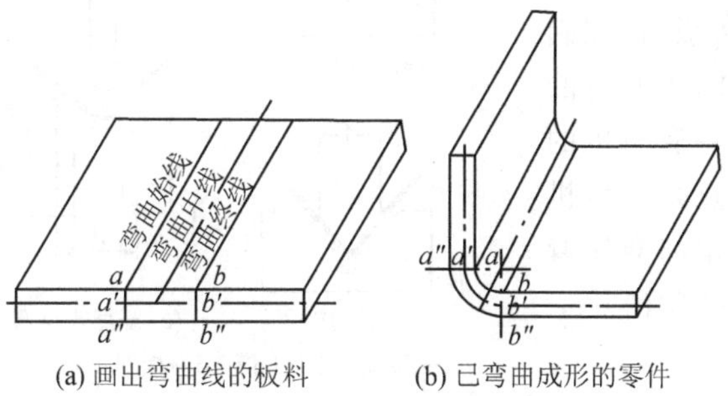

图 3－19　板料弯曲时的变形

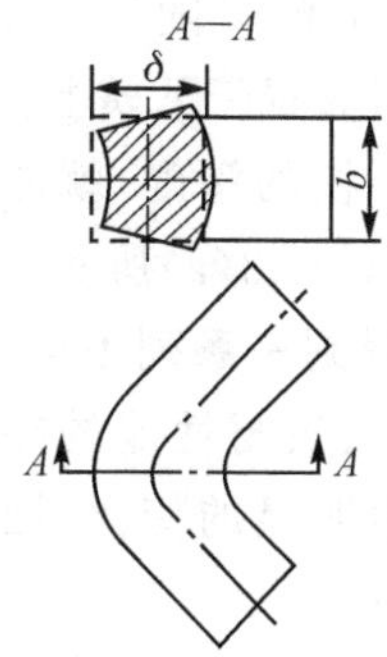

图 3－20　窄板料弯曲时宽度变化

2. 手工弯曲

对单件生产和一些形状比较复杂的零件，有时还得用手工成形的方法来制造。手工成形也需要一些简单的台型、靠模和各种各样的工、夹具，这些工、夹具一般具有通用性。手工成形件的质量如何，主要取决于操作程序的合理安排，以及所选用的工、夹、台具是否合适，但最重要的是取决于操作工人的实践经验和操作技巧。

手工弯曲是通过手工操作来弯曲板料，适用于单件、小批量零件或设备难以成形的零件。弯曲角形零件时，首先下好料，画出弯曲线，弯曲时如图 3－21 所示，将弯曲线对准规铁的角，左手压住板料，右手用木锤先把两端敲弯成一定角度，以便定位，然后再全部弯曲成形。

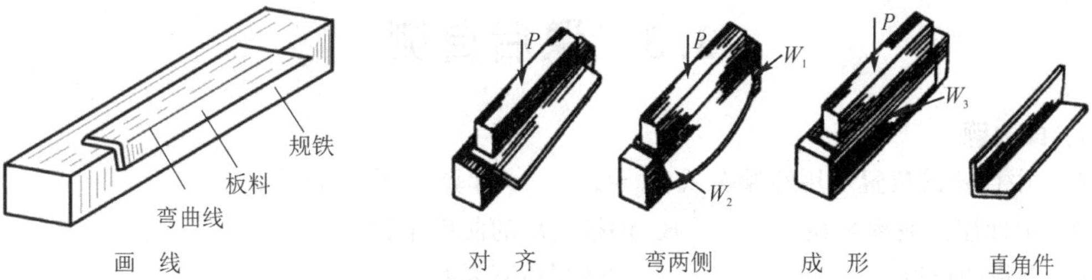

图 3－21　直角件的手工弯曲

3. 机械弯曲

折弯设备主要是各种类型的折弯机，现代钣金成形人员利用折弯机弯折各种几何截面形状的金属板箱、柜、翼板、肋板、矩形管、U 形梁和屏板等薄板制件（见图 3－22）。常用的方法有自由折弯、强制折弯和三点式折弯 3 种，如图 3－23 所示。

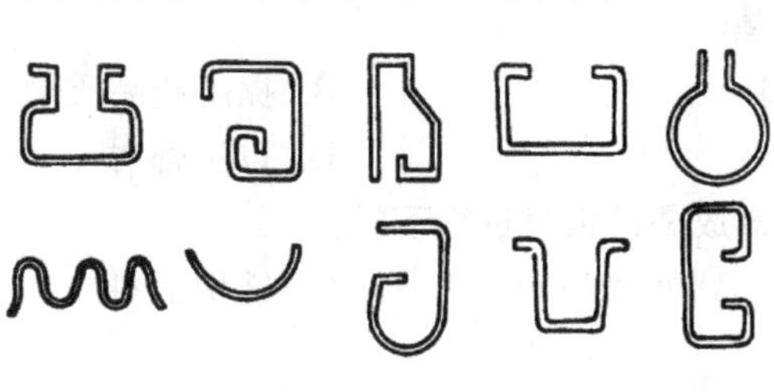

图 3－22　用折弯机弯曲的各种零件断面

(1) 自由折弯

自由折弯时，V形下模1固定于压力机的工作台上，楔形上模2随压力机的滑块做上、下往复运动。将板料3置于下模上，上模下行压弯板料，控制上模楔入下模的深度，就能获得具有不同弯曲角的工件，如图3-23(a)所示。其优点是用一套简单的V形模可得到一系列不同的弯曲角；缺点是压力机的垂直变形、板材性能的差异和微小变化都会使弯曲角度发生明显的变化，因此要求精确控制滑块运动的下死点。

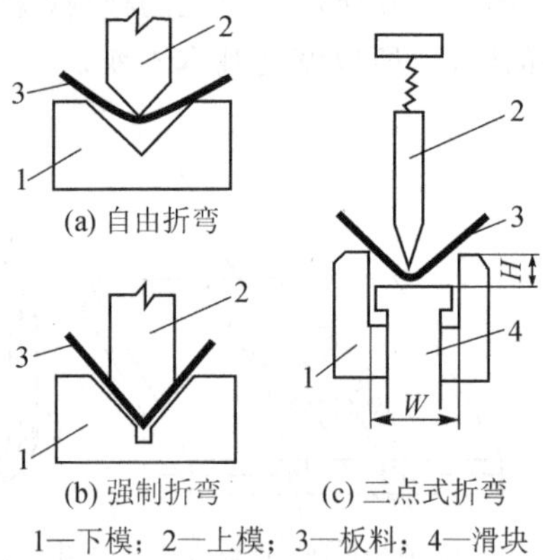

1—下模；2—上模；3—板料；4—滑块

图3-23 常用的折弯方法

(2) 强制折弯

强制折弯是在折弯的最后阶段，上模2将板料3压靠在下模1的V形槽内，使其带有校正作用，可将工件的回弹限制在较小的范围内，如图3-23(b)所示。但一套V形模仅能获得一定的弯曲角，所以工件的所有角度必须相等，否则就需更换模具。

(3) 三点式折弯

三点式折弯除了下模1上有两处与板料3接触外，底部活动滑块4的上平面处也与板料接触，故称为“三点式”，如图3-23(c)所示。其滑块4上设有液压垫，因此压力机的运动精度和变形，以及板料的性能变化等都不会影响工件的弯曲角，仅取决于下模凹槽的深度 H 和宽度 W，且带有强制折弯的性质，所以可获得回弹小、精度高的工件。

3.3 课后自测

1. 单选题

(1) 中性层的位置可用经验公式 $R_0=R+x_0t$ 计算，其中 t 表示(　　)。

A. 中性层的曲率半径　　B. 钢板内层的曲率半径

C. 钢板的厚度　　D. 中性层位置系数

(2) 号料与放样过程中用不到的工具是(　　)。

A. 划规　　B. 样冲　　C. 钢丝　　D. 铜丝

(3) 关于二次号料，描述正确的是(　　)。

A. 二次号料前无需矫形　　B. 大型零件可在平台上直接定位画线

C. 一次号料时应留有充足余量　　D. 以上均不正确

(4) 合理排料的目的是(　　)。

A. 提高原材料利用率　　B. 提高产品质量

C. 降低工作强度　　D. 以上都对

(5) (　　)方法可以对成叠的板材进行下料。

A. 冲切下料　　B. 剪切下料　　C. 铣切下料　　D. 氧气切割下料

2. 多选题

(1) 放样常用工具及其功能对应正确的有(　　)。

A. 画规—画圆弧　　B. 样冲—打记号

C. 线锤—检测直线度　　D. 勒子—型材画孔心线

(2) 号料的内容包括(　　)。

A. 零件真实的轮廓　B. 孔口形状　C. 连接构件的位置线　D. 剖切平面

(3) 剪切下料用到的工具设备有(　　)。

A. 剪板机　B. 钣金剪刀　C. 电剪刀　D. 滚剪机

(4) 关于弯曲成形的说法正确的有(　　)。

A. 弯曲成形过程中,内层材料会受压而缩短

B. 弯曲成形过程中,外层材料会受压而缩短

C. 弯曲成形过程中,内层材料会受拉而伸长

D. 弯曲成形过程中,外层材料会受拉而伸长

(5) 折弯工艺常见的折弯方法有(　　)。

A. 自由折弯　B. 三点式折弯　C. 强制折弯　D. 四点式折弯

3. 简答题

(1) 样板有哪些用途?

(2) 简述合理排料的目的和常用方法。

(3) 手工成形有哪些优缺点?适用于哪些场合?

3.4　阅读拓展

随着我国经济的快速发展,钣金加工行业也得到了快速发展。为了培养更多高素质的钣金加工人才,各高校纷纷开设了钣金成形工艺课程。钣金成形工艺过程必须严格遵守操作规程,确保每一步操作都符合规范,要始终关注安全,遵守安全规定,避免发生意外事故。请同学们扫码阅读学习。

航空器典型钣金成形工艺

3.5　素养拓展

钣金成形工艺是飞行器制造过程中非常重要的工艺,大家必须做到:

① 了解遵守职业道德与规范在钣金行业中的重要作用,树立正确的职业观念。

② 遵守职业道德与规范能够提升整个行业的形象和声誉,增强行业的社会认同感。

③ 严格遵守钣金成形工艺的操作规程和质量标准,能够确保产品的质量和安全,减少因操作不当导致的损失和事故。

任务4　管路成形工艺

4.1　任务卡

<table>
<tr><td>任务编号</td><td>4</td><td>任务名称</td><td>管路成形</td></tr>
<tr><td>学　时</td><td>8</td><td>工作区域</td><td>钣金成形实训室</td></tr>
<tr><td>参考资料</td><td colspan="3">1. 刘清杰. 飞机机械系统实训[M]. 北京:北京航空航天大学出版社,2021.
2. 任仁良. 民用航空器维修基础系列教材·维修基本技能[M]. 北京:清华大学出版社,2010</td></tr>
<tr><td>工作任务</td><td colspan="3">按图中所示完成硬管的制作
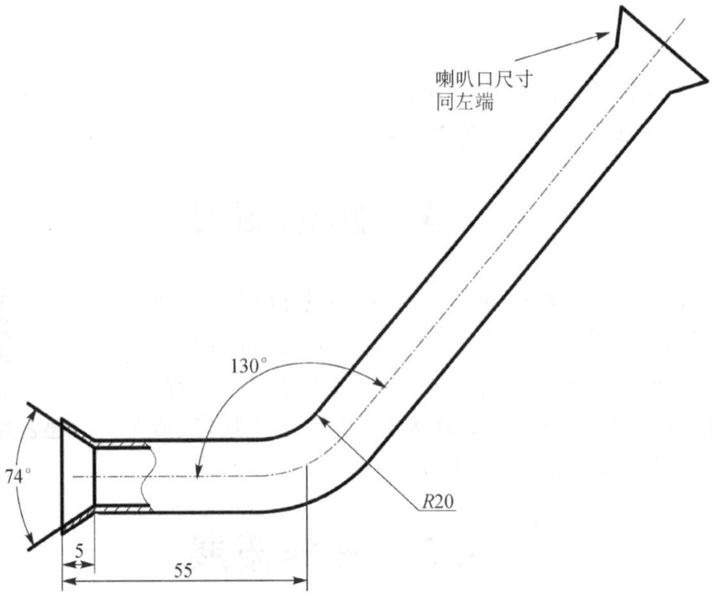
</td></tr>
<tr><td>工具设备</td><td colspan="3">喇叭口压制工具、管路夹持工具、切管器、去毛刺工具、钢板尺、弯管器、托盘、开口扳手、木榔头、游标卡尺、画针等</td></tr>
<tr><td>材　料</td><td colspan="3">硬管、吸油棉、橡胶手套、异丙醇、7# 润滑脂、砂纸等</td></tr>
<tr><td>任务要求</td><td colspan="3">1. 按工作单要求完成工件的加工;
2. 熟练掌握相关工具、量具的使用方法和技巧;
3. 加工后的零件应符合图纸;
4. 熟练掌握各种工具(包括喇叭口压制工具、管路夹持工具、切管器、去毛刺工具、弯管器等)</td></tr>
</table>

续表

职业素养	1. 遵守国家法律和企业规章制度； 2. 诚信为本，按工艺文件操作，保证制造过程记录真实； 3. 爱岗敬业，积极参加岗位培训，主动学习并提高知识和技能水平； 4. 工作认真，有团队协作精神； 5. 自觉维护爱惜公共财物及配备的工具等； 6. 着装规范，符合规定，保持工作环境整洁有序，文明生产； 7. 质量第一，用户至上

4.2　知识准备

管路连接如图 4－1 所示。

图 4－1　管路连接

硬管的制作流程如图 4－2 所示。

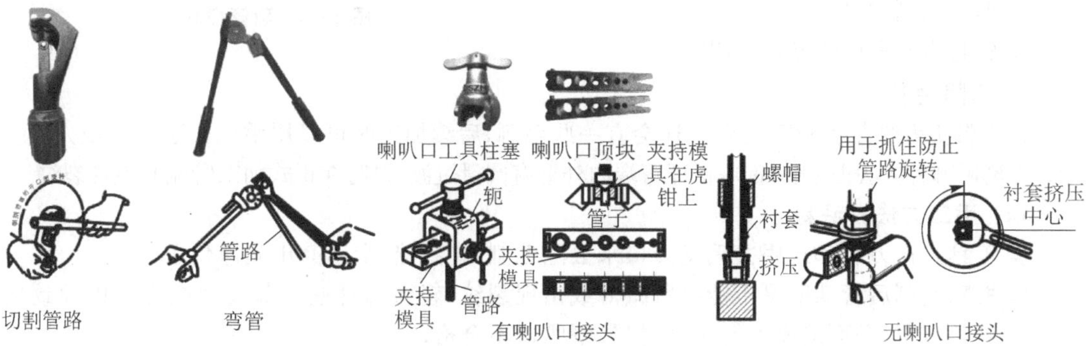

图 4－2　硬管制作流程

4.2.1 管道的预加工

预加工主要是在导管加工前需要进行除油、下料和去除毛刺操作，原因是为了使金属管材防锈，制造厂家通常会对其进行油封。

1. 除　油

除油就是将金属管材的内外表面的油封油脂溶解于有机溶剂的过程（油脂不溶于水，须用有机溶剂除去）。

2. 下　料

下料的方式和要求如表 4－1 所列。

表 4－1　下　料

说　明	下料方式	要　求
单根或小批量生产	切管器、手锯、车床、铣床	切口处毛刺越少越好
大批量生产	用砂轮或专用切管机切割（阳极机械加工方法切割钛合金管）	

注：航空器维修通常是单根或小批量加工。

现以切管器为例，介绍切管的过程。切管器可用于各种软金属管（铜、铝或铝合金管），切管器的正确使用如图 4－3 所示。

其技术要点如下：

- 新切管子的一端应当比要更换的管子约长 10%，可以补偿弯管时的各种长度损耗；
- 被切管放置于切管器卡槽内，要求切割轮位于应切断位置；
- 旋转切管器使其绕着被切管旋转，间歇性拧动指旋螺钉，对切割轮稍微施压；
- 用力适中，单次施压过大会引起管路变形或毛刺增多。

重复上述方法直到将管子切断。

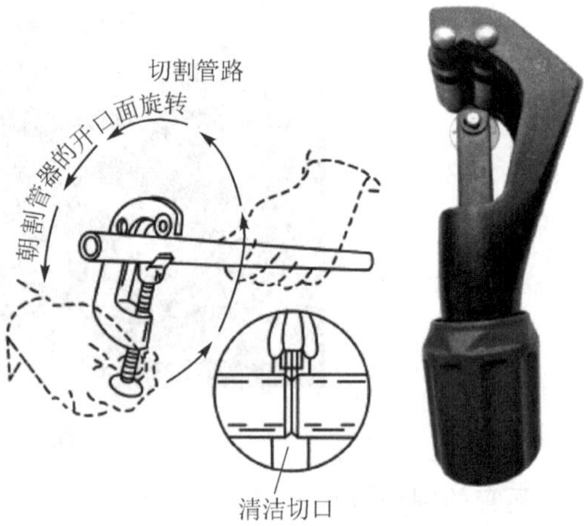

图 4－3　硬管切制

3. 去除毛刺

因下料所得的直毛料管，切断处还会有一些毛刺，后续加工时可以用手工方法和机械方法去除。无论用哪种方法去毛刺，都应保证管端内外壁有圆滑过渡，以防在正式加工管端时出现裂纹。

(1) 手工方法去毛刺

- 工具是锉刀、刮刀，用去毛刺刃口来去除毛刺，直到锉、刮到露出光泽位置；
- 去除毛刺后管端壁厚不能有所减薄或出现裂纹，轻微的管壁减薄或裂纹都可以导致喇叭口破裂，进而造成不能完全封严，喇叭口不合格；
- 不合格的喇叭口可用一细齿锉刀将端面锉成直角或将其锉光滑。

(2) 机械方法去毛刺

用图 4－4 所示的锥铰刀铰光管口毛刺，去除管子两端内径管口的锋利毛刺。将管口铰刀的柄部夹在机床主轴上，将管子端头向旋转的管口铰刀送进，去除管路内径毛刺。

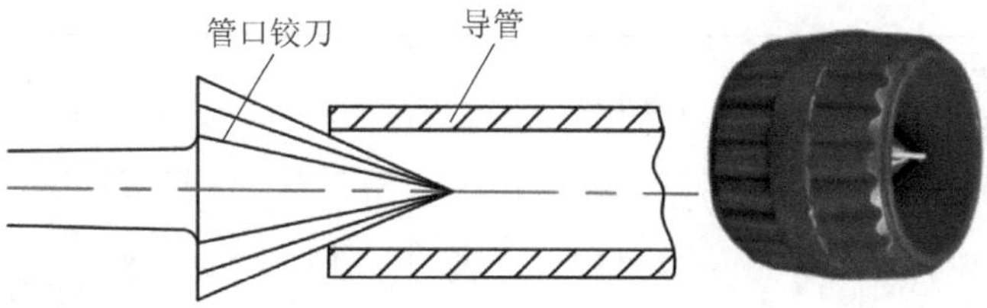

图 4－4　锥铰刀去内毛刺

4.2.2　弯　管

弯管的目的是获得一段平滑的弯道而不弄折管子，是导管加工的重要工序之一。根据要求，弯管形式主要有平面弯曲和空间弯曲，弯曲质量好坏对导管使用产生较大影响。

金属弯管可能会出现如下问题：管子弯曲部分横截面变成椭圆或压瘪、管外壁会变薄甚至破裂、管内壁会变厚甚至起皱、弯管施加力撤销后导致管子回弹。这些问题会造成后续使用问题、阻力损失、安全隐患，甚至使用过程中突然损坏。

飞机维修中主要的弯管形式包括手动弯管、弯管器弯管、夹具弯管和大口径夹具弯管四种形式，见表 4－2。

表 4－2　弯管形式及注意事项

弯管形式	适用范围（弯管直径）	注意事项	图　例
手动弯管	直径小于 1/4 in*		
弯管器弯管	1/4 in＜直径≤1 in	① 用手工弯管器弯管时，尽可能提起滑杆手柄，将管插入。 ② 调节手柄以使沿杆中槽子的全长与管子接触。 ③ 半径块上的零标记必须与滑杆上的标记对齐。转动手柄产生弯曲，同时注意半径块上的刻度，直至得到希望的弯角为止	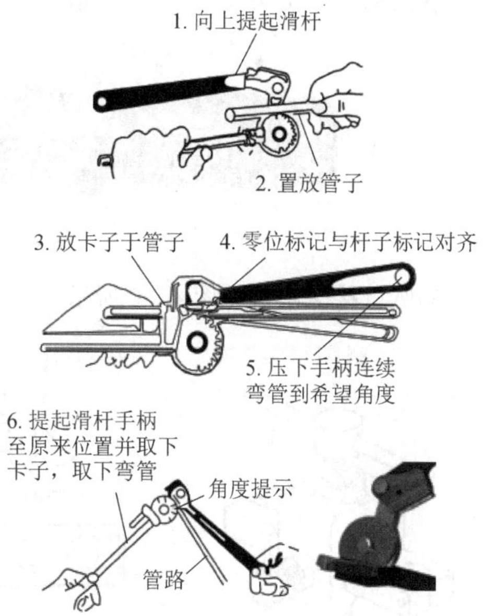
夹具弯管	3/8 in≤直径≤3 in		

* 1 in＝25.4 mm。

续表 4－2

弯管形式	适用范围 （弯管直径）	注意事项	图　例
大口径夹具弯管	直径＞3 in	① 弯管内必须放置沙子等填充物（可用易熔合金代替，放置在 71 ℃热水中）； ② 管直径大于 4 in 弯管内除放置填充物外，还须在弯管处加热； ③ 弯管应避免过多的压扁、弯折和弄皱管子； ④ 弯曲中允许少量的压扁，但压扁部分的最小直径不能小于原外径的 75%； ⑤ 压扁、弄皱或弯曲不规则的管道不应安装使用	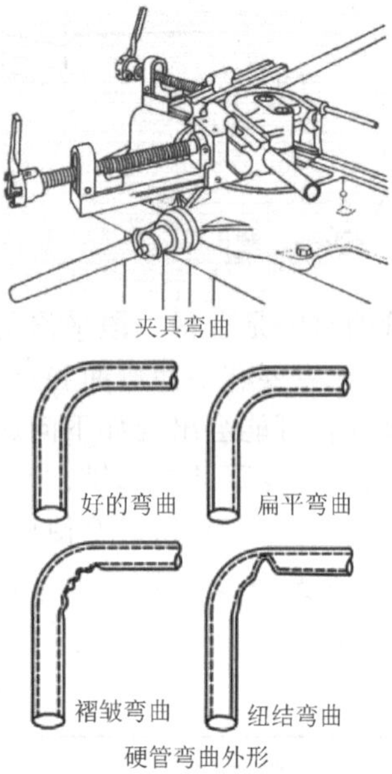

4.2.3　喇叭口接头制作

管路喇叭口接头如图 4－5 所示。

图 4－5　管路喇叭口接头

喇叭口接头制作如图 4－6 所示。

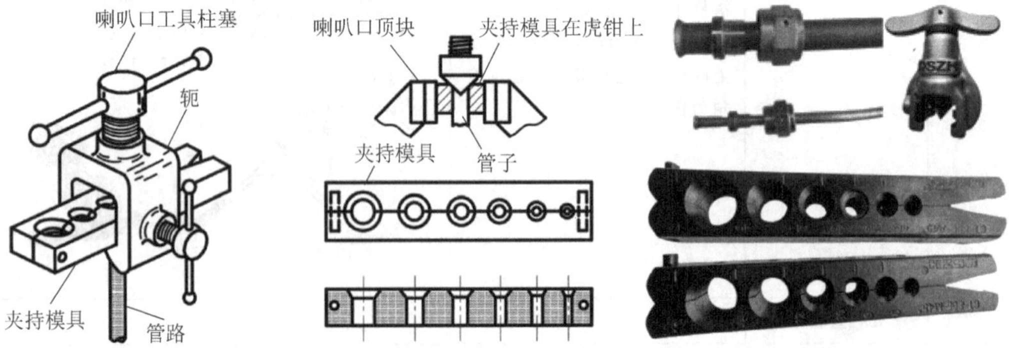

(a) 制作工具组合　　(b) 制作工具图　　(c) 工具实物图

图 4－6　喇叭口接头制作

喇叭口接头制作步骤如图 4－7 所示。

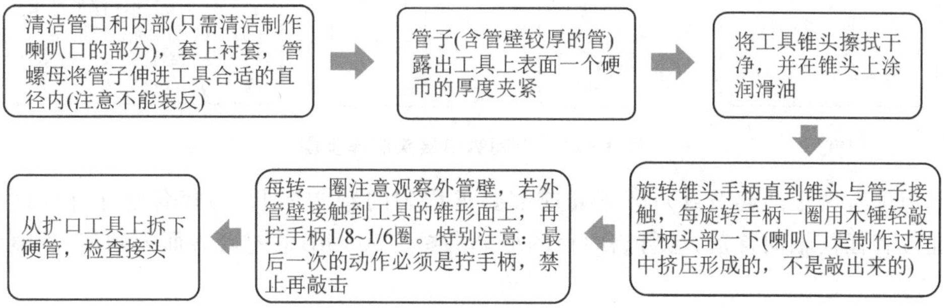

图 4－7　喇叭口接头制作步骤

2. 喇叭口质量要求

① 高于衬套上表面；

② 最大直径应当延伸到套筒端面外 1/16 in，不大于套筒外径；

③ 内光滑均匀、无偏斜、裂纹、挤压痕迹、划痕；

④ 套筒螺母与喇叭口的相对位置正确。

4.2.4　无喇叭口接头制作

无喇叭口接头如图 4－8 所示，接头润滑点如图 4－9 所示。

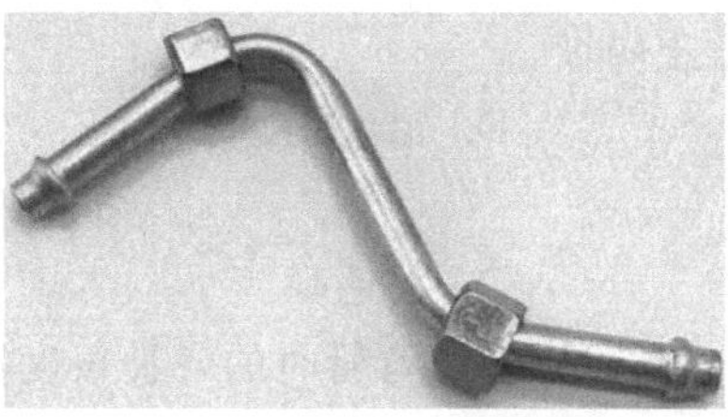

图 4－8　无喇叭口接头

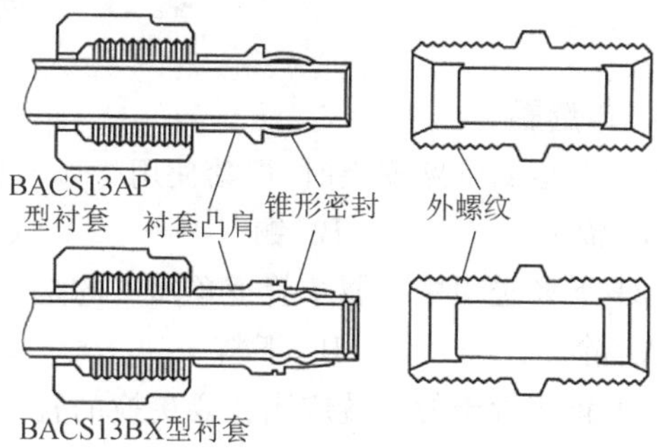

图 4－9　无喇叭口接头润滑点

无喇叭口接头制作如图 4－10 所示，制作步骤如图 4－11 所示。

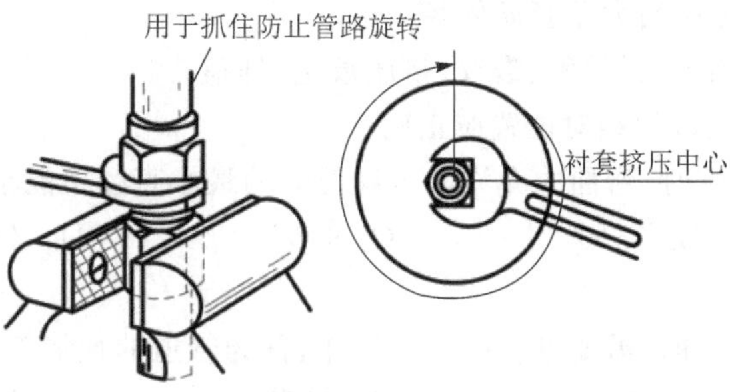

图 4－10　无喇叭口接头制作

无喇叭口接头制作质量要求：①管口断面必须平整且均匀；②管子内部须有一个凸起波纹

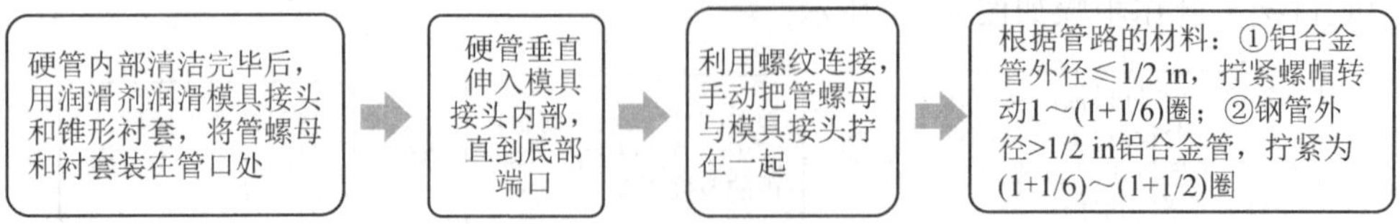

图 4-11 无喇叭口接头制作步骤

(双切割边须有两个凸起波纹)；③管套前部要求均匀的弯曲环形；④管套允许有少量周向移动，不允许有任何轴向移动；⑤管路内径的缩减量≤0.005 in；⑥衬套表面无刮痕、刻痕和其他缺陷。

4.2.5 管路加工的其他注意事项

管路加工过程中，除了要考虑工具和加工工艺对加工质量造成的影响外，还需避免电化学腐蚀保护、控制多余物以及消防安全防护，具体要求如下：

- 钛金属管路上严禁使用镉材料，易产生腐蚀；
- 及时封堵拆卸的液压管路，防止杂质或其他材料进入，损坏液压部件或引起渗漏；
- 油脂、金属杂质或其他易燃材料严禁与氧气管路接触，严重会引起爆炸；
- 钛合金材料严禁用于氧气系统，会引发火灾或伤害作业人员。

4.3 课后自测

1. 单选题

(1) 钛金属管路安装时，严禁使用(　　)材料，以防止腐蚀。

A. 镉　　B. 铜　　C. 铬　　D. 铝

(2) 下列选项中不属于管道预加工的是(　　)。

A. 除油　　B. 下料　　C. 弯管　　D. 去毛刺

(3) 新切管子的一端应当比要更换的管子约长(　　)，可以补偿弯管时的各种长度损耗。

A. 5%　　B. 10%　　C. 15%　　D. 20%

(4) 关于喇叭口制作的质量要求，下列说法错误的是(　　)。

A. 喇叭口应高于衬套上表面

B. 喇叭口最大直径应当大于套筒外径

C. 喇叭口内光滑均匀、无偏斜、裂纹、挤压痕迹、划痕

D. 套筒螺母与喇叭口的相对位置应正确

(5) 大口径夹具弯管时，弯曲中允许的压扁部分的最小直径不能小于原外径的(　　)。

A. 50%　　B. 75%　　C. 95%　　D. 不允许压扁

2. 多选题

(1) 金属管材在加工前，需要进行(　　)操作，称为管道的预加工。

A. 除油　　B. 下料　　C. 弯管　　D. 去毛刺

(2) 对于无喇叭口接头制作质量要求有(　　)。

A. 管口断面必须平整且均匀

B. 管套前部要求均匀的弯曲环形

C. 管路内径的缩减量≤0.005 in

D. 管套允许有少量周向移动，不允许有任何轴向移动

(3) 弯管形式主要有(　　)。

A. 平面弯曲　　B. 曲面弯曲　　C. 垂直弯曲　　D. 空间弯曲

(4) 飞机维修中主要的弯管形式包括(　　)。

A. 手动弯管　　B. 弯管器弯管　　C. 夹具弯管　　D. 大口径夹具弯管

(5) 大口径夹具弯管时，用来防止弯管变形的填充物有(　　)。

A. 沙子　　B. 海绵　　C. 易熔合金　　D. 液压油

3. 简答题

(1) 切管器在使用时有哪些技术要点？

(2) 简述无喇叭口接头制作的质量要求。

(3) 分析金属弯管时可能会出现的问题。

4.4　阅读拓展

只要秉持着“精益求精，严慎细实”的工匠精神，爱岗敬业，追求卓越，即使是在平凡的岗位上，也能做出不平凡的业绩，而在飞机装配领域，精益求精的品质更是决定飞机装配精度和质量的保证，请同学们扫码阅读学习。

大国工匠——胡双钱事迹

4.5　素养拓展

树立正确的职业观：各行各业都有自己的工匠精神，正确的职业观值得每位同学认真学习。同学们应该尊重自己的职业，敬业爱业，勤奋努力，追求卓越。

精益求精的品质精神：工匠们在工作中追求精益求精的品质精神，这也是每位同学应该学习的。在学习和工作中，我们应该注重细节和品质，通过不断的学习和实践，提高自己的技能和水平。

保持专注和执着：工匠们在工作中始终专注和执着于既定的目标。在学习和工作中，同学们应该保持专注和执着，不轻易放弃，追求自己的目标和梦想。

模块三 铆接工艺

任务5 冲击铆接工艺

5.1 任务卡

<table>
<tr><td>任务编号</td><td>5</td><td>任务名称</td><td>冲击铆接工艺</td></tr>
<tr><td>学 时</td><td>6</td><td>工作区域</td><td>铆接装配实训室</td></tr>
<tr><td>参考资料</td><td colspan="3">1.《职业技能培训MES系列教材》编委会. 职业技能培训MES系列教材·铆装钳工技能[M]. 3版. 北京:航空工业出版社,2008.
2. 任仁良. 民用航空器维修基础系列教材·维修基本技能[M]. 北京:清华大学出版社,2010</td></tr>
<tr><td>工作任务</td><td colspan="3">
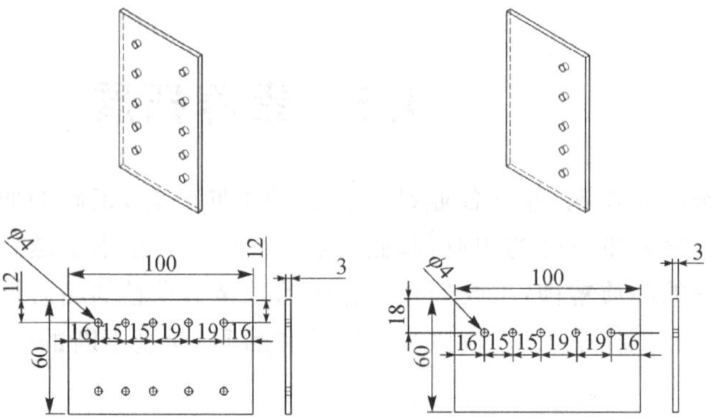

按图中所示完成铆接
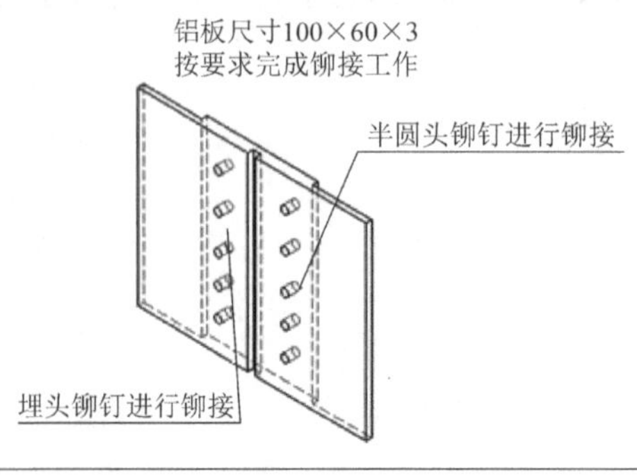

</td></tr>
</table>

续表

工具设备	什锦锉、画线针、角度尺、钢板尺、样冲、铁榔头、毛刷、气钻、铆枪、顶铁、定位销、定位销钳等
材　料	3.1 mm 钻头、铝板、埋头铆钉、半圆头铆钉
任务要求	1. 按工作单要求完成工件的加工； 2. 熟练掌握相关工具、量具的使用方法和技巧； 3. 加工后的零件应符合图纸； 4. 熟练掌握各种工具(包括:铆枪,气钻,什锦锉,顶铁,定位销以及定位销钳等)
职业素养	1. 遵守国家法律和企业规章制度； 2. 诚信为本,按工艺文件操作,保证制造过程记录真实； 3. 爱岗敬业,积极参加岗位培训,主动学习并提高知识和技能水平； 4. 工作认真,有团队协作精神； 5. 自觉维护爱惜公共财物及配备的工具等； 6. 着装规范,符合规定,保持工作环境整洁有序,文明生产； 7. 质量第一,用户至上

5.2　知识准备

5.2.1　装配基准选择

选择不同的装配基准,对工艺性和外形的准确度都会有明显的影响。根据飞机本身特点和工艺要求选择合适的装配基准是装配开始前的一项重要工作。

飞机铆接装配中常用的几种装配基准及其特点如表 5-1 所列。

表 5-1　常用的装配基准

基准类型	装配顺序	误差特点	适用场合	准确度
蒙皮外形	① 将蒙皮在型架的外形卡板上定位； ② 将骨架零件贴靠到蒙皮上并压紧； ③ 将两半骨架连接起来	误差从外向内累积	高速飞机	外形 准确度高
蒙皮内形	① 蒙皮压紧在型架的内托板上； ② 将骨架零件装到蒙皮上并压紧； ③ 将骨架零件与骨架相连接	仅多出因蒙皮厚度产生的误差	大型飞机 机身部件	外形 准确度较高
骨架	① 将骨架在型架上定位并进行铆接； ② 将蒙皮紧靠在骨架上并压紧； ③ 将蒙皮与骨架铆接	误差从内向外累积	低速飞机	外形 准确度差

5.2.2 画线定位

根据图样给定的尺寸，经量具测量后，用画线工具画线确定零件的装配位置的方法，称为画线定位法。画线定位常用到的工具有钢板尺、高度游标尺、铅笔、马克笔和划针等，如图5-1所示。

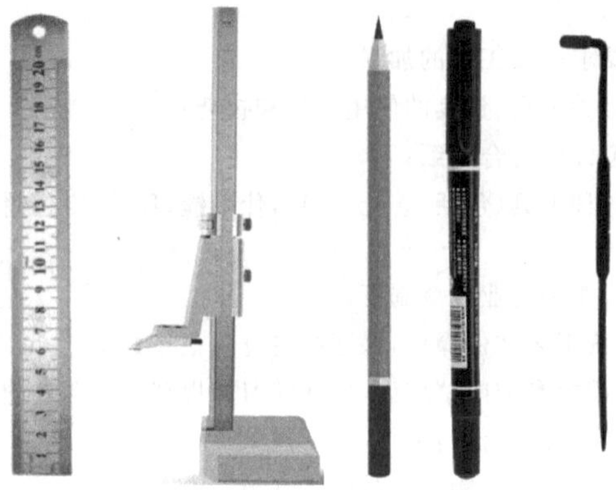

钢板尺　高度游标尺　铅笔　马克笔　划针

图5-1　画线定位工具

由于量具存在测量误差，且画线工具在画线过程中也存在误差，因此画线定位的精确程度不高，一般用于精度要求不高的部位，如某些翼肋上的加强角材件（见图5-2），或者不影响气动性能的机身内表面。

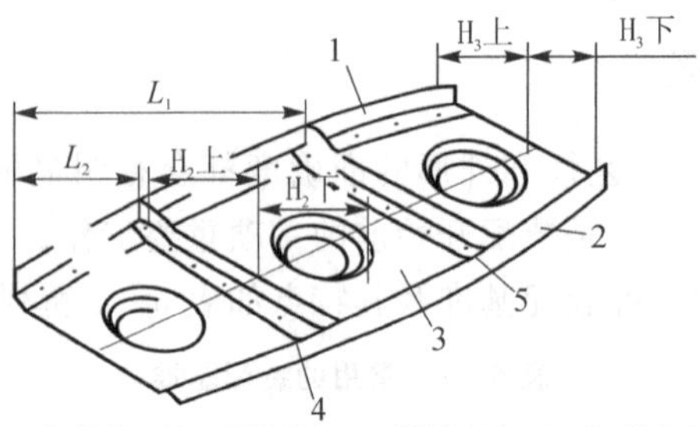

1—上缘条；2—下缘条；3—翼肋；4，5—加强角材

图5-2　翼肋加强角材的定位

1. 典型工艺流程

画线定位的典型工艺流程如表5-2所列。

表5-2　画线定位的典型工艺流程

序　号	工　序	注意事项	目　的
1	看懂图样	确定航向以及左右件	防止装错或装反
2	确定基准线	一般选择中轴线或构造水平线	确定画线位置
3	画线	基准统一	防止误差累积
4	检验画线质量	对照图纸仔细检查	检查画线误差是否超差
5	固定	保护表面	防止损伤工件

2. 质量控制

在画线定位时，出于提高画线准确性和保护工件的目的，给出以下质量控制要求：

- 选择符合技术要求的画线笔，防止损伤零件表面。
- 若选用铅笔画线，应按要求磨削到足够细，以免笔迹太粗，进一步增加误差。
- 画线方向应与铅垂线保持30°，笔身在与工件表面保持垂直的平面内，如图5-3所示。

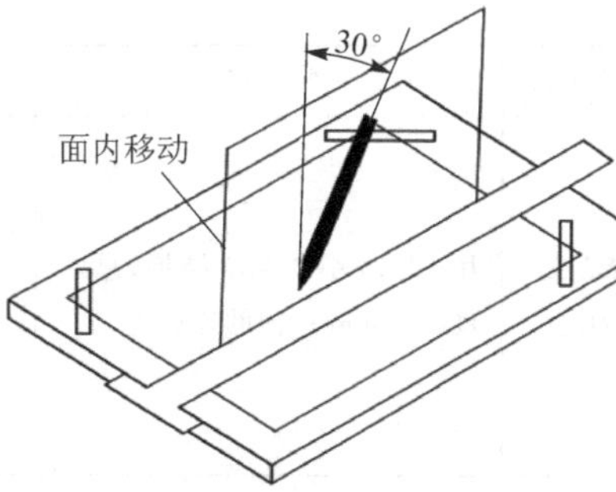

图5-3　画线笔的移动方向

- 临时固定时，要保护好表面，以免划伤或磕伤工件。

5.2.3　定位后的固定

1. 固定的含义及目的

用于铆接装配的零组件，按既定策略完成定位后，都要在铆缝上每隔一定数量的铆钉孔位或一定距离，用铆钉或穿心夹等进行连接，称为固定。

固定的目的，是使装配的零组件在铆接装配过程中始终满足定位要求，防止互相串位以及因串位引起的变形。

为提高疲劳强度，对要进行缝内涂密封胶的铆接工艺，以及要进行二次装配的部件，在预装配过程中应确保固定完好，以保证钻孔、分解、除毛刺和涂胶后，能顺利地进行正式装配，不串位、不变形，符合定位要求。在成批生产中，装配件在型架（夹具）上通过固定铆接后，可从型架中取下，实行架外铆接，提高型架利用率；此外，对于部分开敞性不好的零组件难以在架内完成铆接，经固定铆接后，可转移至架外进行补铆。

2. 固定形式

铆接中常用的固定形式如表5-3所列。

表5-3　常用的固定形式

固定形式	特　点	图　示
打固定铆钉	铆钉尺寸可与图样尺寸一致，也可用小一号铆接，结束后分解固定钉，再打上与图样一致的铆钉	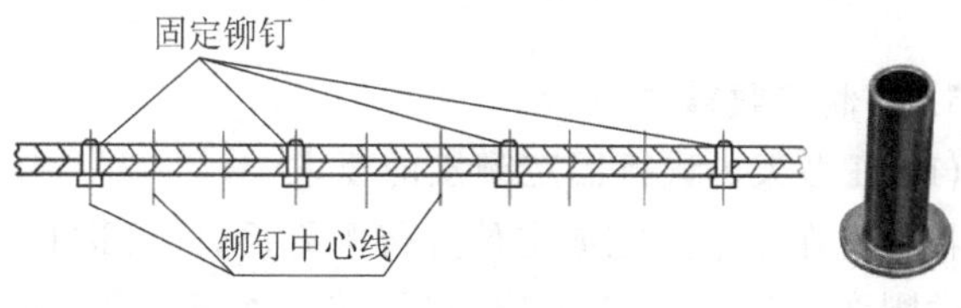
上固定螺栓	用于层数（铆缝）较多的铆接件，总厚度较大	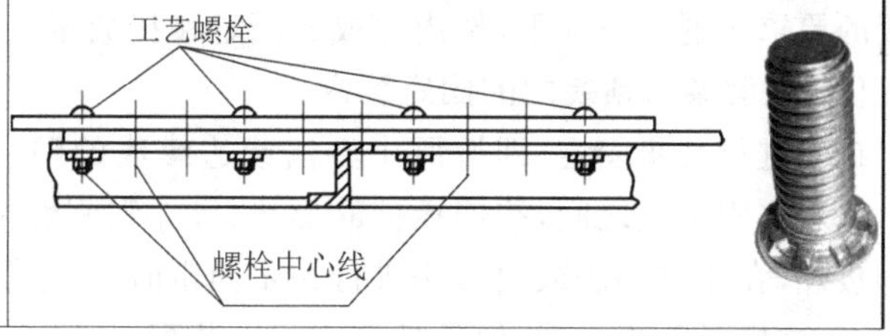

续表 5-3

固定形式	特　点	图　示
穿心夹固定	用于刚性小的薄壁结构，总厚度在 2 mm 以内的连接件	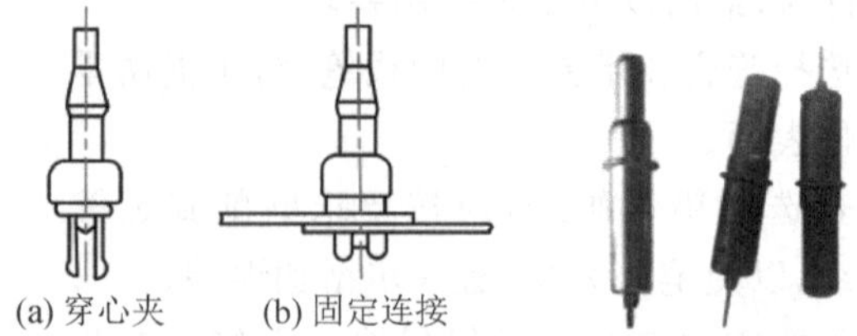 (a) 穿心夹　(b) 固定连接

3. 固定距离的选择

固定距离即固定点的数量，是根据产品的形状和外廓尺寸而定。曲面形状、刚性较差、外形准确度要求高的部位，应使用较多的固定铆钉或穿心夹。不同工件形状的固定距离如表 5-4 所列。

表 5-4　不同工件形状的固定距离

mm

板材特性	平面件	单曲面件	双曲面件
刚性好	200～300	100～200	每隔一孔固定一点，进行密集固定
刚性差	100～200	50～100	

4. 固定顺序

固定顺序，与铆接顺序一样，可用中心法或边缘法进行固定，以避免连接件产生鼓起和波纹等变形，如图 5-4 和图 5-5 所示。

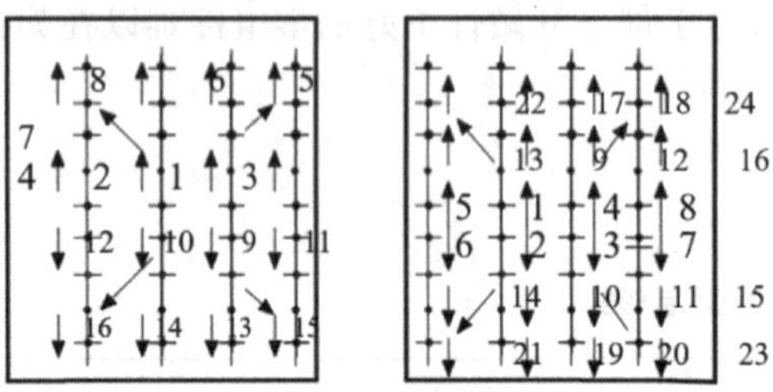

图 5-4　中心法固定顺序示意图

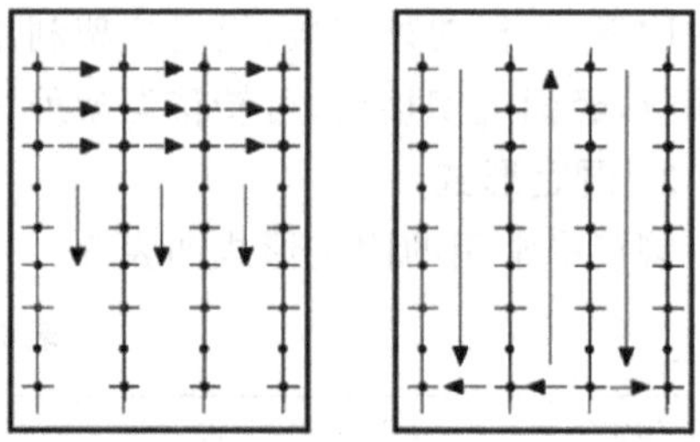

图 5-5　边缘法固定顺序示意图

5. 其他注意事项

(1) 在型架内进行固定铆接的要求

将零件在型架上完成定位并修配好后，即可进行固定铆接，使零件固定牢靠，装配件具有一定的刚度，装配件从型架取出后，零件之间不会串位，也不会产生较大的变形，才能达到固定铆接的要求。通常情况下，架内完成的固定铆接数量应占铆接总量的 25%～40%。

(2) 在型架内预装配的固定要求

首先进行初步固定，即按照中心法或边缘法的顺序要求，在铆缝上放置穿心夹或固定螺栓。然后在固定点之间，按连接件的形状、尺寸和刚性再增加固定点。对于超薄壁结构件和密封铆接件，在用中心法或边缘法进行初步固定时，一般都采用密集性固定，即每隔一个孔就固定一点，这样可防止变形，便于插钉。二次装配时，一定要按原固定孔固定。

(3) 对于曲率较大的半开口结构的固定要求

固定时要采取反变形措施，即沿铆接变形相反方向，预先人为地改变工件的外形进行固定（见图5-6），即向变形的反方向支撑产生ΔL变形量，ΔL的大小根据经验确定。图5-7所示的内蒙皮一般都用抽芯铆钉铆接，固定内蒙皮时也应用反变形法，使其产生ΔL预变形量。

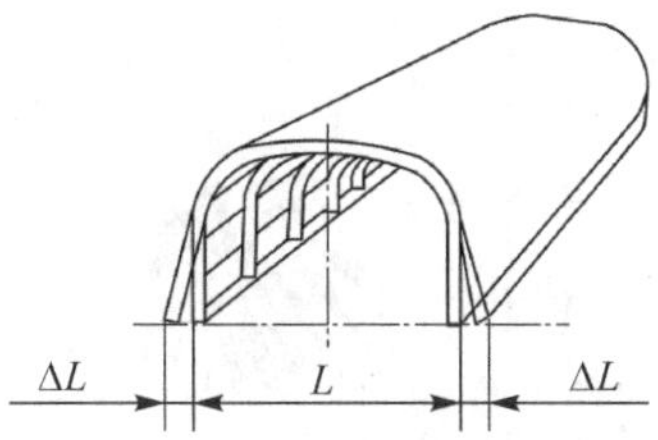

图5-6　半开口结构件固定示意图

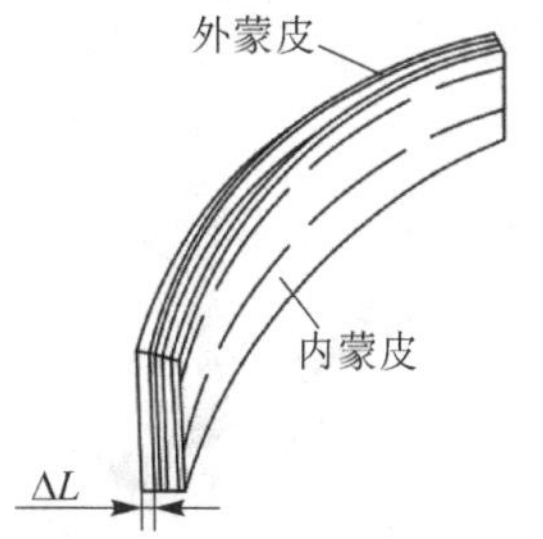

图5-7　曲率较大的结构件固定内蒙皮示意图

5.2.4　制　孔

制铆钉孔是飞机装配铆接中常见的基本工序，铆装钳工必须掌握各种制孔的工艺方法和操作技巧，以保证制孔的质量，提高飞机结构的使用寿命。普通铆钉制孔方法有冲孔、钻孔和铰孔等。

1. 冲　孔

冲孔是借助于冲孔设备在薄板件上制孔的方法。冲孔能提高生产率，但易产生裂纹、毛刺等缺陷，特别是对敏感性高的材料（如LC4）不允许采用冲孔方法，因此在飞机装配中，冲孔并不常用。

2. 铰　孔

铰孔是孔的精加工方法之一，应用广泛，是一种经济性和实用性均较高的加工方法。常用的刀具有：整体圆柱形机用铰刀、手铰刀、可调节式手铰刀和螺旋槽手铰刀，如图5-8所示。

(a) 整体圆柱形铰刀　　(b) 可调节式手铰刀　　(c) 螺旋槽手铰刀

图5-8　铰　刀

3. 钻　孔

钻孔是制铆钉孔的主要方法，与冲孔相比，它能获得比较光洁的孔壁。对于一些较大孔，通常采用先钻一个较小的初孔，然后进行扩孔的方式来保证孔的精度。

不同制孔方式的工具/设备、工艺特点及适用范围如表5-5所列。

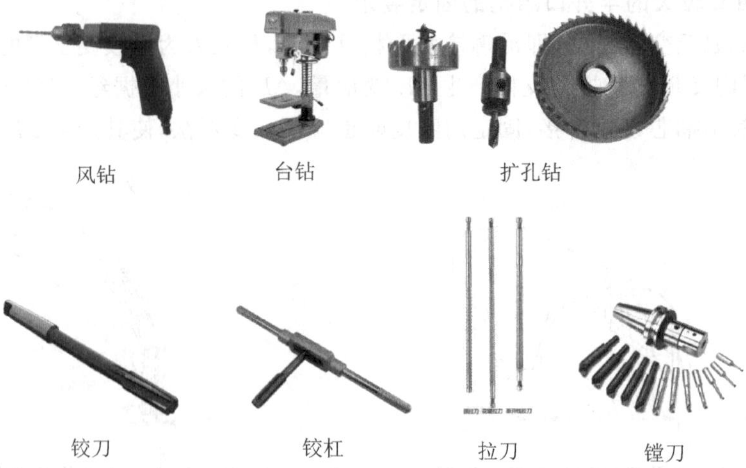

图 5-9 钻孔工具

表 5-5 不同制孔方法的工具/设备、工艺特点及适用范围

<table>
<tr><th colspan="2">加工方法</th><th>公差带、表面粗糙度 $Ra/\mu m$</th><th>工具/设备</th><th>工艺特点</th><th>适用范围</th></tr>
<tr><td colspan="2">钻孔</td><td>H12
3.2～6.3</td><td>风钻、台钻等</td><td>操作简单，切削量大，效率高</td><td>H12 孔加工，或 H8、H9 孔的初加工</td></tr>
<tr><td colspan="2">扩孔</td><td>H11
1.6～3.2</td><td>扩孔钻、风钻等</td><td>操作简单、效率高，采用带前导杆的扩孔钻保证孔的质量</td><td>H11、H12 孔加工，或为提高钻孔的精度和光度</td></tr>
<tr><td colspan="2">手铰</td><td>H7、H8、H9
0.8～1.6</td><td>铰刀、铰杠</td><td>灵活性强，劳动量大、效率低。质量受人为因素影响大</td><td>适用不开阔部位，孔径≤30 mm</td></tr>
<tr><td colspan="2">风钻铰孔</td><td>H9
0.8</td><td>铰刀、风钻</td><td>灵活性较强，效率高，技术水平要求高、质量稳定性差</td><td>薄壁件(10 mm 以下)上小直径(8 mm 以下)的孔</td></tr>
<tr><td colspan="2">拉孔</td><td>H7、H8、H9
0.8～1.6</td><td>拉刀</td><td>操作简单、效率高、质量稳定。移动方便、对初孔垂直度要求高</td><td>适用于开敞部位，在钢或铝件上精加工孔径≤20 mm</td></tr>
<tr><td rowspan="4">自动进给钻制机</td><td>钻孔</td><td>H12 3.2～6.3</td><td rowspan="4">风钻、钻头、扩孔、钻铰刀、镗刀</td><td rowspan="4">操作简单，效率高，能制出高质量光洁孔，基本上不产生毛刺，各种转速下的进给量按预定值，操作者较省力</td><td rowspan="4">适用于在坚硬材料或其他特种材料上制孔，孔径可达 76.2 mm (3 in)，可以与装配型架的钻模配合使用</td></tr>
<tr><td>扩孔</td><td>H11 1.6～3.2</td></tr>
<tr><td>铰孔</td><td>H7、H8、H9
0.8～1.6</td></tr>
<tr><td>镗孔</td><td>H6、H7、H8
0.18～1.6</td></tr>
</table>

(1) 钻孔的技术要求

① 铆钉孔直径及其极限偏差见表 5-6。

表 5-6　铆钉孔直径及其极限偏差

mm

铆钉直径	2.0	2.5	2.6	3.0	3.5	4.0	5.0	6.0	7.0	8.0	10.0
铆钉孔直径	2.1	2.6	2.7	3.1	3.6	4.1	5.1	6.1	7.1	8.1	10.1
铆钉孔极限偏差	$^{+0.1}_{0}$					$^{+0.15}_{0}$			$^{+0.2}_{0}$		
更换同号铆钉时孔极限偏差	$^{+0.2}_{0}$							$^{+0.3}_{0}$			

② 孔的表面粗糙度 Ra 值不大于 6.3 μm。

③ 孔不允许有棱角、破边和裂纹。

④ 孔圆度应在铆钉孔直径极限偏差内。

⑤ 孔周不允许有毛刺，常用的去除毛刺的方法有：

- 用风钻安装"毛刺锪钻"去毛刺(见图 5-10)；
- 用比铆钉孔大的钻头去毛刺(顶角 120°～160°)(见图 5-11)。

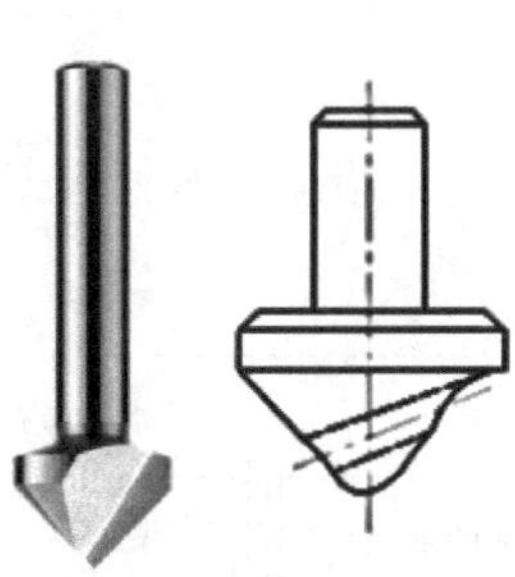

图 5-10　毛刺锪钻

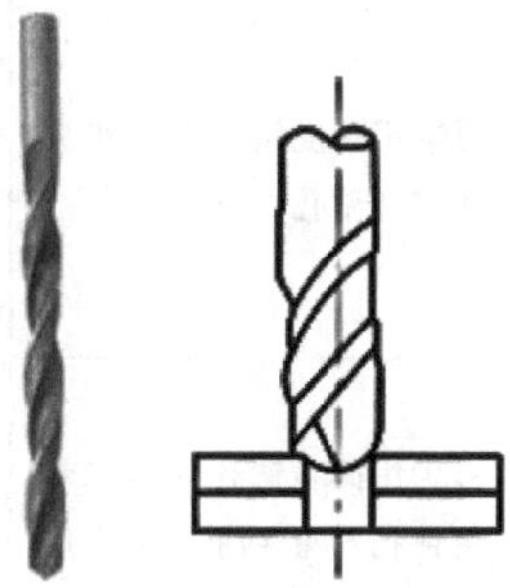

图 5-11　大钻头去毛刺

(2) 钻孔的注意事项

不同钻孔场景下的注意事项和目的如表 5-7 所列，不同材料钻孔时钻头和切削参数如表 5-8 所列。

表 5-7　钻孔的注意事项

钻孔场景	注意事项	目　的	图　示
边距要求不同	从边距小的一面开钻	防止应力集中	
厚度不同	从厚到薄	先难后易，提高钻孔质量	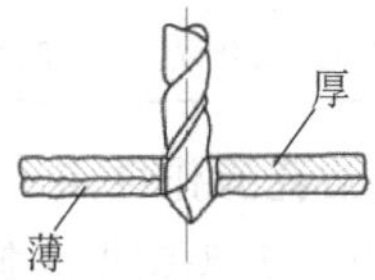
硬度不同	从硬到软		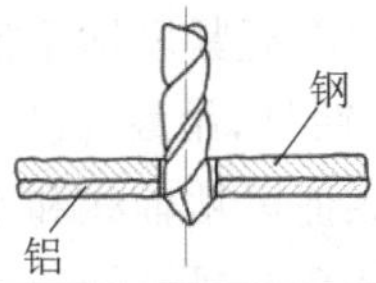

续表 5-7

钻孔场景	注意事项	目　的	图　示
曲面工件	钻头应垂直于被钻部位的表面	法线方向钻孔，不易打刀	
楔形件	钻头应垂直于两斜面夹角的平分线	钻入、钻出时钻头受力相同，不易打刀	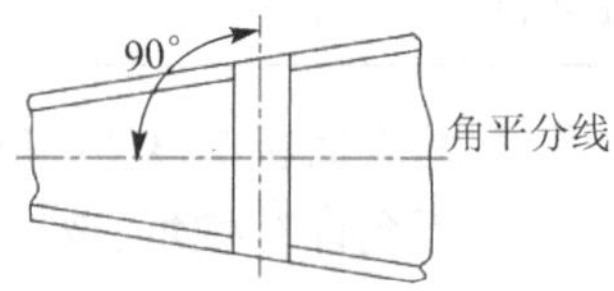
薄壁件	工件后面一定要有支撑物	防止工件受压变形	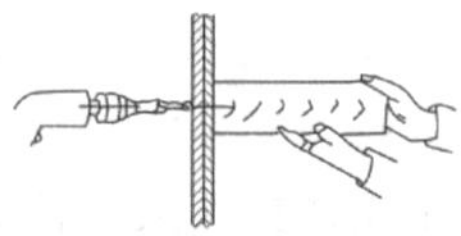
小尺寸零件	可采用手虎钳或克丝钳夹住零件钻孔	防止孔位偏差	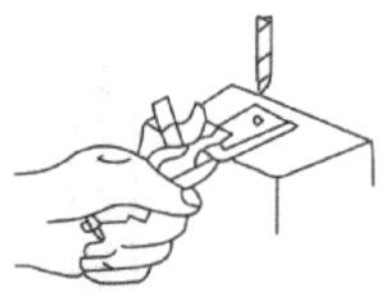
较厚工件	可采用简易钻孔导套和专用钻孔导套钻孔，或使用钻模钻孔	提高孔位的精度； 保证孔与零件端面的垂直度	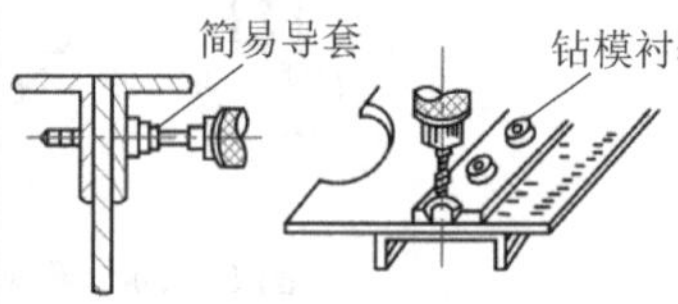

表 5-8　不同材料钻孔时钻头和切削参数

钣金材质	钻头材质	风钻转速/($r \cdot min^{-1}$)	切削速度/($m \cdot min^{-1}$)	进刀量/($mm \cdot r^{-1}$)	注意事项
铝合金			45～90		注意排屑，防止刀瘤
钢	硬质合金	600～900	<10	0.1～0.3	钻头钝时不强行钻孔，防材料硬化
镁合金		转速要低	<10	适当加大	
钛合金	氮化碳	700～800	8～10	0.07～0.09	

(3) 钻孔操作要点

① 用钻夹头钥匙装卸钻头，严禁用手打钻夹头，以免风钻轴偏心，影响孔的精度；

② 右手握紧风钻手柄，中指掌握扳机开关和无名指协调控制进风量，灵活操纵风钻转速，左手托住钻身，始终保持风钻平稳向前推进(见图 5-12)；

③ 保证风钻轴线和水平方向与被钻工件表面垂直(见图 5-12)，楔形工件钻孔除外；

④ 钻孔时风钻转速要先慢后快，当孔快钻透时，转速要慢，压紧力要小；

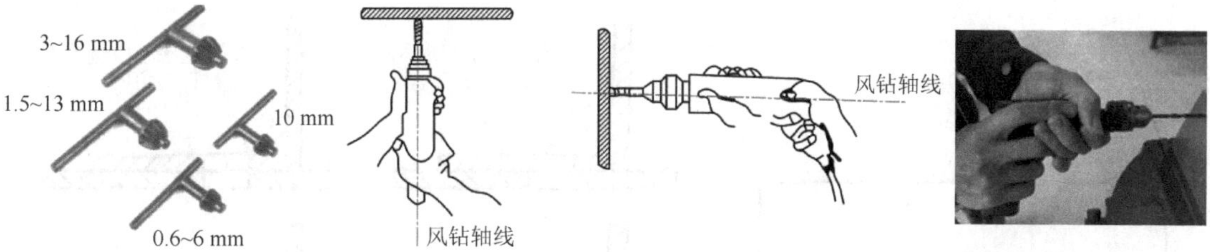

图 5-12 钻夹头钥匙及正确的持握姿势

⑤ 使用长钻头钻孔，要用手掌握钻头光杆部位，以免钻头抖动使孔径超差或折断钻头；

⑥ 工件较厚，要用目检或 90°角尺检查垂直度（见图 5-13），钻孔时还要勤退钻头排屑。

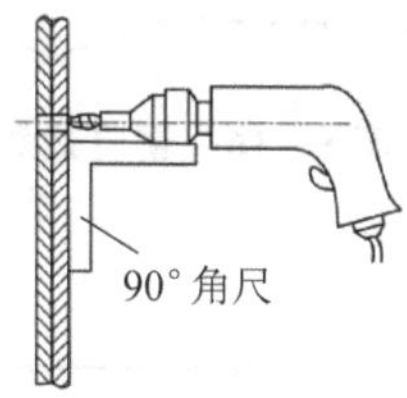

图 5-13 用直角尺检查钻孔垂直度

(4) 钻孔安全技术

① 严禁戴手套钻孔，防止钻头绞住手套伤人；

② 仰卧姿势钻孔，要戴护目镜，防止钻屑进入眼中；

③ 用手拿住工件钻孔，一定要捏紧，手不能置于钻头出口处；

④ 钻孔时工件要夹紧，防止工件松动，旋转伤人（见图 5-14）；

⑤ 钻孔过程中，不准用手拉钻头导出的钻屑，以防伤手；

⑥ 双人在工件的两面工作，一人在对面钻孔时，要防止钻头伤人（见图 5-15）。

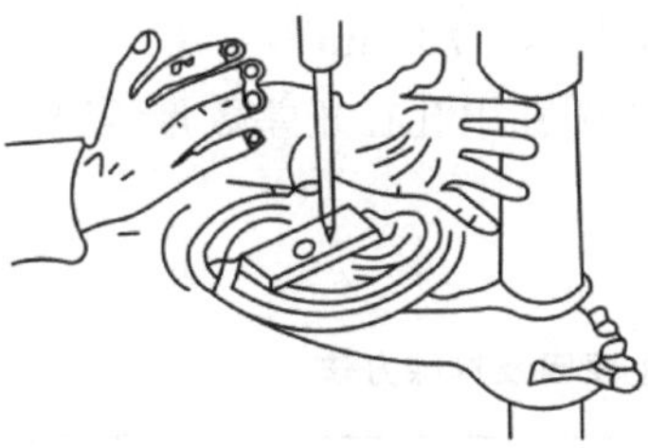

图 5-14 工件松动后旋转伤人

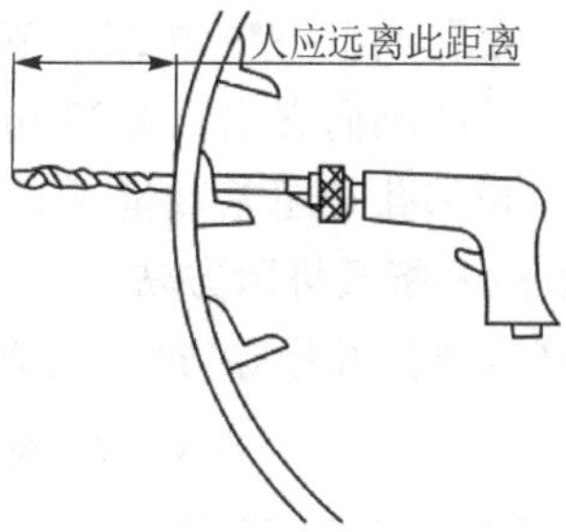

图 5-15 钻孔时的安全距离

(5) 钻孔的质量要求

对于钻制出的铆钉孔，通常有以下质量要求：

① 铆钉孔轴线应垂直于零件表面，允许孔偏斜引起铆钉头与零件贴合面的单向间隙不大于 0.05 mm，但此类铆钉在排内的占比不得多于 10%。

② 当产品图样上未给出铆钉边距时，铆钉孔的边距为铆钉直径的 2 倍（见图 5-16）。

③ 铆钉孔边缘不应进入板弯件和型材件的圆角内，确保铆钉头不搭在圆角上（见图 5-17）；

④ 铆钉孔边距、间距、排距偏差见表 5-9。

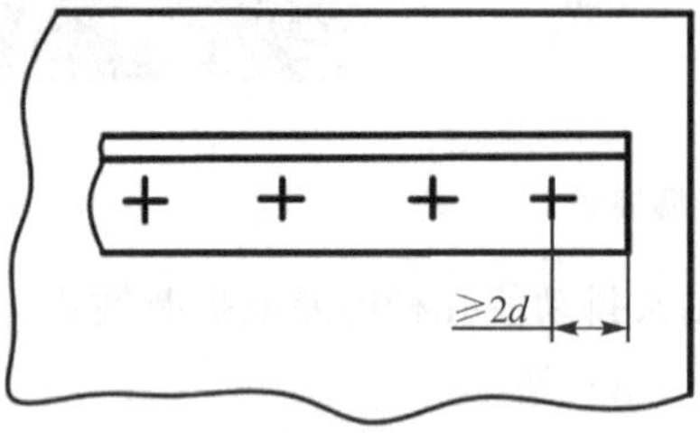

图 5-16 铆钉边距最小允许值

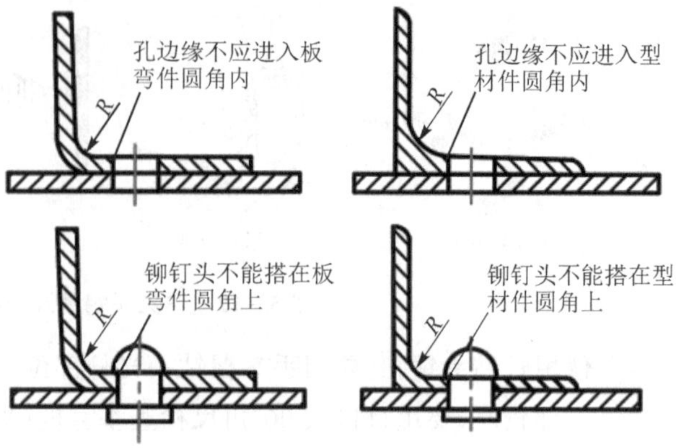

图 5-17 铆钉孔和铆钉头的位置

表 5-9 铆钉孔位置尺寸的极限偏差

mm

边距极限偏差	间距极限偏差		排距极限偏差
	间距≤30	间距>30	
+2.0 −1.0	±1.5	2.0	±1.0

⑤ 碳纤维复合材料上制孔的质量要求：

- 划伤——在孔或沉头窝的 25%范围内，划伤深度≤0.25 mm；
- 分层——沿孔轴向突出≤0.25 mm，沿孔径向≤1.78 mm；
- 尺寸——相邻孔径超差数量≤3 个，在 100 个孔中孔径超差数量≤5%。

(6) 钻孔故障分析及排除方法

常见故障产生原因及排除方法，见表 5-10。

表 5-10 常见故障产生原因及排除方法

序 号	故障内容	故障产生原因	改进措施
1	孔歪斜	钻头不垂直钻孔部位	检查好垂直度后再钻孔
		工件放置偏斜	
2	孔径大于规定尺寸	钻头直径选错，钻头弯曲	正确选择钻头直径
		钻头主切削刃不等长	钻头刃磨后仔细检查
		钻夹头偏摆量超差	钻孔前空转检查合格后再用
3	孔径小于规定尺寸	钻头直径磨损	更换合格钻头
		钻头顶角过小	正确刃磨钻头顶角
4	孔形不圆呈多棱形或 8 字形	钻头两主切削刃不等长、不对称	钻头刃磨好后要认真检查
		钻头主切削刃不光滑	重磨钻头切削刃
		钻头摆动	钻头装夹后检查偏摆，合格再用
		初钻孔与最后扩孔不同轴	使用导套或钻模钻孔

续表 5-10

序　号	故障内容	故障产生原因	改进措施
5	孔径外面大里面小	钻头不锋利	钻头刃磨锋利
		钻较厚工件排屑不畅	钻厚工件勤退钻头排屑
		长时间钻孔手臂疲劳，握钻不稳致使风钻摇摆	适当休息，用导套或钻模钻孔
6	孔边周围有毛刺	钻头主刀刃不锋利，产生积屑瘤	磨锋主刀刃，清除积屑
		孔将要钻透时用力过大	孔将要钻透时减小进给力
7	孔位钻偏或跑钻	钻头槽刃太长，定心不准、不牢	先打冲点后钻孔或先用手转动钻夹头，钻头定准位后再钻孔
		风钻启动时钻速太快	启钻时慢速旋转
8	孔钻穿后，钻夹头戳伤蒙皮	孔钻穿时用力过猛	孔将要钻穿时控制住进给力
		钻头尾柄处未安放防护物	在钻头尾柄处套上胶垫
9	钻头突然折断	钻头主刀刃磨钝，钻孔时强力推进	磨锋主刀刃适当用力推钻
		孔钻穿时用力过大致使钻夹头摇晃	孔将要钻穿时，减小进给力
		钻孔时钻头被卡住，强行用力拽	钻头卡住时，用手轻力反向转
		钻头钻穿时与后面工件相撞	钻孔前先检查后面有无障碍物
		分解铆钉时任意摇晃风钻	分解铆钉时不要摇晃风钻
10	钻头不切屑（钢件易产生）	钻头顶角过小，风钻转速又快	选磨合适顶角，转速要适当
		钻头后刀面高低不一致，导致钻头退火零件硬化	正确刃磨钻头，注意冷却，选用硬质合金钻头
11	工件掉渣（镁合金件易产生）	钻头切削刃不光滑	应仔细检查刃磨后的钻头
		工件内部有硬点杂质，钻削时掉渣	遇硬点时，应立即退钻检查，改变转速
		钻头顶角过大，风钻转速过快	选磨合适顶角，转速适当
12	复合材料脱层	钻头出口处分层	垫支撑物，切削刃进行刃磨

5.2.5 锪　窝

锪窝法，又称划窝法，是指用锪钻在孔周边形成锥形沉孔的一种加工工艺。

1. 锪窝钻的选择

① 根据孔径的大小、沉头窝的角度及部件结构，选择锪窝钻的规格；

② 首选带限制器的锪窝钻锪窝，确保窝的深度和窝的垂直度（见图 5-18）；

③ 锪窝处因结构限制影响锪窝时，允许单独使用锪窝钻锪窝（见图 5-19）；

④ 若锪窝钻长度不够，可加装长套管（需保证同轴度）进行锪窝（见图 5-20）；

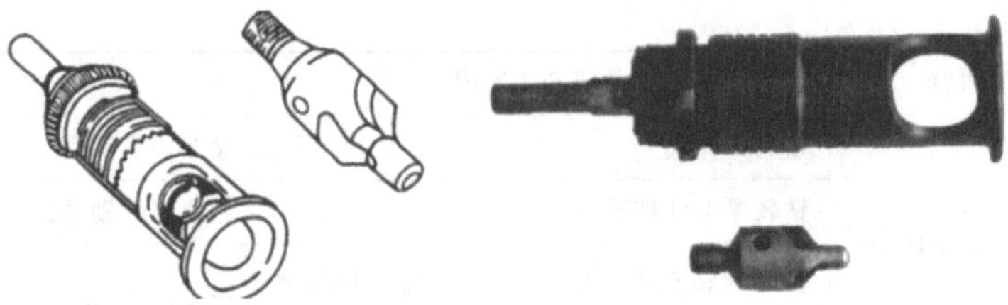

图 5-18　带限制器的锪窝钻

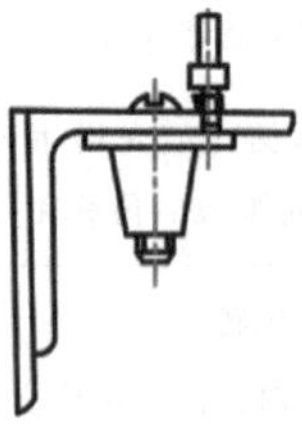

图 5-19　用锪窝钻头锪窝

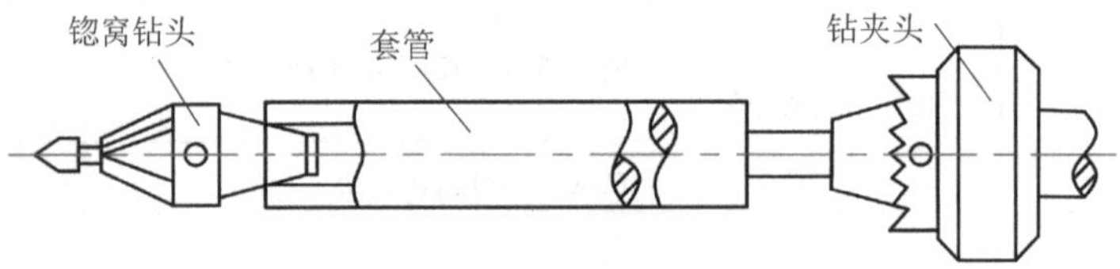

图 5-20　安装长套管的锪窝钻头

⑤ 在斜面上锪窝应使用带球形短导杆锪窝钻(见图 5-21);

⑥ 当普通锪窝钻无法完成工件锪窝时,可使用反锪窝钻锪窝(见图 5-22);

⑦ 用复合钻,一次完成钻孔锪窝,效率高,可装在限制器上或直接夹在风钻上使用。

图 5-21　带球形短导杆锪窝钻

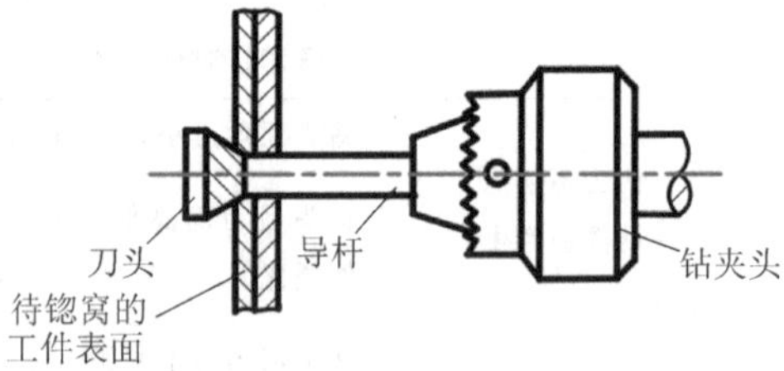

图 5-22　反锪窝

2. 锪窝操作技术要点

① 锪窝前,先检查锪窝钻尺寸、切削刃、导销杆尺寸,在试件上调整限制器深度。用铆钉或标准铆钉窝规检验窝的深度(≥5 个),合格后,再在工件上锪窝。工件上锪窝也要先检验合格后,才能继续锪窝。在锪窝过程中,每 50~100 个窝,必须自检一次窝的质量。

② 锪窝时,一手扶住限制器,防止导套旋转,磨伤工件表面,另一手握紧风钻。

③ 锪窝过程中,风钻不能抖动,进给力均匀,否则会使锪窝深度不一致。

④ 锪窝钻要垂直工件表面,限制器前端面应与工件窝表面相贴合。

⑤ 在薄零件或刚性差的结构件上锪窝时,要防止进给压力使工件反弹,影响锪窝质量。

⑥ 钢质零件和钛合金锪窝,风钻转速要低。

⑦ 使用不带限制器锪窝钻锪窝时,进给力要小,勤退钻检查窝孔深度。

⑧ 在复合材料上锪窝,应先启动风钻,再进行工件锪窝,防止表层拉毛。

3. 窝的质量要求

① 窝的表面应光滑洁净,不允许有棱角和划伤,复合材料窝不应有分层和撕裂。

② 窝的锥角应与铆钉头锥角一致。

③ 窝的椭圆度应≤0.2 mm,个别可至0.3 mm,但单排中的数量占比不超过15%。

④ 窝的深度应比铆钉头最小高度小0.02～0.05 mm。

⑤ 双面沉头铆接时,锪窝的镦头窝为90°,直径如表5-11所列,压窝的镦头窝为120°。

⑥ 铆钉窝周围不应有锪窝限制器造成的工件表面痕迹、凹陷、轻微机械损伤等;若深度不大于材料包覆层的厚度,则数量不超过一排铆钉内窝数的3%亦可。

表5-11 90°沉镦头窝的最小直径

mm

铆钉直径	2.5	2.6	3.0	3.5	4	5	6	7	8
销头窝最小直径	3.5	3.65	4.2	4.95	5.6	7	8.2	9.5	10.8

4. 窝孔故障缺陷分析及排除方法

窝孔故障缺陷分析及改进措施如表5-12所列。

表5-12 窝孔故障缺陷分析及改进措施

序号	故障内容	故障缺陷产生原因	改进措施
1	窝孔浅	锪窝钻调整不合格或推钻压力小	重新调整锪窝钻,增大锪窝压力
		锪窝钻头切削刃槽被堵塞	经常检查,注意清除积屑瘤
2	窝孔锪大深	锪窝钻用错或调整不合格	更换锪窝钻,调整后要进行试锪窝
		固定锪窝钻头及其导销的螺钉松动	调整好的锪钻螺钉一定要固紧,锪窝一定数量后,要认真检查固紧情况
		固定限动螺母的螺钉松动引起移位	
3	窝孔椭圆	孔直径大,锪窝钻导销在孔中窜动	锪窝前检查锪窝钻导销与孔是否一致,更换过短导销锪窝使导销不能在孔中窜动
		锪窝钻头导销过短	
4	窝孔锥角不对	锪窝钻头用错	锪窝前要认真检查锪窝钻锥角
5	窝孔锥角尺寸不均匀	锪窝钻壳体端面未全部贴合锪窝面	锪窝钻壳体端面要贴合锪窝面,孔一定要垂直工件钻孔面
		孔歪斜	
6	窝孔不光滑,呈多棱形	锪窝钻未压紧,进给力不均匀	压紧锪窝钻,保持匀速进给,风钻速度要适当,更换风钻
		风钻转速太慢	
		风钻摆头	
7	窝孔边缘产生毛刺,划痕或锪窝时不产生切屑	锪钻切削刃变钝或损坏	更换锪窝钻头,锪窝时经常检查排屑槽,及时清除积屑瘤
		锪钻排屑槽被切屑粘住堵塞	
8	锪窝钻导销折断或脱落	孔直径小,孔歪斜,锪窝钻导销强行插入孔中强行锪窝,切屑研入孔与导销之间,强行拽锪窝钻	保证孔的垂直度和孔径正确,导销长度适中,注意锪窝时勤排屑
9	压窝蒙皮边缘有压痕	压窝部位与压窝器不垂直	保持压窝部位与压窝器相垂直,压窝模间隙均匀
		压窝模间隙不均	

续表 5-12

序　号	故障内容	故障缺陷产生原因	改进措施
10	压窝后孔边撕裂产生径向穿晶裂纹	初孔直径小 钻孔后未去毛刺	要正确钻好初孔符合压窝要求 钻孔后一定要去毛刺
11	窝缘开裂环形穿晶裂纹	模具温度和保持时间不当，压窝间隙调整不合理	按正确的温度规范调整间隙，使用正确的压窝模具
12	窝孔周围蒙皮磨伤圆圈	锪窝时限制器转动	用手扶住限制器防止旋转

5.2.6　冲击铆接工艺流程

在飞机装配连接过程中，冲击铆接是一种重要的技术方法。冲击铆接是铆装钳工的必备技能。冲击铆接是将铆枪冲击力作用在铆钉头上或铆钉杆上，在顶铁反作用力的作用下形成镦头的铆接方法，冲击铆接可分为正铆法和反铆法。

1. 凸头铆钉铆接

板材和板材连接用凸头铆钉铆接的工艺过程如表 5-13 所列。

表 5-13　板材和板材连接用凸头铆钉铆接工艺过程

序　号	流　程	内　容	图　示
1	定位夹紧连接板	先对结构件进行定位与固定	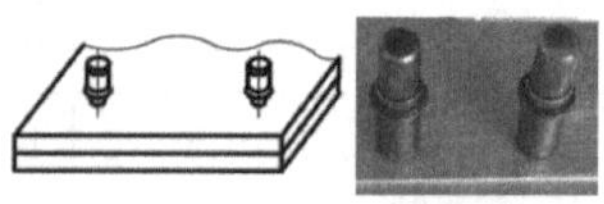
2	钻孔	在对应的铆接位置钻孔，钻孔时，不但要保证孔的位置精度，还要保证孔与工件表面的垂直度，因为这两个方面都会直接影响铆接质量	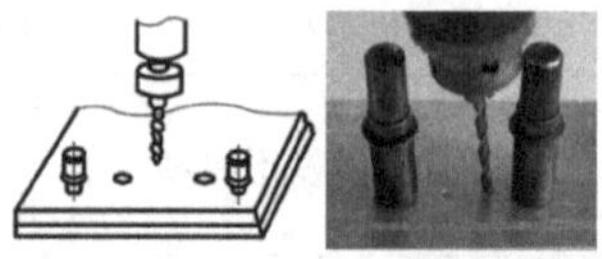
3	去毛刺后放铆钉	去毛刺，用毛刺锪钻或大 2～3 号的麻花钻去除毛刺，随后放入铆钉	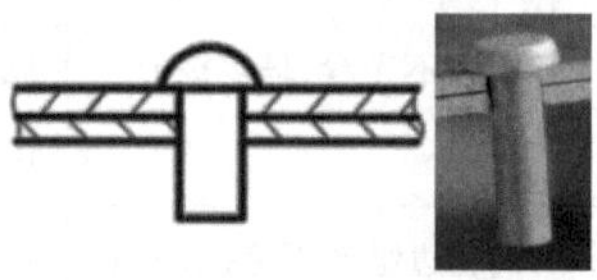
4	铆接	用铆枪配合顶铁，完成铆接	

板材和型材铆接工艺过程如表 5-14 所列。

表 5-14　板材和型材铆接工艺过程

序　号	流　程	内　容	图　示
1	定位夹紧	型材结构特殊，需要用定位器定位，固定工具用特制的螺纹压紧件或羊角卡子（板材固定用的弹簧定位销）	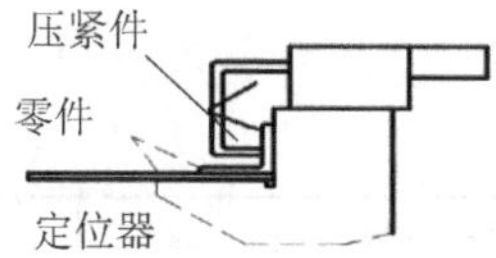
2	钻孔	在对应的铆接位置钻孔，注意孔位一定要避开型材圆角，防止铆接时，铆钉边缘进入型材件圆角内，导致铆钉头搭在圆角上，形成间隙	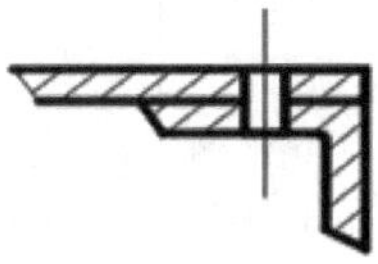 
3	去毛刺	型材和板材的孔边毛刺去除后，需重新将二者进行定位和夹紧	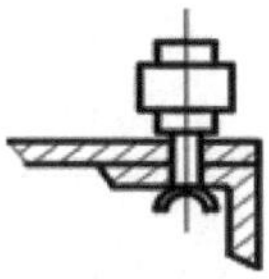 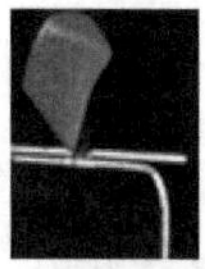
4	放铆钉	放入铆钉	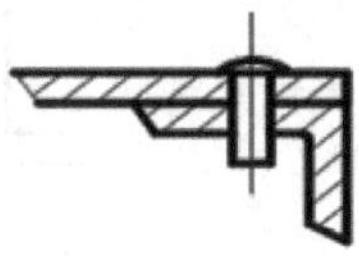 
5	铆接	用铆枪配合顶铁，完成铆接	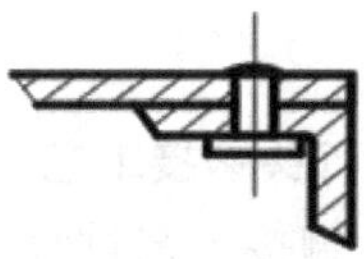 

绝大部分搭接铆缝和纵条结合铆缝使用凸头铆钉进行铆接，如图 5-23 所示。凸头铆钉铆接一般适用于飞机内部连接件铆接和低速飞机的外表面铆接等。

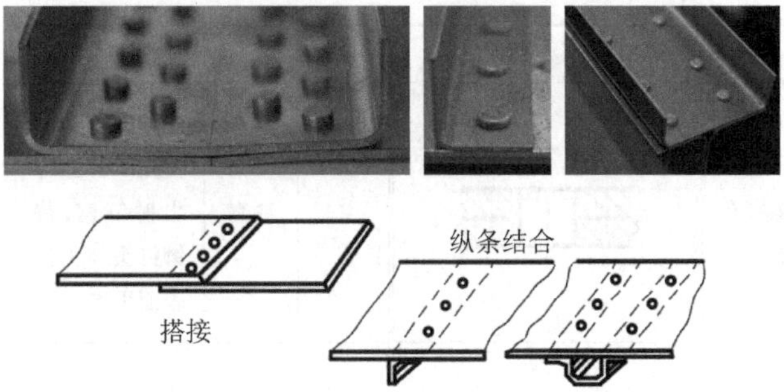

图 5-23　凸头铆钉铆接形式

2. 沉头铆钉铆接

沉头铆钉铆接的形式一般有单面沉头铆钉铆接（即沉头铆接）和双面沉头铆钉铆接。其中，单面沉头铆钉铆接的工艺过程比凸头铆接多一道制窝工序，根据制窝方法的不同，可分为四种沉头铆接形式，如表 5-15～表 5-18 所列，有 A、B、C、D 四种形式。

(1) A 种形式沉头铆接工艺

A 种形式沉头铆接工艺过程如表 5－15 所列，铆接件上的沉头铆钉窝用压窝模压制而成。当外蒙皮厚度和骨架厚度分别不超过 0.8 mm 或铆件总厚度不超过 1.6 mm 时，一般采用此种形式。

表 5－15　A 种形式沉头铆接工艺

序　号	流　程	内　容	图　例	序　号	流　程	内　容	图　例
1	钻孔	钻一个比铆钉孔小一号的孔	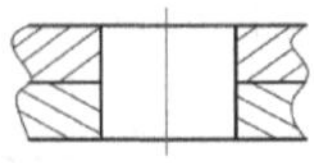	3	压窝	根据板料厚度和材料，可两块板一起压窝或分别压窝	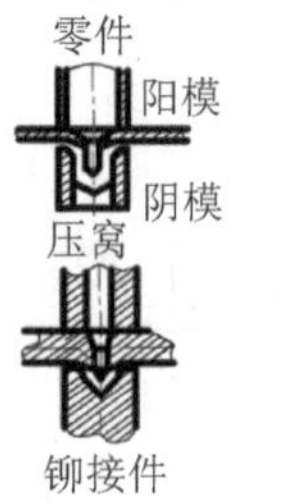
2	去毛刺	去除孔周的毛刺	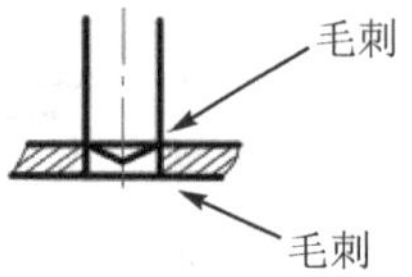	4	放铆钉，铆接	压窝后，若是分别压窝，需将板件重新装配并定位，再扩孔至最终尺寸，进行铆接	

(2) B 种形式沉头铆接工艺

B 种形式沉头铆接工艺过程如表 5－16 所列，铆接件上的沉头铆钉窝均用沉头铆钉头锥度压制成形，一般蒙皮和骨架厚度均不得超过 0.8 mm，当其铆件总厚度小于或等于 1.2 mm 时，采用这种形式。

表 5－16　B 种形式沉头铆接工艺

序　号	流　程	内　容	图　例	序　号	流　程	内　容	图　例
1	钻孔	钻出符合铆钉直径的铆钉孔并去毛刺	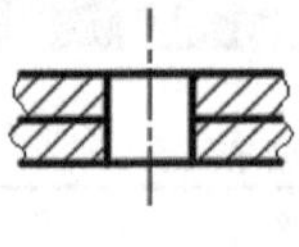	3	冲窝	用冲头配合阴模在工件上冲出铆钉窝，待铆钉头与工件表面平齐	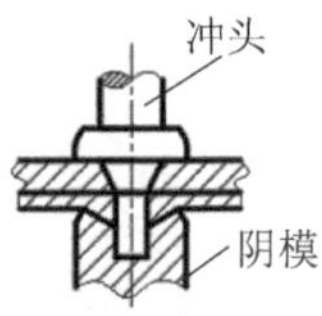
2	放铆钉	放入铆钉	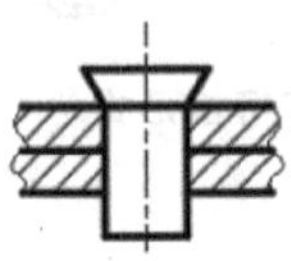	4	铆接	阴模换成普通的顶铁进行铆接	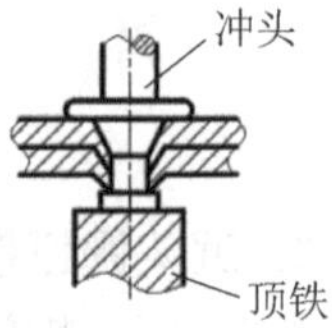

(3) C 种形式的沉头铆接工艺

C 种形式的沉头铆接工艺过程如表 5－17 所列，外表面为蒙皮压窝，内部骨架采用锪窝。

这种形式适用于蒙皮厚度小于 0.8 mm 和当骨架厚度大于沉头铆钉头高度时。

表 5 - 17　C 种形式沉头铆接工艺

序号	流程	内容	图例	序号	流程	内容	图例
1	蒙钻	蒙皮和骨架定位固定好以后，钻出比铆钉孔小一号的初孔	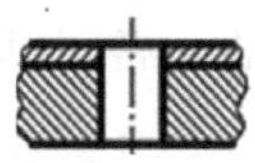	4	固定蒙皮和骨架	蒙皮装到骨架上，完成定位和固定后，一起扩孔至最终尺寸	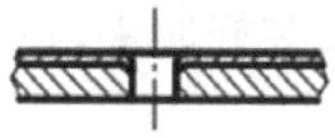
2	去毛刺	去毛刺	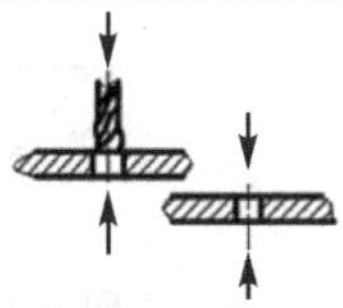	5	铆接	放入铆钉进行铆接	
3	制窝	用压窝模对蒙皮进行压窝，骨架则用锪窝钻进行锪窝	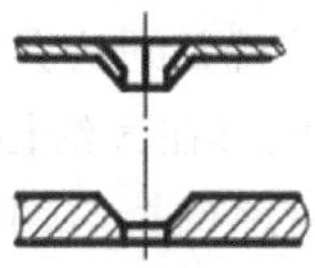				

骨架锪窝时的窝深应比铆钉窝略深，在锪 90°窝时，骨架窝深应比铆钉头深 0.4δ；当锪 120°窝时，骨架窝深应比铆钉头深 0.15δ，其中 δ 为压窝层的总厚度，目的是保证蒙皮压窝后装配时与骨架窝孔能贴合，否则将会产生配合间隙，影响铆接的质量。

(4) D 种形式的沉头铆接工艺

D 种形式的沉头铆接工艺过程如表 5 - 18 所列，铆接件上仅在蒙皮上采用锪窝法制窝。蒙皮厚度大于 0.8 mm 时，无论骨架厚度多大，均采用这种形式。这种形式的沉头铆接应用非常广泛，高速飞机的外表面铆接大多采用这种铆接形式。

表 5 - 18　D 种形式沉头铆接工艺

序号	流程	内容	图例	序号	流程	内容	图例
1	钻孔	蒙皮和骨架定位固定，钻出符合铆钉直径的孔并去毛刺	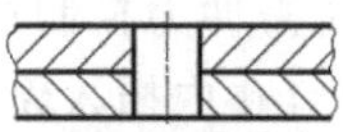 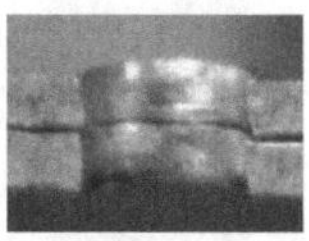	3	放铆钉	放置铆钉	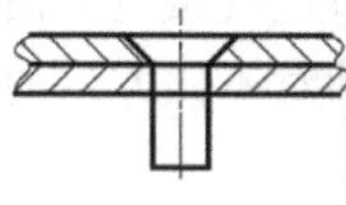 
2	锪窝	蒙皮进行锪窝	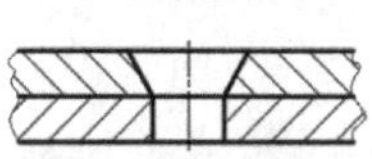 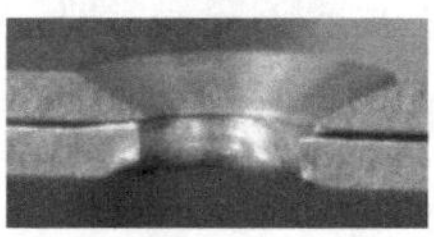	4	铆接	铆接	 

以上四种沉头铆接形式，广泛用于冲击铆和压铆，铆接质量可靠。

3. 冲击铆接的技术要点

冲击铆接的质量是考验铆装钳工技术水平高低的重要标准，冲击铆接一般由两个人配合完成，在铆件结构允许的情况下，也可单独一人进行铆接，如图 5-24 所示。

① 根据铆钉的直径、材料、型号及铆接方法和结构件的特点，合理选择铆枪的型号，冲头的规格、外形，以及顶铁的形状，并检查冲头和顶铁的工作面是否符合表面粗糙度要求。铆接前安装好冲头，在木板上进行试枪，检查铆枪冲击是否正常，如图 5-25 所示。

图 5-24　单个铆工在铆接图

图 5-25　空击铆枪实验

② 铆接时，先轻按铆枪扳机点铆一次，根据声响确认对方是否顶好后，方可连续铆接。主枪手要掌握铆钉捶击成形时间的长短，使铆钉镦头成形在大约相同的合格高度。

③ 铆接过程中，冲头中心线和顶铁工作面应始终保持与铆钉中心线一致(楔形件铆接例外)。冲头不能在铆钉头上跳动，也不能上下左右滑动，否则会影响铆接质量(见图 5-26)。

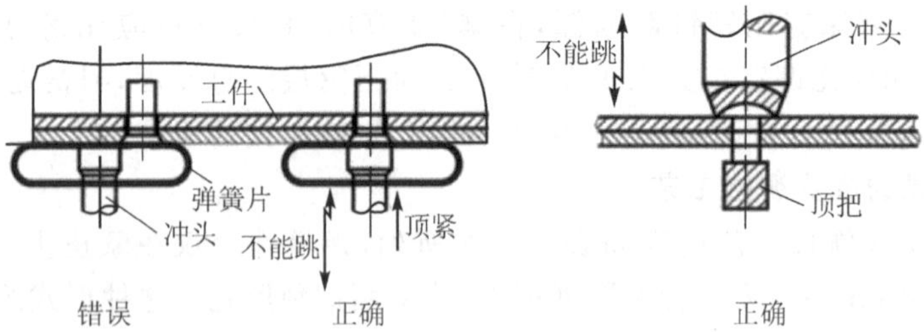

图 5-26　冲头、顶铁在铆接过程中的位置

④ 铆接时，右手握住铆枪手柄，若使用 6 kg 以上铆枪时一般采用双手握枪，如图 5-27 所示。给冲头一定的压紧力使之平衡，防止冲头跳动，保持铆枪工作平稳，中指扳住进气按钮，无名指放在按钮下面，两个手指相互配合操作，根据所需冲力控制进气量，这种方法比利用调气阀门调节进气量更方便、灵活；施铆时，用左手向铆钉孔内插入铆钉，两手相互配合，快速完成铆接。针对不同方位的铆接部位，应选择合适的铆接姿态，如图 5-28 所示。

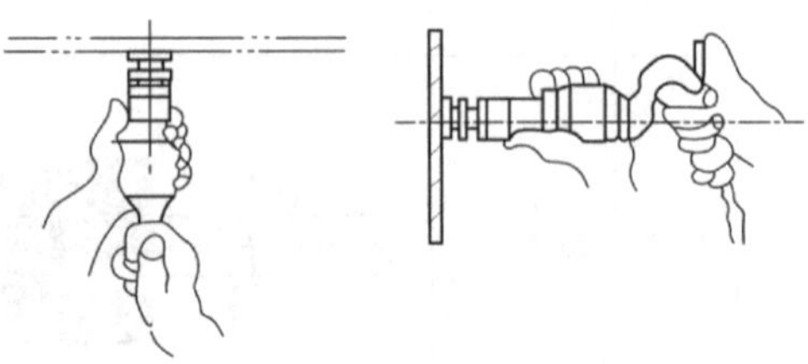

图 5-27　握铆枪的方法

图 5-28　各种不同的铆接姿态

⑤ 顶铆钉，开始手握顶铁的顶紧力不要用力过大，待铆钉钉杆略微镦粗后，再向顶铁施加顶紧力，使铆钉镦头成形，防止铆缝下凹；同时还需注意顶铁不要顶伤或碰伤结构件。

⑥ 当结构件的薄蒙皮不开敞，又不能看到顶铁是否顶住铆钉杆时，一定要从铆钉孔内看到顶铁的工作面，顶钉人和主枪手都确定已顶好后，方可插入铆钉铆接，并且要一次成形，然后才能移动顶铁。当不开敞的薄蒙皮铆接时，要采用短冲时间，多次冲击成形镦头，防止冲击铆接振动过大产生顶铁位移，在钉杆周围发生打凹、打裂现象。

⑦ 消除连接件之间的间隙，先轻轻点铆，待铆钉杆稍微镦粗后，再用顶铁顶在钉杆周围或把钉杆套在空心冲内，使空心冲紧贴钉杆根部的零件表面，用顶铁顶住空心冲，轻轻点铆；亦可用冲头顶住铆钉头，把钉杆套在空心冲内，敲打空心冲，消除间隙，保证铆缝外形。

⑧ 用反铆法铆接厚度大的连接件时，若结构空间小、铆钉镦头难成形、铆接变形大，为加快速度，可在铆钉杆镦粗后把顶铁轻轻晃动，待镦头最后成形前的瞬间，顶铁工作面必须垂直于钉杆轴线，形成合格镦头，如图 5－29 所示。

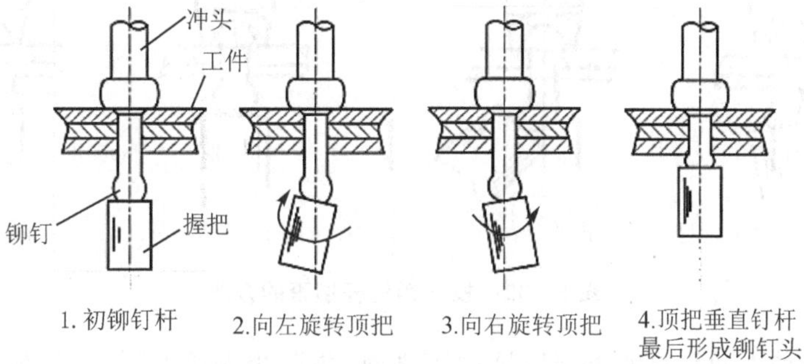

图 5－29　铆头形成困难时顶铁的工作情形

⑨ 采用反铆法铆接较薄的连接件时，尽量使用大面凸头钉冲头。反铆时，应尽量使用带防护胶皮的冲头或采取在冲头和铆钉头之间垫玻璃纸的方法，以获取较好的表面质量。

⑩ 曲面的沉头铆钉铆接应使沉头铆钉锥度紧贴于窝孔锥角。铆接时，冲头应沿沉头铆钉头周围轻轻晃动或点铆，铆钉头贴紧钉窝后再加大铆枪功率进行铆接，如图 5－30 所示。

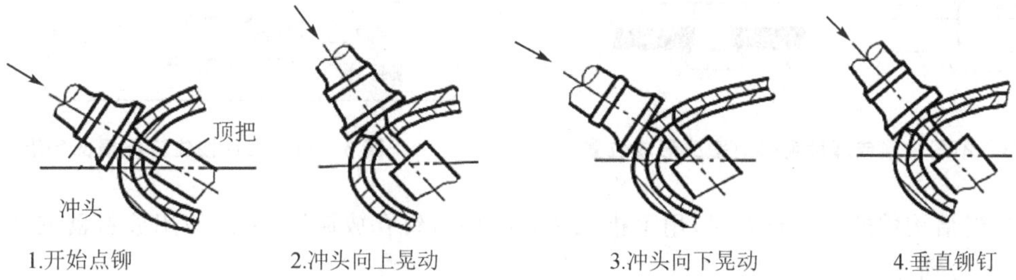

图 5－30　曲面连接件的铆接

⑪ 对楔形连接件的沉头铆钉铆接时，冲头要垂直于工件表面，顶铁工作表面要向楔形的张开方向倾斜 2°～3°，镦头略微成形后，再使顶铁垂直于铆钉杆端面（见图 5－31）。

⑫ 铆钉杆初镦，若钉杆轻微顶歪，可将顶铁工作面沿歪的方向逆顶，校正钉杆后，使顶铁工作面仍垂直钉杆铆接，直至镦头成形，如图 5－32 所示。

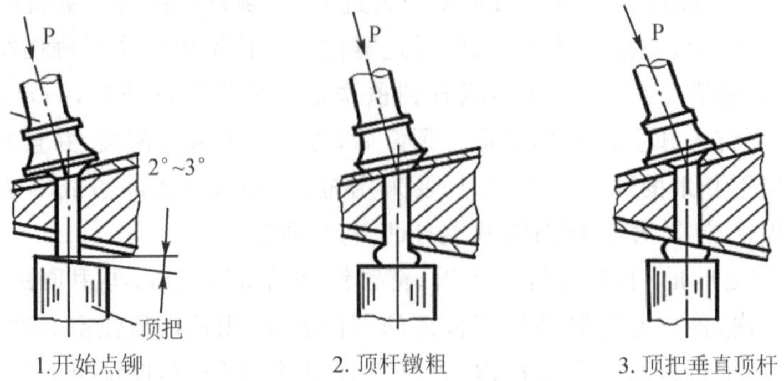

图 5－31　楔形连接件的铆接

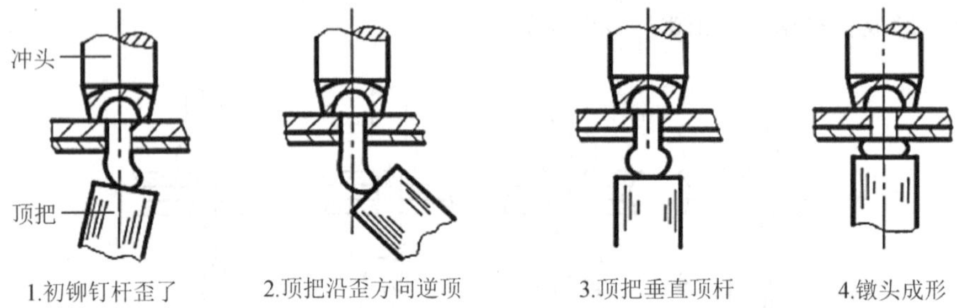

图 5－32　校正铆钉杆铆歪的方法

⑬ 当铆接两种不同材料或不同厚度的零件时，为防止铆接变形，应尽量将镦头成形在较硬材料那一面或材料较厚的那一面，如图 5－33 所示。

⑭ 在铝合金材料上铆接钢铆钉时，为避免工件变形，图样上规定在钢铆钉头下面（指凸头铆钉）和钉杆尾部那一面放置相应直径金属垫圈进行铆接。为防止尾部垫圈在铆接时受振动而产生窜动，可使用叉片压住垫圈后进行铆接，如图 5－34 所示。

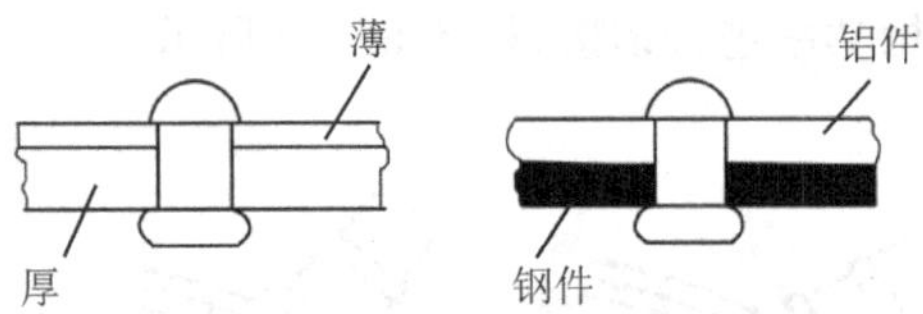

图 5－33　不同材料或厚度铆接时镦头形成位置

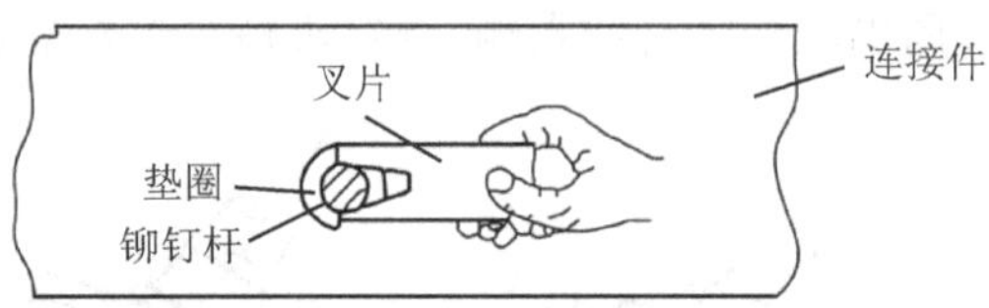

图 5－34　叉片按住钉杆根部垫圈

⑮ 当结构件的通路较差时，用手指无法直接向铆钉孔放铆钉，可以使用放钉器安放铆钉，如图 5－35 所示。

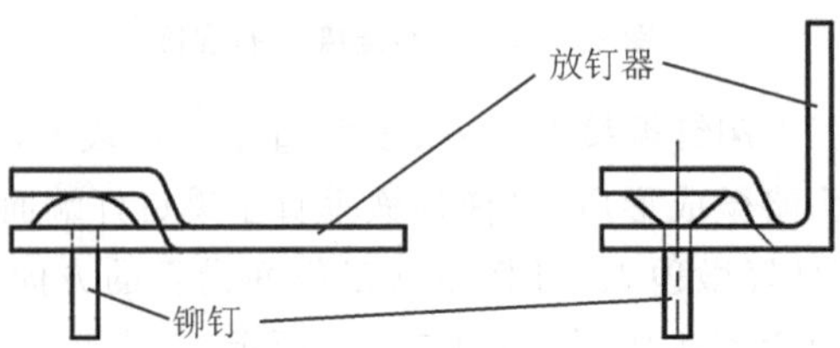

图 5－35　铆钉放钉器

⑯ 铆接时应尽量采用正铆法。

⑰ 铆接时主枪手和顶钉手要协商好各种铆接过程中的配合信号，如开始捶击、镦头扁、更换铆钉等都要用信号告知对方，使对方掌握铆接情况，及时排除故障或继续铆接。

⑱ 采用中心法铆接或边缘法铆接，可防止蒙皮铆接后产生鼓动或波纹（见图 5－36 和图 5－37）。

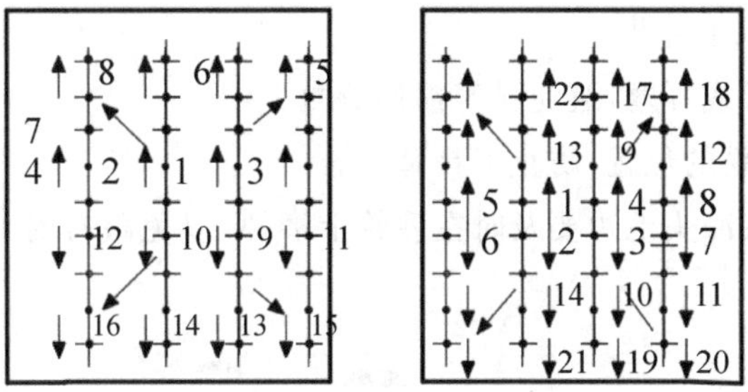

图 5－36　中心法铆接顺序示意图

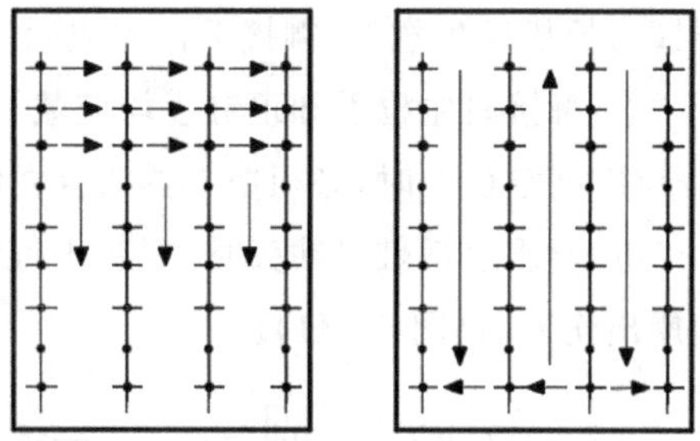

图 5－37　边缘法铆接顺序示意图

⑲ 为加快镦头成形，减少铆接变形，可用热处理或后冷藏的方法。将铝铆钉放入恒温的盐炉中进行加热，在规定时间内取出并立即放入洁净的冷水中，清洗并擦拭干净后进行铆接，经过热处理的铆钉要在材料硬化之前铆完，如果铆钉有剩余，可在清洗后将铆钉放入冰箱冷藏保存。

⑳ 铆钉长度的选择：

➢ 按经验公式计算铆钉长度，铆钉长度与直径的关系如表 5－19 所列。

表 5－19　铆钉长度和铆钉直径的关系

铆钉直径 d/mm	铆钉长度 L	铆钉长度示意图
2.5～3	$L=\sum\delta+1.4d$	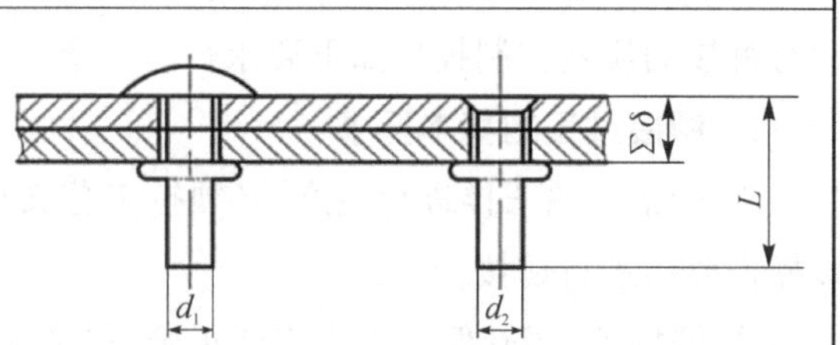
5～6	$L=\sum\delta+1.2d$	
3.5～4	$L=\sum\delta+1.3d$	
7～8	$L=\sum\delta+1.1d$	

➢ 压窝件标准镦头的铆钉长度计算经验公式：$L=\sum\delta+\delta_1+1.3d$，尺寸参数见图 5－38。

➢ 双面沉头铆钉长度经验公式：$L=\sum d+(0.6\sim0.8)d$。系数一般选较小值，当铆钉材料比被连接件材料的强度高或被连接件较厚而铆钉直径较小时，选择较大值（见图 5－39）。

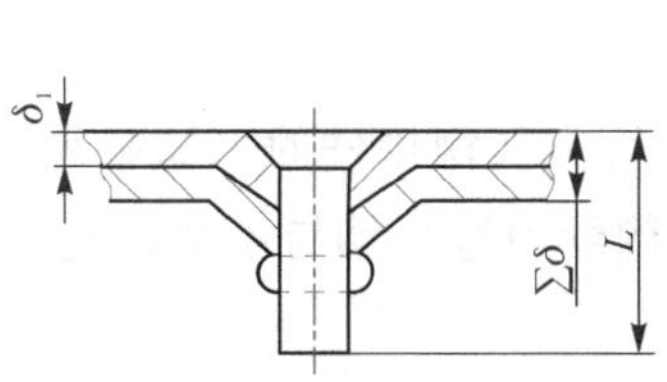

图 5－38　压窝件标准镦头的铆钉长度示意图

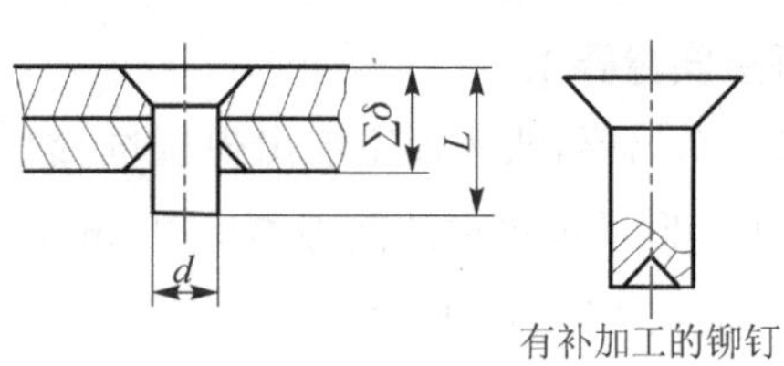

图 5－39　双面沉头铆接的铆钉长度

5.2.7 安全操作要领

安全操作要领如下：

① 铆接前要检查冲头和顶铁，冲头和顶铁不能有裂纹和毛刺。

② 冲头安装在铆枪上应将保险拴住(见图 5-40)，冲头安装好后，铆枪不能对着人，以免误撞击扳机发生意外，铆接工作完成后应立即取下冲头。

③ 铆接时主枪手和顶钉手均应戴好护耳器或耳塞，避免噪声损伤听力。

④ 高空作业时，必须把工具放置在牢靠稳妥的位置，防止工具坠落。

⑤ 使用手锤敲击冲头时，要防止打伤手指；冲头毛边要及时在砂轮上磨掉，以免敲打时毛边崩出伤人(见图 5-41)。

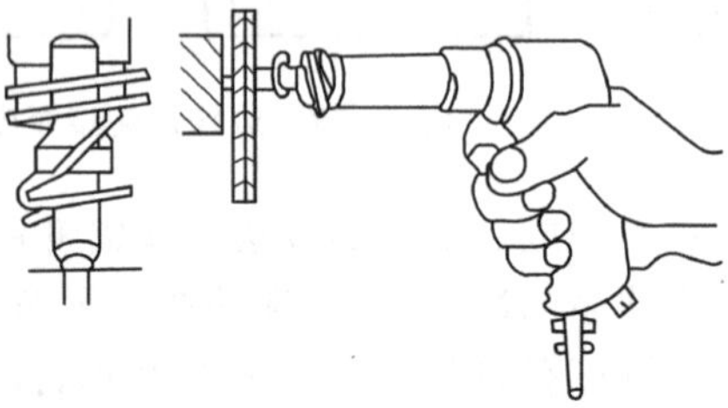

图 5-40 冲头拴住保险

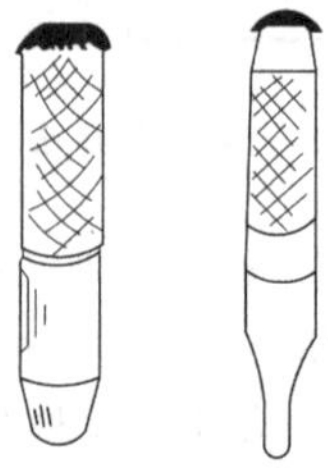

图 5-41 捶打产生的毛边

5.2.8 质量分析与改进方法

铆接的质量决定着整个产品质量的好坏，铆接装配工作约占全机工作量的 30%以上，因此对铆接的质量控制提出如下要求：

1. 铆接过程的基本要求

① 严格按照图样进行生产，必须按工艺文件执行，贯彻工艺指导性文件；按装配指令和铆接操作要领进行铆接。

② 铆接前，要确保零部件安装正确；保证铆钉孔和沉头窝的质量；铆接过程中要做到精益求精，及时发现问题并妥善处理。

③ 注意铆接方法要正确，优先考虑使用正铆法铆接。

④ 尽可能采用压铆代替锤铆。

⑤ 采用先进的工具，正确使用保养工具。

2. 铆接质量要求

① 铆接后，铆钉头表面不能出现压坑、裂纹等缺陷，钉头与铆接件的表面必须贴合，允许在不超过 1/2 圆周范围内的间隙≤0.05 mm，但在单条铆缝中这种铆钉不能超过 10%，且不能连续出现，如图 5-42 所示。

② 所有外形的沉头铆钉均不能下沉，沉头铆钉头凸出蒙皮的高度值应尽量在 0.02～0.05 mm(见图 5-43)，或满足技术条件规定的允差。

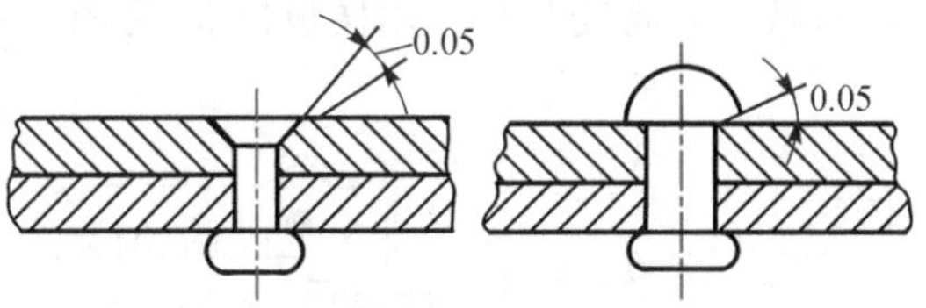

图 5-42　铆钉产生的单面间隙

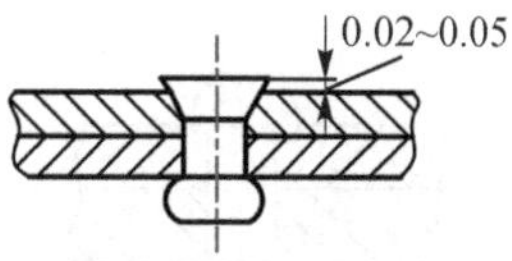

图 5-43　沉头铆钉凸出值

③ 铆钉周围的蒙皮和两铆钉间的蒙皮，允许有一定的下凹量 Δ(mm)，如图 5-44 所示。

a. 对于一个铆钉，在间距 t_1 内：

➢ 一般结构的蒙皮允许下凹量为 Δ≤0.2；

➢ 进气道内部结构的蒙皮允许下凹量为 Δ≤0.4；

➢ 难铆接处的蒙皮允许下凹量为 Δ≤0.3。

b. 对于两个铆钉，在间距 t_2 内：

➢ 一般结构的蒙皮允许下凹量为 Δ≤0.2；

➢ 多排铆钉，间距小于 30 mm、弯曲半径 300 mm 以下处的蒙皮允许下凹量为 Δ≤0.3。

④ 铆钉处被连接件之间不允许有间隙，两铆钉间允许有局部间隙，如图 5-45 所示。

⑤ 铆钉镦头不能有裂纹，标准镦头应呈鼓形，不允许有喇叭形和马蹄形镦头，如图 5-46 所示。镦头尺寸应满足设计尺寸要求，尺寸可从表 5-20 查得。

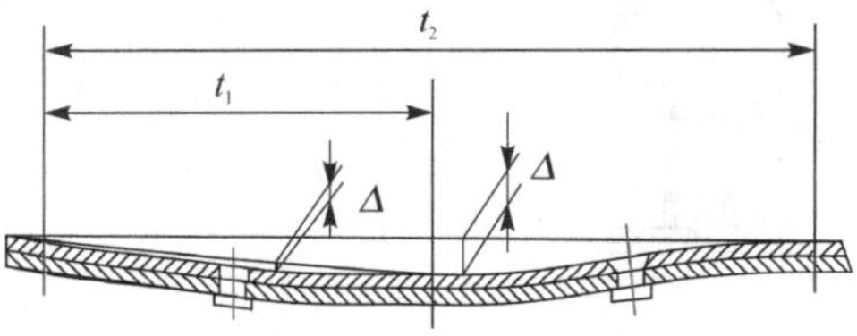

图 5-44　蒙皮下凹示意图

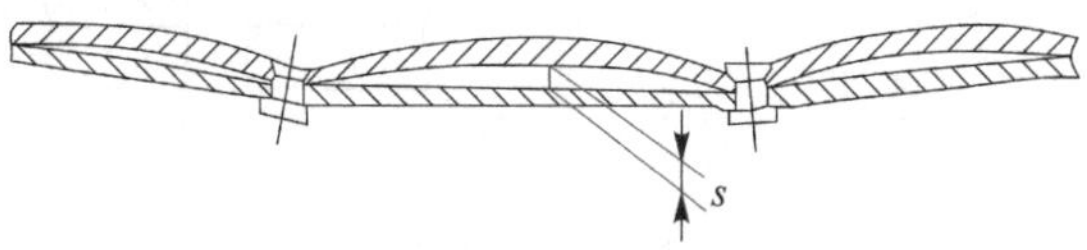

图 5-45　铆接件在两个铆钉之间的间隙

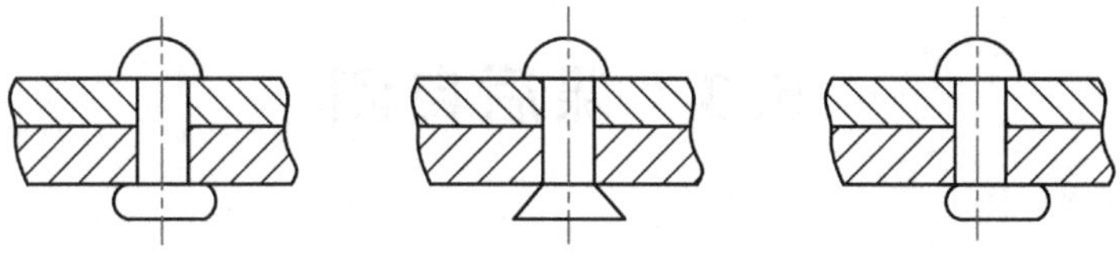

(a) 标准形墩头　　(b) 喇叭形墩头　　(c) 马蹄形墩头

图 5-46　铆钉镦头的形状

表 5-20　铆钉标准镦头尺寸及其极限偏差

mm

铆钉镦头参数	参数值										
铆钉直径 d	2.0	2.5	2.6	3.0	3.5	4.0	5.0	6.0	7.0	8.0	10.0
镦头直径 D	3.0	3.8	3.9	4.5	5.2	6.0	7.5	8.7	10.2	11.6	14.5
镦头直径极限偏差	±0.2	±0.25		±0.3		±0.4	±0.5	±0.6	±0.7	±0.8	±1.0
镦头最小高度 h_{min}	0.3	1.0	1.1	1.2	1.4	1.6	2.0	2.4	2.8	3.2	4.0
镦头对钉杆同轴度	ϕ0.4				ϕ0.6		ϕ0.8	ϕ1.0	ϕ1.2		ϕ1.4
镦头圆度	在铆钉镦头直径极限偏差内										

镦头对铆钉杆同轴度偏移(见图 5－47),镦头的高度和直径用样板检查(见图 5－48)。

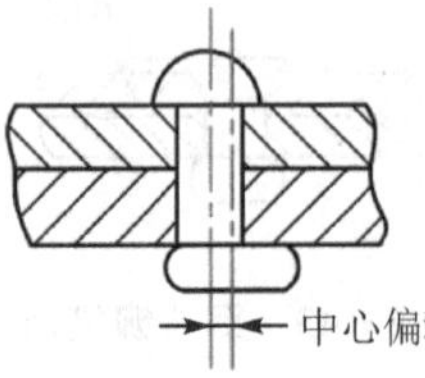

图 5－47　镦头对铆钉杆同轴度偏移

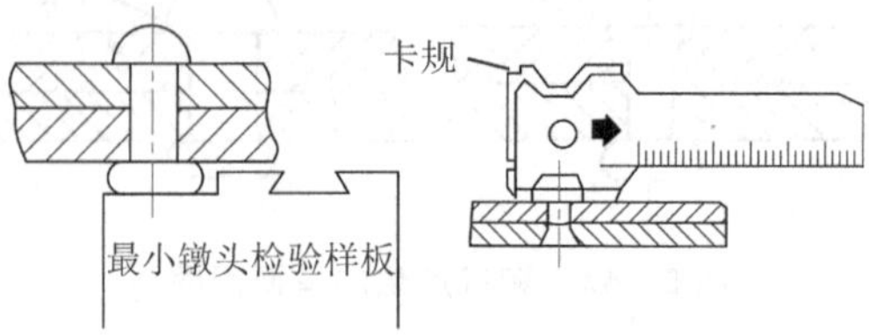

图 5－48　检验镦头用样板

⑥ 双面沉头铆钉镦头直径与钉头直径相同,钉头凸出量按表 5－21 取,测量如图 5－49 所示。

表 5－21　双面沉头铆钉的铆钉头凸出量

mm

部位	一般	局部 20%	双面沉头铆钉镦头
翼面类Ⅰ区	$0<\Delta\leqslant 0.1$	$0.1\leqslant\Delta\leqslant 0.15$	+0.3
翼面类Ⅱ区,机身类	$0<\Delta\leqslant 0.15$	$0.15\leqslant\Delta\leqslant 0.2$	

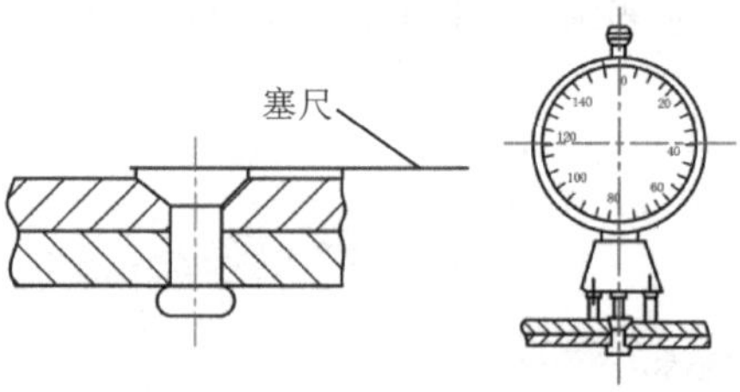

图 5－49　铆钉头凸出量测量

5.3　课后自测

1. 单选题

(1) 不属于铆接中常用的固定形式是(　　)。

A. 打固定铆钉　　B. 上固定螺栓　　C. 穿心夹固定　　D. 胶水粘接固定

(2) 铆接固定点的数量由产品形状和外廓尺寸大小而定,以下说法正确的是(　　)。

A. 曲面形状越多,所用固定铆钉数量越少

B. 外形准确度要求越高,所用固定铆钉数量越少

C. 刚性越弱,所用固定铆钉数量越少

D. 刚性越弱,所用固定铆钉数量越多

(3) 飞机装配中对敏感性高的材料不允许采用的制孔方法是(　　)。

A. 冲孔　　B. 钻孔　　C. 扩孔　　D. 铰孔

(4) 以下关于锪窝的说法不正确的是(　　)。

A. 锪窝过程中,风钻不能抖动,进给力均匀,否则影响锪窝深度不一致

B. 锪窝钻要垂直工件表面，限制器前端面应与工件窝表面相贴合
C. 钢质零件和钛合金锪窝，风钻转速要高
D. 在复合材料上锪窝，应先启动风钻，再进行工件锪窝，防止表层拉毛
(5) 铆接后的墩头形状应为(　　)。
A. 喇叭形　　B. 鼓形　　C. 马蹄形　　D. 以上都不对

2. 多选题

(1) 铆接时常用的画线定位工具有(　　)。
A. 钢尺　　B. 高度游标尺　　C. 铅笔　　D. 划针
(2) 画线的典型工艺步骤包括(　　)。
A. 看懂图样　　B. 确定基准线　　C. 画线并检查质量　　D. 固定
(3) 以下不符合铆接后质量要求的是(　　)
A. 铆钉墩头有裂纹、压坑　　B. 铆钉墩头呈鼓形
C. 沉头铆钉头下沉　　D. 铆钉处被连接件间无间隙
(4) 冲击铆接是飞机装配过程中的一种重要技术方法，常用的冲击铆接方法可分为(　　)。
A. 单人铆接　　B. 多人铆接　　C. 正铆法　　D. 反铆法
(5) 在冲击铆接工艺中，需要注意的事项包括(　　)。
A. 选择合适的装配基准　　B. 通过画线定位确定零件的装配位置
C. 确定合适的制孔方法　　D. 正确使用铆接工具

3. 简答题

(1) 铆接时常用的画线方定位法有几种？使用的工具有哪些？
(2) 请简述冲孔、钻孔、铰孔的工艺特点和适用场合。
(3) 冲击铆接的质量要求有哪些？

5.4　阅读拓展

在航空工业中，有这样一句箴言：为减轻每一克重量而奋斗。但航空器制造为什么选择增重的铆接，而不是焊接呢？请同学们扫码阅读学习。

浅谈飞机铆接

5.5　素养拓展

“知其然而知其所以然”是提高学习效率的重要理念，要想收获更多的成果，就不能仅仅把学习的目的停留于现在，而应该从表面出发，一步步深入探究，去了解所学知识的应用含义和未来趋势。

任务6 压铆和拉铆工艺

6.1 任务卡

<table>
<tr><td>任务编号</td><td>6</td><td>任务名称</td><td>压铆及拉铆工艺</td></tr>
<tr><td>学　时</td><td>6</td><td>工作区域</td><td>铆接装配实训室</td></tr>
<tr><td>参考资料</td><td colspan="3">1.《职业技能培训 MES 系列教材》编委会. 职业技能培训 MES 系列教材・铆装钳工技能[M]. 3 版. 北京：航空工业出版社，2008.
2. 任仁良. 民用航空器维修基础系列教材・维修基本技能[M]. 北京：清华大学出版社，2010</td></tr>
<tr><td>工作任务</td><td colspan="3">

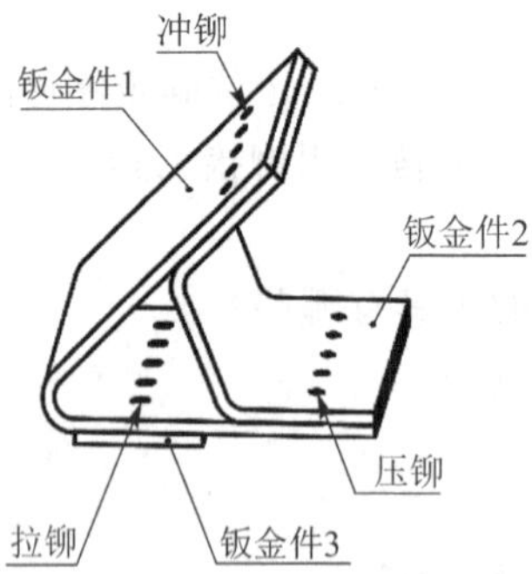

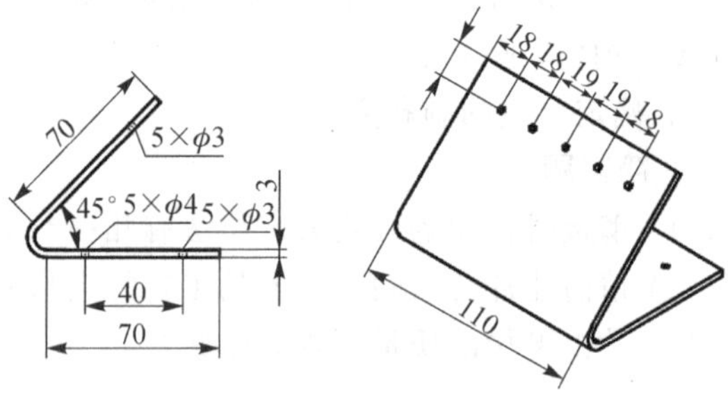

钣金件1

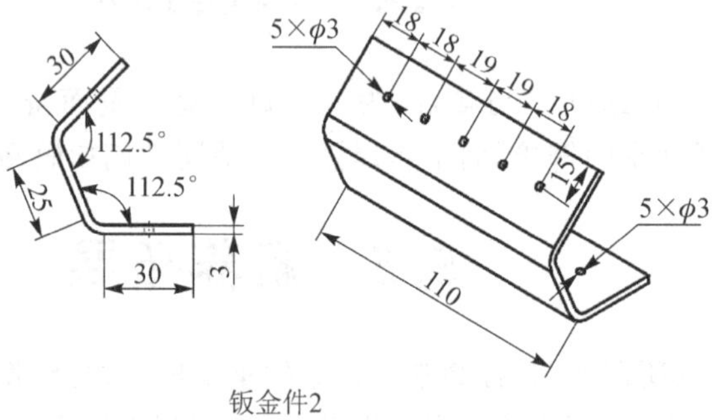

钣金件2

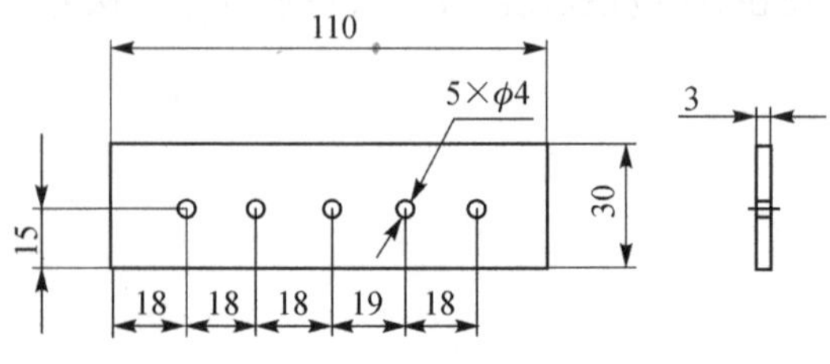

钣金件3

</td></tr>
</table>

续表

工具设备	铅笔、画线针、游标卡尺、组合角度尺、钢板尺、毛刷、什锦锉、高度游标尺、手锯、量棒、压铆机和拉枪
材　料	3.1 mm 钻头、4.1 mm 钻头、铝板、抽芯铆钉、半圆头铆钉
任务要求	1. 按工作单要求完成工件的铆接； 2. 熟练掌握相关工具、量具的使用方法和技巧； 3. 加工后的零件应符合图纸； 4. 熟练掌握各种工具(包括：铆枪、气钻、什锦锉、顶铁、定位销以及定位销钳等)
职业素养	1. 遵守国家法律和企业规章制度； 2. 诚信为本，按工艺文件操作，保证制造过程记录真实； 3. 爱岗敬业，积极参加岗位培训，主动学习并提高知识和技能水平； 4. 工作认真，有团队协作精神； 5. 自觉维护爱惜公共财物及配备的工具等； 6. 着装规范，符合规定，保持工作环境整洁有序，文明生产； 7. 质量第一，用户至上

6.2　知识准备

6.2.1　压　铆

压铆是利用压铆机产生的静压力镦粗铆钉杆形成镦头的一种铆接方法。压铆件的表面质量好，变形小而且连接强度高。因此，在结构工艺性允许的情况下优先采用压铆，根据产品结构形式的不同和铆缝特点的差异，正确选择压铆机型号和压铆模进行压铆(见图 6-1)。

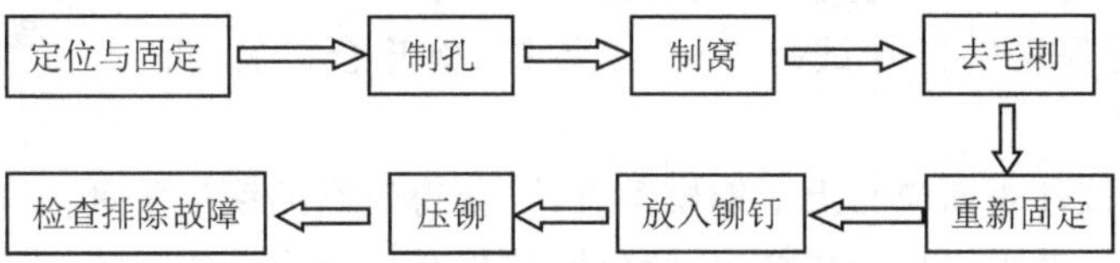

图 6-1　压铆的典型工艺流程

1. 手提式压铆机压铆

手提式压铆机由于受钳口尺寸和形状的限制，一般仅适用于结构件边缘铆缝的单钉压铆。

手提式压铆机压铆的操作规程如下：

① 按工艺规程和指令，根据产品结构特点选择所需压铆机钳口形式和压铆冲头。

② 用测量法和计算法确定铆缝夹层的厚度。

③ 分别在手提式压铆机的固定臂和活动臂上安装压铆冲头，如图 6-2 所示。当铆接平头铆钉时，铆钉头冲头安装在固定臂上，并调整上下冲头之间的距离，距离按下式确定：

$$H = \sum\delta + (0.5 \pm 0.1)d \tag{6.1}$$

式中：H 为上下冲头之间的距离；$\sum\delta$ 为铆缝夹层厚度；d 为铆钉直径。

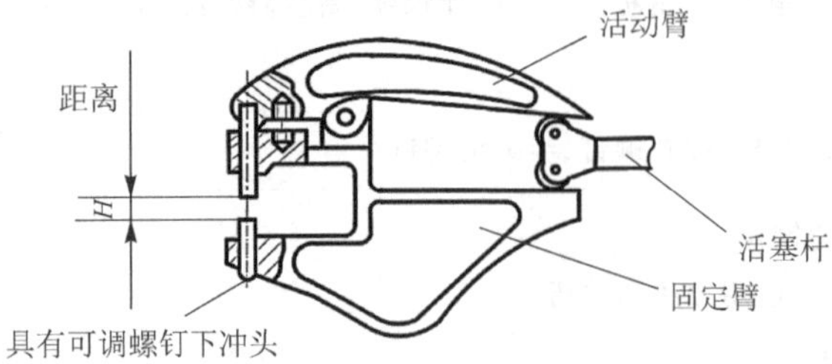

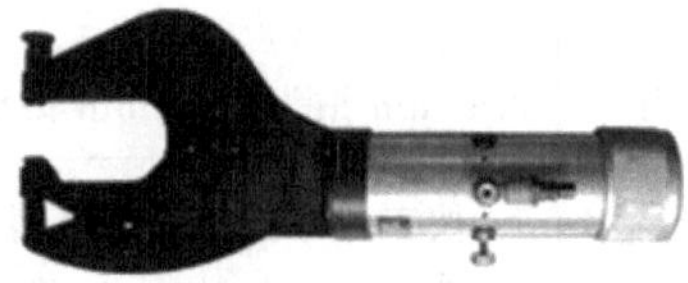

图 6-2　手提式压铆机上下冲头距离的调整

手提式压铆机上下冲头间距的调整方法：先接通气源，扳动压铆机上的气门，然后试操作压铆机，当带有上冲头的活动臂到达下死点位置时，即活塞杆伸出量最大的位置，用旋具调整固定臂上的下冲头，再用通用量具测量得到所需距离，最后用扳手拧紧下冲头。

④ 用等厚度试片进行试铆 1～3 个铆钉，检验质量合格后，再在产品上进行铆接。

⑤ 一般采用正铆法，压铆机固定臂的下冲头先接触铆钉头部，调整铆接件，使其外表面与冲头垂直，然后压铆。压铆时手拿压铆机灵活用力，否则会影响铆接质量。

2. 固定式压铆机压铆

常见的固定式压铆机是气动杠杆固定式单钉压铆机，主要用于框、梁、肋、平面类，以及小型组合件的压铆，如图 6-3 所示。

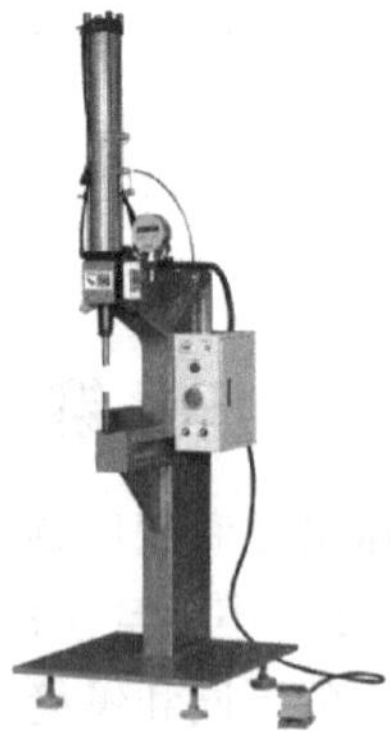

图 6-3　压铆机

压铆机的压铆行程装置安装在弯臂上部，为方便调整镦头高度和观察镦头的质量，通常采用正铆法进行压铆，即压铆时，铆钉由下向上穿入，每放入一个铆钉，压铆机完成一个压铆循环工作。压铆机压铆的操作流程如下：

① 根据铆接件的结构形式合理选择压铆冲头。

② 将选好的铆模分别安装在压铆机的上、下柱杆之间。

③ 接通压铆机的气源，调整上下铆模之间的距离。

④ 用与结构等厚度的试片试铆 1～3 个铆钉，检验合格后，再在产品上进行压铆。

⑤ 铆接时，铆接件表面应与上下铆模垂直，以获得较高的铆接质量。

⑥ 踩下脚踏板，动力组把上柱杆向下移动，首先弹簧铆模上的弹簧压紧器压紧铆接件，使上铆模压铆钉的钉杆形成镦头。然后在气缸的作用下，上柱杆带上铆模返回原位，完成一次铆接循环。

6.2.2　抽芯铆钉铆接

在飞机铆接装配技术中，特种铆接被广泛应用，如抽芯铆钉铆接、环槽铆钉铆接、螺纹空心铆钉铆接以及干涉配合铆接等。特种铆接能满足铆接件的特殊要求，可进一步提高结构的强度和疲劳寿命，增强密封性，解决单面通路区的连接问题等。

抽芯铆钉铆接为单面铆接，铆钉的种类很多，目前常用的有拉丝型抽芯铆钉和鼓包型抽芯铆钉。拉丝型抽芯铆钉主要由钉套、芯杆和锁环组成，使用双动拉铆枪进行铆接。CR3000 系列鼓包型抽芯铆钉由钉、芯杆、锁环和垫圈等组成，芯杆上带有一个剪切环，有利于形成镦头。该系列铆钉使用单动拉铆枪即能完成铆接工作。

1. 拉丝型抽芯铆钉铆接

拉丝型抽芯铆钉铆接，如图 6 - 4 所示。

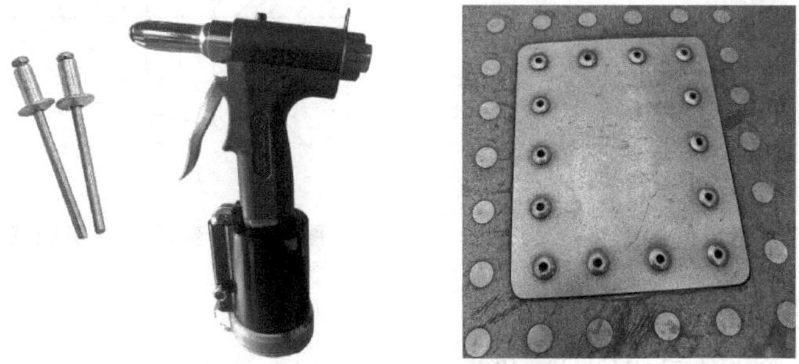

图 6 - 4　抽芯铆钉铆接

(1) 技术要求

① 当铆钉直径为 4 mm 和 5 mm 时，铆钉孔的直径极限尺寸分别为 $4.1^{+0.10}_{0}$ mm 和 $5.1^{+0.10}_{0}$ mm，当在薄夹层(厚度等于 2.5 mm)铆接沉头铆钉时，孔径极限偏差可取$^{+0.15}_{0}$ mm。铆钉孔的圆度应在孔极限偏差以内，其表面粗糙度为 $Ra1.6$ 。

② 孔的间距极限偏差为±1 mm，边距极限偏差为$^{+1}_{-0.5}$ mm。

③ 铆接后的芯杆和锁环要平整，芯杆断槽处的光滑台肩 B 面不能高于钉套的上表面 0.5 mm 也不能低于钉套的上表面 0.25 mm，如图 6 - 5 所示。

④ 当芯杆断槽处的光滑台肩 B 面高出钉套的上表面时，锁环不能高于钉套的上表面 0.5 mm；如果 B 面与钉套的上表面平齐或低于钉套的上表面，如图 6 - 6 所示，那么锁环不能高于 A(当抽钉基本直径为 4 mm 和 5 mm 时，A 值分别为 0.5 mm 和 0.6 mm)。

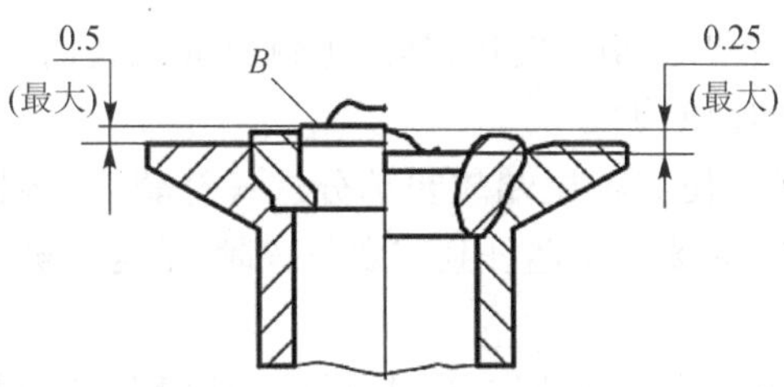

图 6 - 5　铆接后芯杆端槽处的光滑台肩的位置

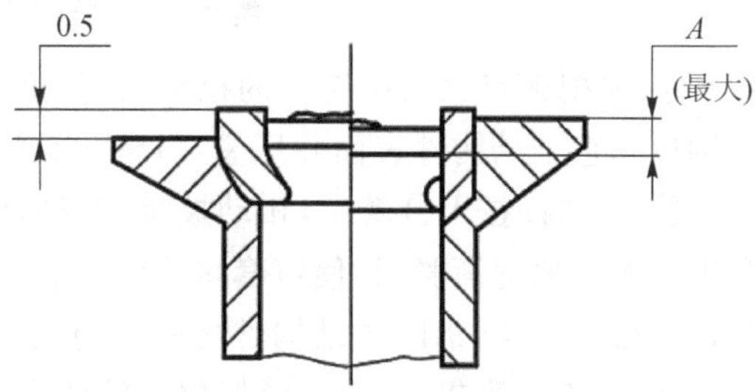

图 6 - 6　铆接后锁环的位置

⑤ 位于气动外缘表面的芯杆按照设计要求，铣平高出钉套的凸出量，位于非气动外缘表面的芯杆拉断面不需要铣平。

⑥ 当抽钉基本直径为 4 mm 和 5 mm 时，拉丝型抽芯铆钉镦头的最小直径分别为 4.55 mm 和 5.60 mm。

⑦ 要求钉套不能有开裂和裂纹现象，锁环也不能松动。

(2) 铆钉长度的选择

根据抽芯铆钉基本直径的大小和夹层厚度来确定铆钉长度，首先用夹层厚度尺测出夹层厚度，如图 6－7 所示。当为变厚度结构时，其测量基准要选在孔的最浅处，如图 6－8 所示。

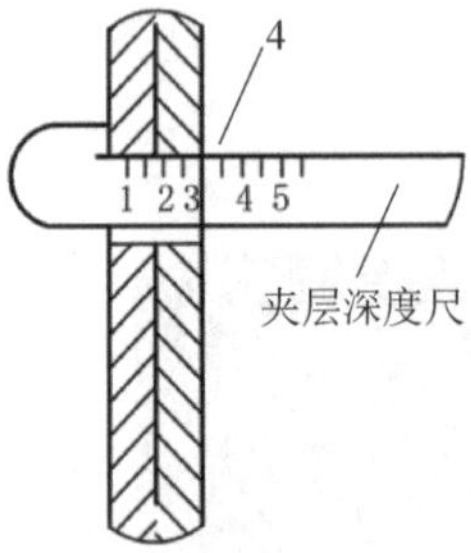

图 6－7　测量夹层深度

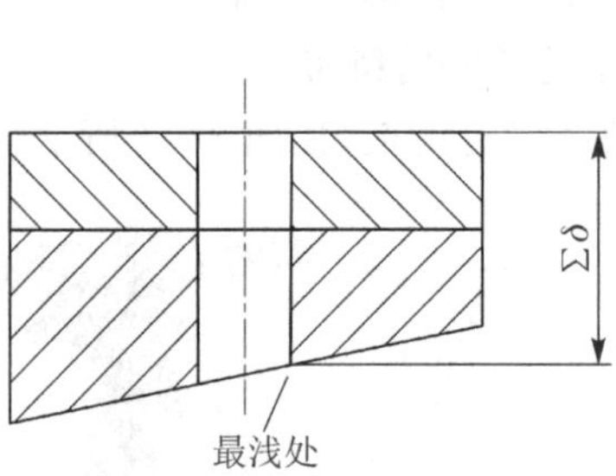

图 6－8　变厚度夹层测量基准

(3) 拉丝型抽芯铆钉施铆的工艺过程

1）铆钉孔的加工方法采用钻-扩，优先采用钻扩复合钻加工。

2）按铆钉的种类和直径大小选用适合的拉铆枪，并根据产品结构的可达性选用不同形式的拉头和转接器。

3）施铆的工艺过程如图 6－9 所示。

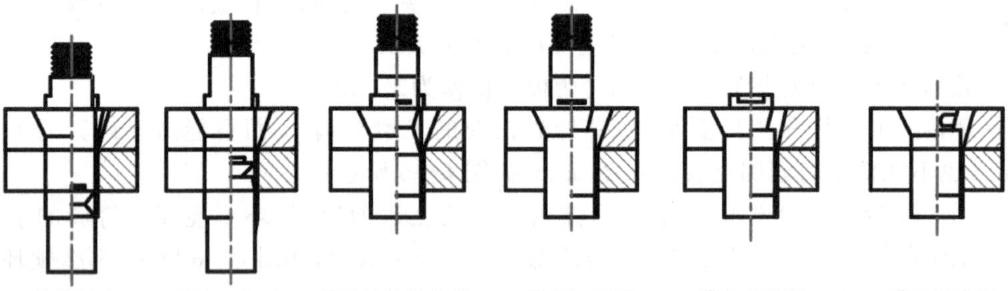

①放钉　②抽拉芯杆　③继续抽拉芯杆　④压入锁环　⑤完成拉铆　⑥铣平放钉

图 6－9　拉丝型抽芯铆钉铆接工艺过程

① 先把铆钉放入拉铆枪的拉头内，使拉头内的卡爪把铆钉夹住；然后把铆钉放入孔内，使拉铆枪垂直于结构件表面并压紧，以消除结构件之间的间隙。

② 将芯杆拉入钉套中，扣动扳机，芯杆被向上拉，使芯杆尾端较粗部分进入钉套内，将钉套由下而上地逐渐胀粗，使钉套填满钉孔。当拉铆枪继续抽拉芯杆到一定位置时，结构件被紧紧地贴靠在一起，消除了结构件之间的间隙。

③ 继续拉抽芯杆，产生形似拉丝的动作，并完成孔的填充动作，形成镦头。此时芯杆的断口处已停留在与钉头面齐平处。

④ 压入锁环，拉铆枪的第二个动作，将锁环推入芯杆与钉套的锁紧环槽内。

⑤ 芯杆被拉断，完成拉铆。

⑥ 铣平芯杆，用铣平器铣平芯杆的断口。

2. CR3000 系列鼓包型抽芯铆钉的铆接

(1) 技术要求

➢ 铆钉孔的直径、极限偏差、圆度及表面粗糙度见表 6－1。

表 6-1　铆钉孔直径、极限偏差、圆度及表面粗糙度

铆钉直径号	铆钉直径/mm(in)	孔的极限偏差/mm		圆　度	表面粗糙度 $Ra/\mu m$
		min	max		
4	3.175(4/32)	3.277	3.353	在孔的极限偏差范围内	3.2
5	3.969(5/32)	4.064	4.166		
6	4.763(6/32)	4.877	4.978		

- 孔的间距极限偏差为±1.0 mm，边距极限偏差为$^{-0.1}_{-0.5}$mm。
- 沉头铆钉窝与钉孔的中心应同轴，窝的直径应符合要求，锥柱交叉线应倒圆 R0.25。
- 铆接后的芯杆和锁环应平整。芯杆断层处光滑台肩与钉套的凸凹量如图 6-10 所示。
- 铆接后，钉套不允许裂纹，锁环锁紧要牢靠，且不允许松。

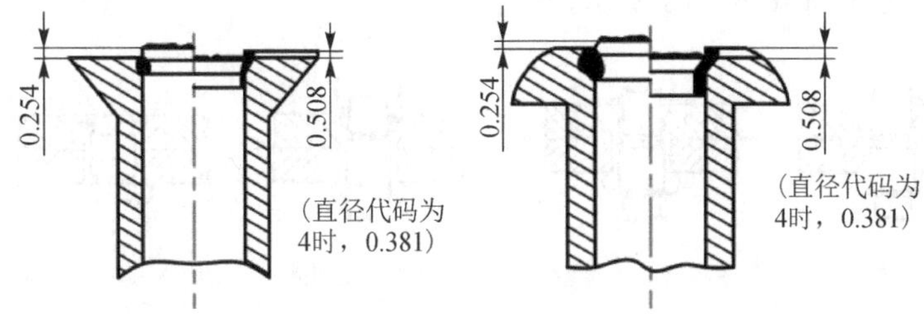

图 6-10　芯杆断层处光滑台肩与钉套的凸凹量

(2) 铆钉长度的选择

鼓包型抽芯铆钉的长度是按结构件夹层厚度确定的。制孔后，首先用夹层厚度尺测量结构件的夹层厚度如图 6-11 所示。读数不足一格按 1 读数；读数大于 1 格而小于或等于 2 格时按 2 读数；读数大于 2 格而小于或等于 3 格时按 3 读数，并依此类推(见表 6-2)。夹层厚度尺上的标数单位为 1/16 in，读数为 2 时表示 2/16 in，读数为 3 时表示 3/16 in。

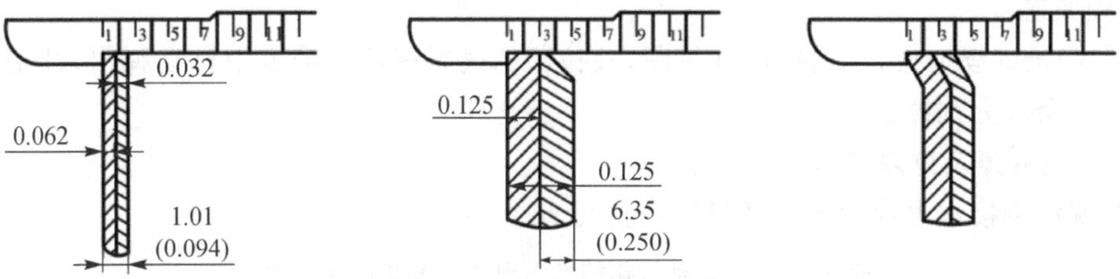

(a) 夹层为2°　(b) 夹层为4°　(c) 夹层为5°

图 6-11　使用层厚度尺测量结构件的夹层厚度

表 6-2　鼓包型抽芯铆钉的长度确定方法

简　图	夹层厚度代号		1	2	3	4	5	6	7	8
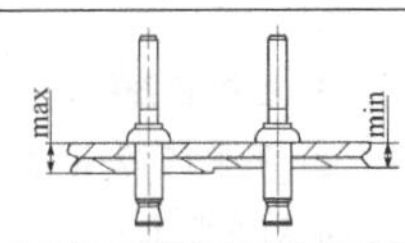	$\sum\delta$	min	①	1.6	3.2	4.775	6.375	7.95	9.55	11.125
		max	1.575	3.175	4.75	6.35	7.925	9.525	11.1	12.7

注：①直径代码为 4 时，最小夹层厚度为 0.625 mm；直径代码为 5 时，最小夹层厚度为 0.787 mm；直径代码为 6 时，最小夹层厚度为 0.94 mm。

(3) 铆钉施铆工艺过程

1）根据铆钉孔的精度要求，一般采用钻-扩的方法制作铆钉孔，优先选用钻-扩一体的复合钻。

2）根据产品结构的可达性选用不同形状的拉头，如图 6－12 所示。

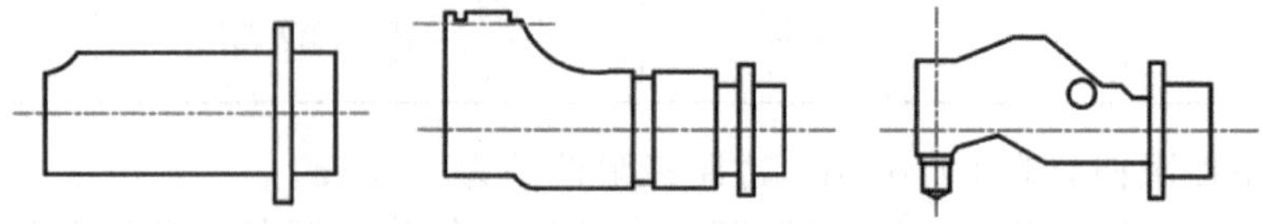

(a) H701A-453直拉头　(b) H763-456偏距拉头　(c) H753-458直角拉头

图 6－12　拉　头

3）施铆的工艺过程如图 6－13 所示。

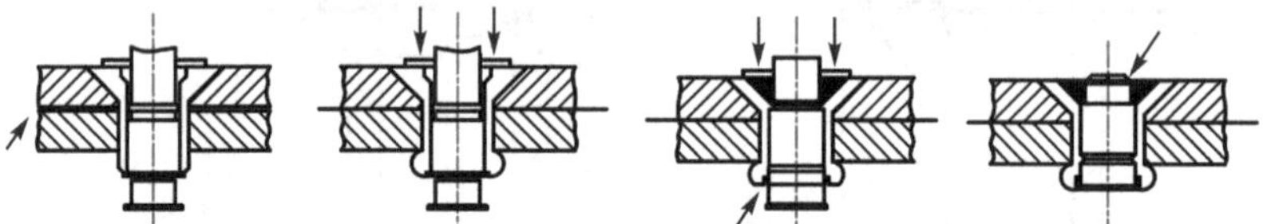

①放钉　②将芯杆拉入钉套　③剪切环被剪断　④压入锁环，形成墩头

图 6－13　鼓包型抽芯铆钉铆接工艺过程

① 将铆钉塞入拉铆枪的拉头内，拉头端面应与钉套上的垫圈相贴合。拉头内的卡爪将铆钉夹住(注意此时的铆钉不可从拉头内退出，若要退出，必须分解拉头)。将铆钉放入孔内，使拉铆枪垂直于结构件表面并压紧，以消除结构件之间的间隙。

② 将芯杆拉入钉套扣动扳机，拉头紧顶住垫圈，芯杆被向上抽拉。

③ 拉铆枪继续抽拉芯杆，钉套尾端失稳，形成鼓包镦头，然后将锁环挤入芯杆与钉套之间的空腔，锁紧芯杆。

④ 拉铆枪继续抽拉，直到把芯杆拉断，被拉断的残尾杆从拉铆枪中自动弹出，并把露在工件外边的多余部分铣掉。

(4) 常见故障及排除方法

抽芯铆钉铆接常出现的故障及排除方法见表 6－3。

表 6－3　抽芯铆钉铆接常出现的故障及排除方法

序　号	故障简图	故障内容	产生原因	排除方法
1	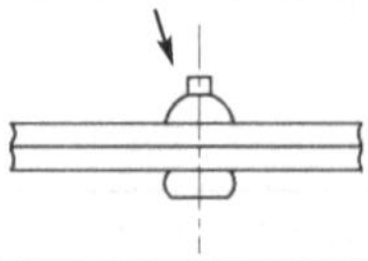	芯杆拉出、松动	① 钉孔大； ② 夹层厚度大小； ③ 铆钉长度不合适	加大一级铆钉或更换铆钉
2	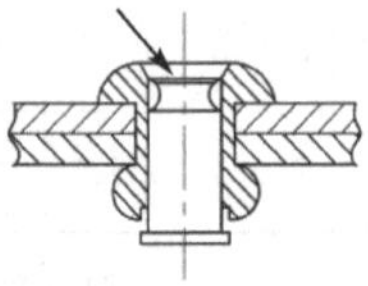	芯杆凹入钉套	① 钉太小； ② 夹层厚度大，铆钉长度短； ③ 功率不足	① 更换新铆钉； ② 调整气源压力，满足功率要求

续表 6-3

序　号	故障简图	故障内容	产生原因	排除方法
3	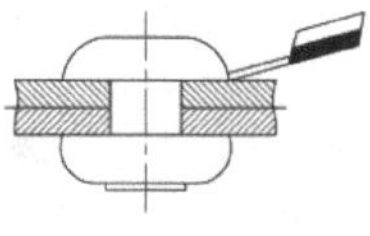	钉套头与结构件接触面之间有间隙	① 钉孔不垂直； ② 拉头与机构件表面不垂直	重新扩孔更换铆钉，更换新铆钉
4	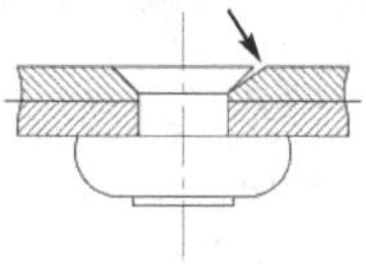	钉套头与沉头窝产生斜间隙	窝与孔轴线不同轴	按技术文件规定更换新铆钉

(5) 铆钉的分解

抽芯铆钉结构较为复杂，有的芯杆和钉套材料不尽相同，鼓包型抽芯铆钉的干涉量较小。所以，分解铆钉的难度较大，在分解过程中要严格控制多余物，分解的程序如图 6-14 所示。

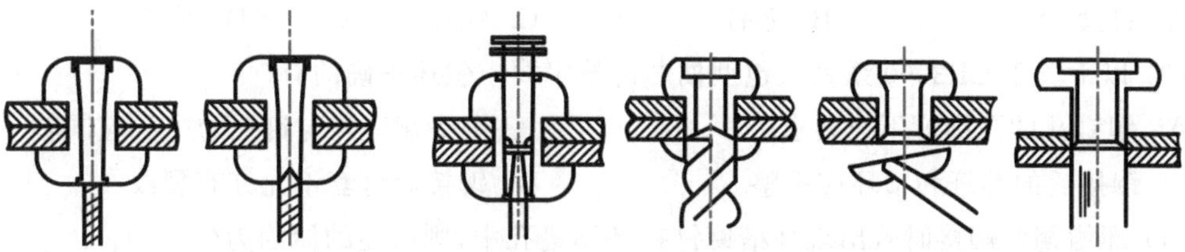

图 6-14　铆钉的分解

首先，用小钻头钻出中心点，用与芯杆直径相同的钻头钻削芯杆至锁环深度，将锁环钻掉，专用尖冲头冲出芯杆；然后，用与钉套直径相同的钻头钻削钉套的钉头，其深度不能超过钉套的高度；最后，用尖冲头冲掉钉套头，再用柱形销冲掉钉套。

6.3　课后自测

1. 单选题

(1) 压铆时应用与结构等厚度的试片进行试铆(　　)个铆钉。

A. 不需试铆　　B. 1～3　　C. 3～5　　D. 5～7

(2) 抽芯铆钉长度的选择主要由(　　)来确定。

A. 夹层宽度　　B. 夹层长度　　C. 夹层厚度　　D. 夹层材料

(3) 如题(3)图所示，抽芯铆钉铆接故障的内容是(　　)。

A. 芯杆拉出

B. 芯杆凹入钉套

C. 钉套头与结构件接触面之间有间隙

D. 钉套头与沉头窝产生斜间隙

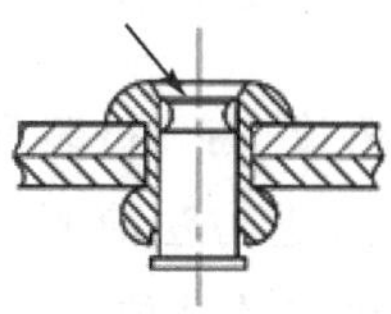

题(3)图

(4) 环槽铆钉铆接故障如题(4)图中所示的故障内容是(　　)。

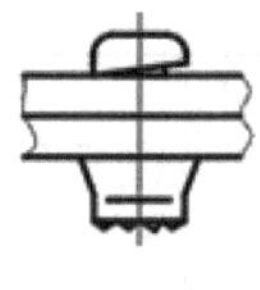

题(4)图

A. 沉头环槽铆钉头凹凸不平,产生有斜间隙

B. 环槽铆钉拉环不进孔中

C. 环槽铆钉钉头与结构合面不贴合,有斜间隙

D. 钉套与结构不贴合,有斜间隙

(5) 环槽铆钉铆接后铆钉头与铆接件接触表面应贴合,允许有(　　)单向间隙存在。

A. 不大于 0.03 mm　　B. 不大于 0.08 mm

C. 不大于 0.15 mm　　D. 不大于 0.18 mm

2. 多选题

(1) 压铆工艺可用于(　　)零件的装配。

A. 框类零件　　B. 梁类零件　　C. 肋类零件　　D. 小型组合件

(2) 拉丝型抽芯铆钉主要由(　　)组成。

A. 钉套　　B. 芯杆　　C. 锁环　　D. 垫圈

(3) 以下关于 CR3000 系列鼓包型抽芯铆技术要求叙述正确的有(　　)。

A. 铆钉孔的孔圆度不作要求　　B. 沉头铆钉窝与钉孔的中心应同轴

C. 铆接后的芯杆和锁环应平整　　D. 铆接后钉套不允许有裂纹

(4) 环槽铆钉铆接时若出现环槽铆钉拉环不进孔中,则可能的原因为(　　)。

A. 环槽铆钉长度偏小　　B. 孔直径偏小,公差带不符合要求

C. 拉枪功率不足　　D. 顶孔轴线与结构表面不垂直

(5) 环槽铆钉铆接常出现的故障有(　　)。

A. 环槽铆钉拉环不进孔中

B. 环槽铆钉钉头与结构合面不贴合,有斜间隙

C. 沉头环槽铆钉头凹凸不平,产生有斜间隙

D. 钉套与结构不贴合,有斜间隙

3. 简答题

(1) 请简述压铆的典型工艺流程。

(2) 请简述抽芯铆钉长度如何确定。

(3) 常用的环槽铆钉有哪两种?请简述其施铆过程。

6.4　阅读拓展

铆接,在飞机装配和后期维护过程中占据了绝对的主导地位,其工艺方法简便、高效、成本较低。其中,针对有气密性和油密性要求的部位,例如驾驶舱、客舱以及油箱段常采用密封铆接工艺,请同学们扫码学习。

密封铆接

6.5　素养拓展

在铆接工艺中，除了本任务中介绍的冲击铆接、拉铆和密封铆接以外，自动铆接的适用范围也越来越广。该方法的自动化程度较高，集成了制初孔、扩孔、铰孔、去毛刺和压铆等工序，铆接效率和铆接质量的稳定性均得到大幅度提高，特别适用于大型壁板的铆接。随着我国航空工业技术不断发展，运 20、C919、C929、AG600 等大型飞机的面世，自动铆接的应用面也会逐步拓展。在此过程中，信息化技术、自动控制技术和智能制造技术等多学科知识的融会贯通将会是该产业领域从业者的入门要求。

模块四　紧固件及保险

任务7　紧固件拆装工艺

7.1　任务卡

任务编号	7	任务名称	紧固件拆装工艺
学　时	6	工作区域	航空器综合维修实训室
参考资料	1.《职业技能培训MES系列教材》编委会. 职业技能培训MES系列教材·铆装钳工技能[M]. 3版. 北京:航空工业出版社,2008. 2. 任仁良. 民用航空器维修基础系列教材·维修基本技能[M]. 北京:清华大学出版社,2010		
工作任务	1. 按图1所示,完成两点相连的双股保险施工。 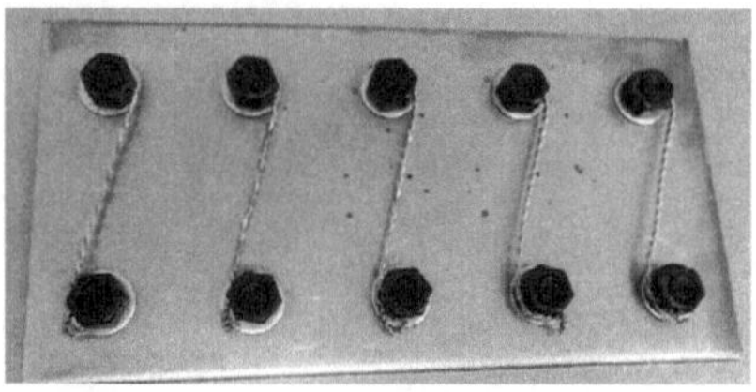 **图1** 2. 按要求将图1中指定螺母上的保险丝完全拆除,清洁螺母表面及周围,检查周围情况;与工作任务1的要求一样。 3. 按图2所示,完成三点相连的双股保险施工 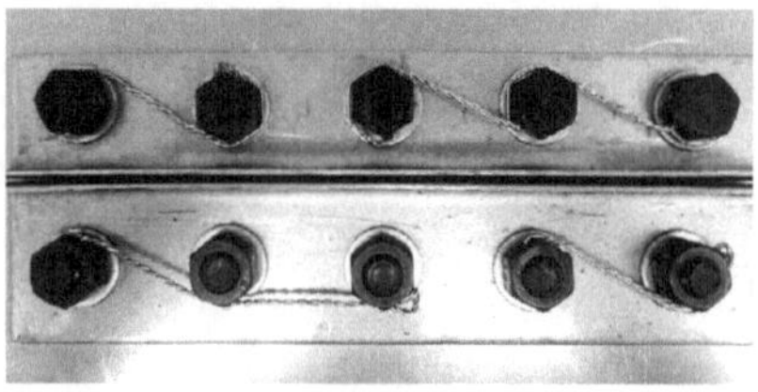 **图2**		
工具设备	力矩扳手、套筒、保险钳、护目镜、工具盘、标准工具箱和练习架		
材　料	0.8 mm保险丝		

续表

任务要求	1. 按要求将图 1 中螺母上的保险丝完整地拆下来； （**注意**：拆卸时要防止保险丝掉入部件内） 2. 清洁螺母表面及周围，检查周围情况； 3. 选择合适的保险丝规格（0.8 mm）和合适的长度，并剪切一段保险丝； 4. 单根保险丝串联时注意保险丝穿孔的走向，串联的螺钉数以保险丝长 24 in（609 mm）为限； 5. 单根保险丝结尾长度应为 1/4～1/2 in，要求不少于 4 个花
职业素养	1. 遵守国家法律和企业规章制度； 2. 诚信为本，按工艺文件操作，保证制造过程记录真实； 3. 爱岗敬业，积极参加岗位培训，主动学习并提高知识和技能水平； 4. 工作认真，有团队协作精神； 5. 自觉维护爱惜公共财物及配备的工具等； 6. 着装规范，符合规定，保持工作环境整洁有序，文明生产； 7. 清点工具和设备，数量足够； 8. 清扫现场； 9. 归还工具、耗材； 10. 在工具室归还登记簿上做好归还记录

7.2　知识准备

7.2.1　紧固件

螺纹紧固件（可拆卸紧固件）是指不破坏一个或几个紧固件单元就可以拆卸的紧固件。许多航空器部件在频繁的定期维护中必须拆卸分解或者更换，因此要求其装配紧固方法能够达到快卸快装。

1. 航空螺栓

（1）航空螺栓的分类

按使用类型可将航空螺栓分为通用型螺栓、发动机螺栓和轴销螺栓。

1）通用型螺栓

通用型螺栓有很多种，按头形可分为标准头形、带孔六方头、埋头、内六方头、环眼头、一字槽口圆头和特殊头形等，如图 7-1 所示。

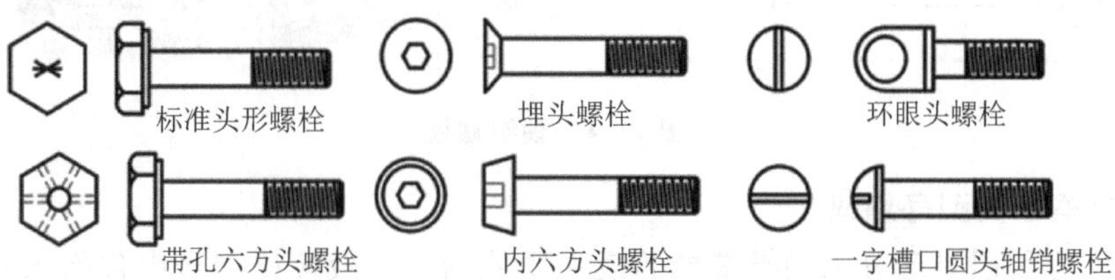

图 7-1　各种通用型螺栓的头形

2）发动机螺栓

发动机螺栓通常用于发动机或振动较多的部位，即主要应用于经受冲击负荷需要紧密配合的部位。发动机螺栓为高精度螺栓，因其要求配合紧密，所以无法镀镉。为了达到防腐要求，螺栓装配之前应在咬合部分涂一层薄薄的防锈脂。安装时，必须用榔头敲击才能安装到位。高精度螺栓头部一般有三角形标志，如图 7－2 所示。

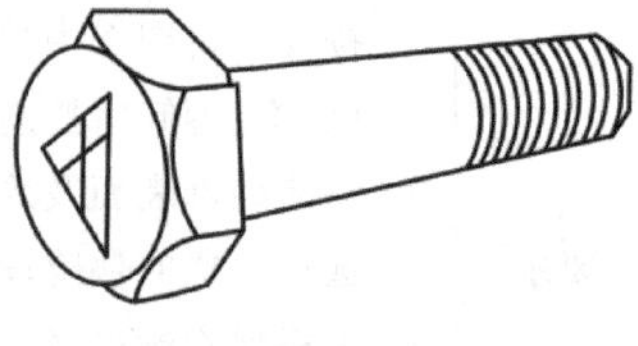

图 7－2　高精度螺栓头部的三角形标记

如图 7－3 所示为内六方头螺栓，螺栓头上有一个六边形凹槽，是用来插入内六方头扳手的。该螺栓是 BACB30JQ/MS20004 系列螺栓，由高强度合金钢制成，可承受拉伸和剪切复合应力。使用内六方头螺栓时，若将其安装在铝合金部件上，必须加装 MS20002 垫圈。

注意：内六方头螺栓的强度大大高于普通螺栓，所以绝不能用相同尺寸的 AN 螺栓代替内六方头螺栓安装在航空器结构上。

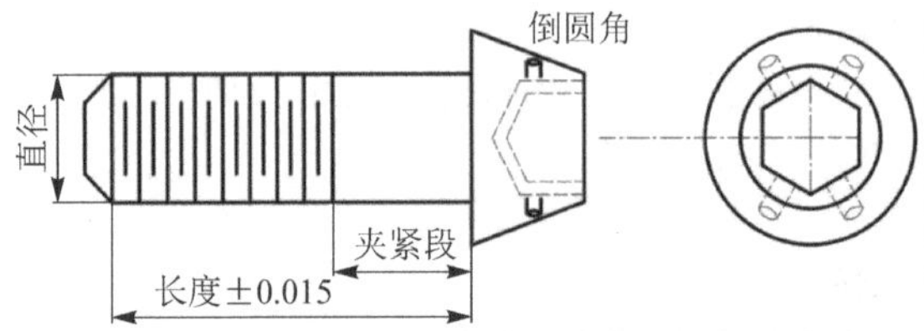

型　号	参数/in (直径-长度)	型　号	参数/in (直径-长度)
MS20004	1/4-28	MS20012	3/4-16
MS20005	5/16-24	MS20014	7/8-14
MS20006	3/8-24	MS20016	1-14
MS20007	7/16-20	MS20018	11/8-12
MS20008	1/2-20	MS20020	11/4-12
MS20009	9/16-18	MS20022	13/8-12
MS20010	5/8-18	MS20024	11/2-12

图 7－3　内六方头螺栓

3）轴销螺栓

如图 7－4 所示为轴销螺栓。轴销螺栓头为圆头一字槽，用来插入一字螺丝刀进行拆装，螺栓的螺纹段与非螺纹段过渡处开有环槽。该螺栓适用于仅承受剪切力而不受拉伸力的部件连接，如操纵系统中作为交接点的轴销。

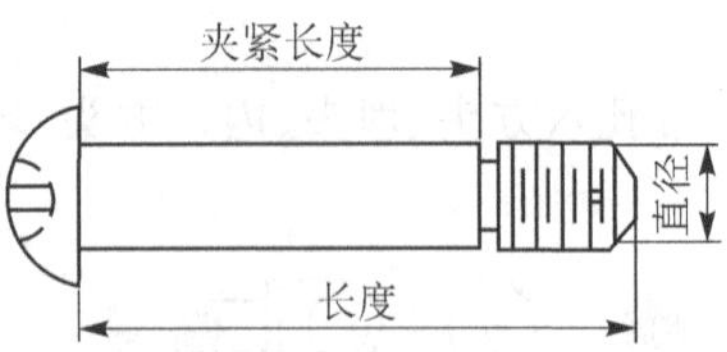

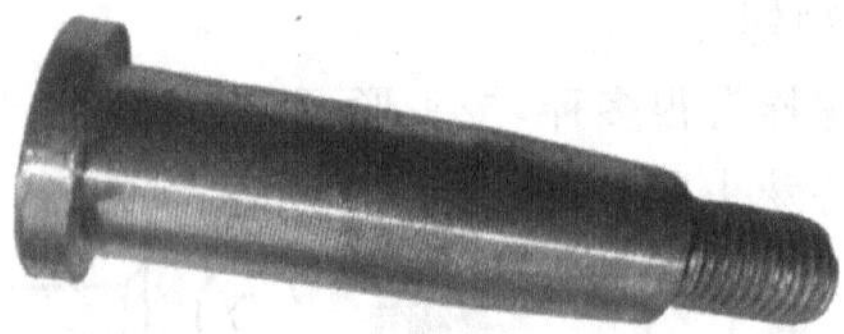

图 7－4　轴销螺栓

（2）航空螺栓的型号编码

螺栓的型号编码是区分不同类螺栓的最主要依据。一般螺栓型号中包括系列标准代号、材料、直径、长度等内容，如 BAC（波音标准）系列的螺栓型号。下面以 BACB30 NF 4DH8 为例说明：

NF——螺栓的材料、头型、螺纹长短及配合种类，如：NF 表示钢制六角头短螺纹紧配合螺栓，NE 表示钢制六角头长螺纹紧配合螺栓；

4——螺纹公称直径(1/16 in)，如 4 表示 0.0250 - 28；

D——螺杆尾端钻有保险孔，无保险孔则没有代号；

H——螺栓头部有保险孔，无保险孔则没有代号；

8——光杆长短(1/16 in)，如 8 表示光杆长度为 0.500 0 in。

2. 航空螺钉

(1) 航空螺钉的分类

航空螺钉按用途可分为三类：结构用螺钉、机械用螺钉和自攻型螺钉，它们的用途见表 7 - 1，示意图及型号如图 7 - 5 所示。

表 7 - 1 航空螺钉的分类及用途

名 称	用 途
结构用螺钉	具有与同尺寸螺栓完全相同的强度，故可作为结构螺栓来使用
机械用螺钉	常用于一般性的非结构和次要结构件的连接
自攻型螺钉	靠螺钉本身在装配孔里攻螺纹而紧固

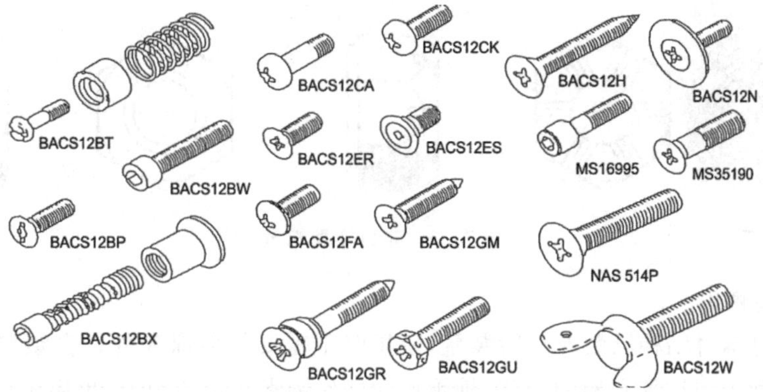

图 7 - 5 航空螺钉

(2) 航空螺钉的型号编码

航空螺钉的波音标准通常用于特殊用途的螺钉件号编码。例如 BACS12ER 是一种钛合金螺钉，常用于腐蚀性强的环境中活门的安装，或者要求使用非磁性紧固件的地方。

BAC(波音标准)系列的型号编码，以 BACS12 ER48 为例说明：

BACS12——波音螺钉标准；

ER——特征代码，表示螺钉的材料、头型及螺钉长短等，如 ER 表示钛合金材料，100°埋头十字螺钉，全段螺钉；

4——螺钉直径，以 1/16 in 为单位；

8——螺钉长度，以 1/16 in 为单位。

3. 航空螺母

按锁紧功能，可将航空螺母分为非自锁型和自锁型，如图 7 - 6 所示。非自锁型螺母本身不具有锁紧功能，在固定之后，如果是槽顶螺母，必须采用外部保险方式(如开口销、保险丝、防松螺母等)进行锁紧;如果是平螺母,则应与平垫圈和弹性锁紧垫圈一起使用。而自锁型螺母本身就具有锁紧功能。按螺栓受载情况,又可将航空螺母分为受拉型和受剪型,通常受拉螺母比受剪螺母更厚一些。

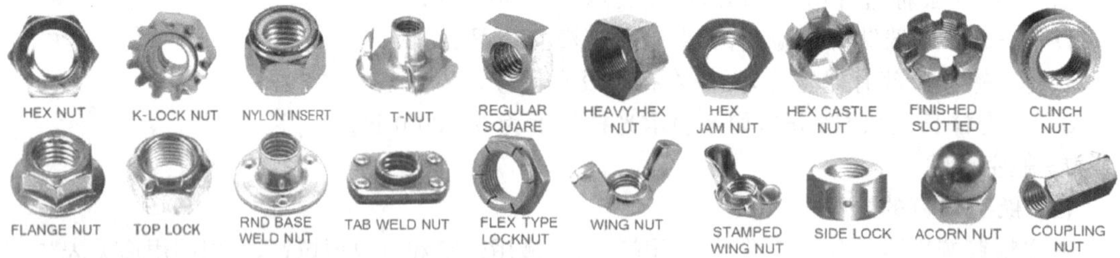

图 7-6 航空螺母

(1) 非自锁型螺母

常见的非自锁型螺母有普通螺母、槽顶螺母、承剪螺母、普通六方头螺母和薄形六方头螺母以及普通锁紧螺母等。

图 7-7 所示为 AN310 和 AN340 非自锁型螺母。AN310 为槽顶螺母,属于 3 级精度装配螺母,能承受的拉伸力和剪切力很大;AN340 为轻型六方头螺母,是 2 级精度配合的粗螺纹螺母,使用时必须加装额外保险件。

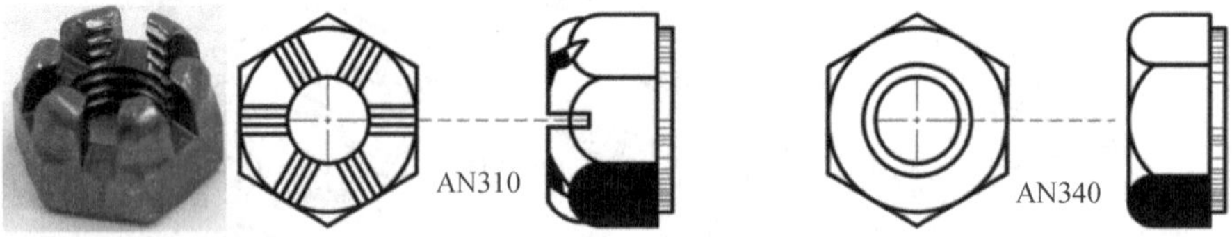

图 7-7 非自锁型螺母

(2) 自锁型螺母

自锁型螺母本身结构已装有保险装置,使用时不需要加装保险件。自锁型螺母常用于发动机气门摇臂盒盖和排气支架的安装、轴承件和操作钢索滑轮的固定,也用于检查口盖板和油箱安装口盖板的安装、一般附件的安装等。但它不能用在受扭力的部位,因扭矩作用会使螺栓或螺母发生转动。

1) 低温自锁螺母

低温自锁螺母如图 7-8 所示,其顶部常镶嵌有纤维或塑胶锁圈,工作区域温度应低于 250 ℉①。螺母一旦拆下,必须报废,不能重复使用。若无特殊情况,低温自锁螺母不做保险,但必须做松动检查标记。

2) 高温自锁螺母

高温自锁螺母如图 7-9 所示,用于温度高于 250 ℉的工作区域,其材料是全金属的,有承载螺纹和锁紧螺纹两部分。锁紧螺纹通常有两种形式:一种是在螺母顶端开出槽缝,再将槽缝进行挤压闭合,这样顶部的锁紧螺纹直径就比承载螺纹直径稍小;另一种是先将螺母顶端的锁

① 华氏度℉与摄氏度℃的换算关系为 $\frac{t_F}{℉}=\frac{q}{5}\frac{t}{℃}+32$。

紧螺纹部分挤压成椭圆，当螺栓拧入螺母时，锁紧螺纹孔受力由椭圆变成圆形。

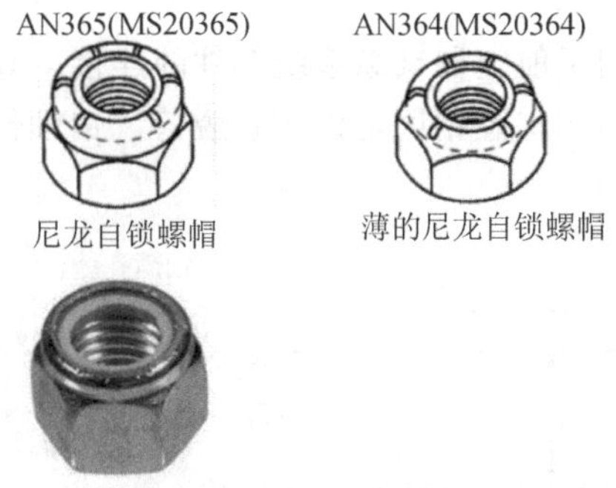

图 7－8 低温自锁螺母

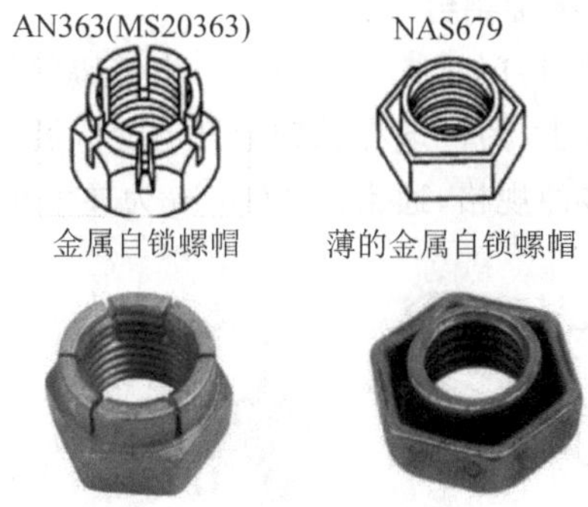

图 7－9 高温自锁螺母

3）托板螺母

托板螺母结构如图 7－10 所示，主要用于受力口盖的固定连接，被固定在开口区结构的内侧，通过拧入螺钉将口盖固定到航空器结构上。

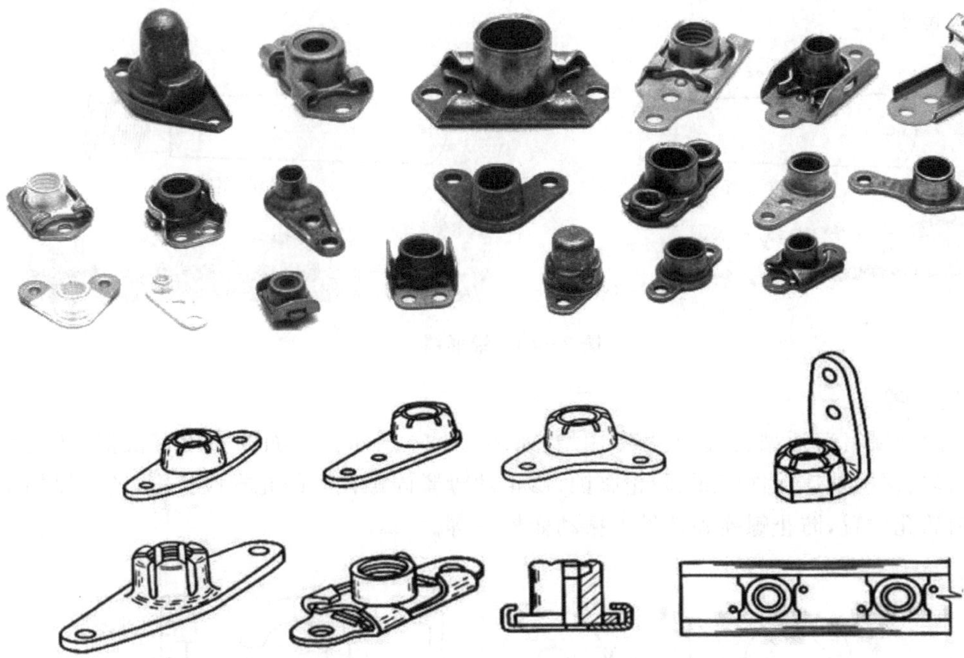

图 7－10 各种托板螺母

4. 销 钉

航空器结构上的销钉主要用于承受剪切力和打保险，常见的销钉有滚柱销、销轴销钉和锥形销。

(1) 滚柱销

滚柱销，弹簧钢弯曲制成的有缝管，有弹性，安装后会挤压孔壁。拆卸时，必须选用大小适合的冲头。如图 7-11 所示为 MS16562 滚柱销，其常用于固定航空座椅。

(2) 销轴销钉

销轴销钉如图 7-12 所示，由镀镉钢制成，常用于航空器操纵系统部件的连接。其结构一端为销钉头，另一端在销轴上开有保险孔，安装时需用保险销固定以防止脱落。销轴销钉的长度有很多种规格，通常以 1/16 in 为递增单位。

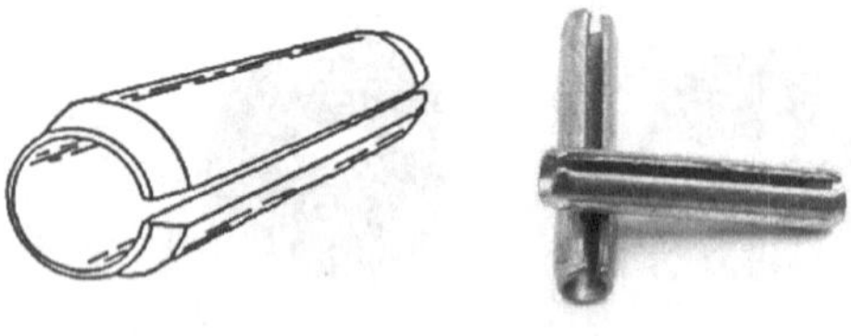

图 7-11 MS16562 滚柱销

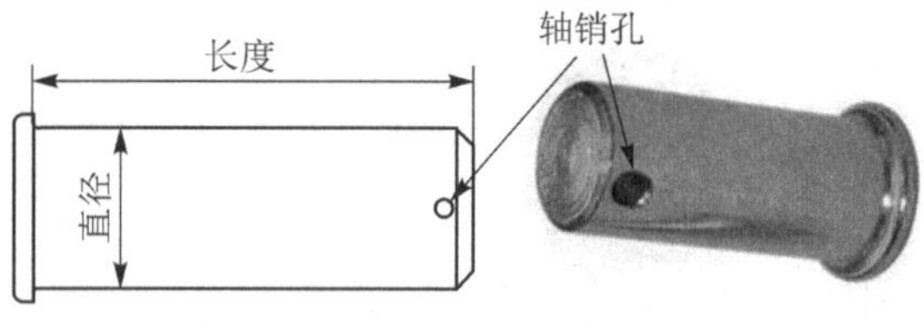

图 7-12 销轴销钉

(3) 锥形销

锥形销有普通光杆锥形销和带螺纹锥形销两种，常用于承受剪切力且需要紧密固定的连接部位。如图 7-13 所示，AN386 是带螺纹锥形销，装配时和 AN364 自锁螺母或 AN320 蝶形螺母一起使用。

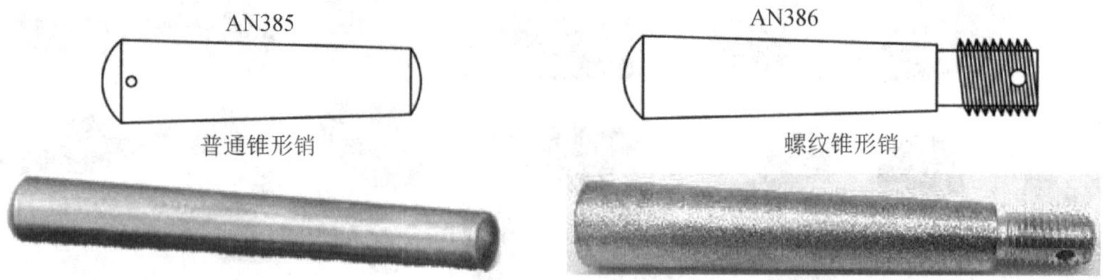

图 7-13 锥形销

5. 垫 圈

常用的垫圈有普通型、自锁型和专用型，如图 7-14 所示。垫圈的作用有很多，如使承载面受力均匀、保护被连接件表面、防止腐蚀、修正螺母紧固螺栓后的光杆段长度，还可以用来调节开口销插孔位置，防止螺栓和螺母因振动而松脱等。

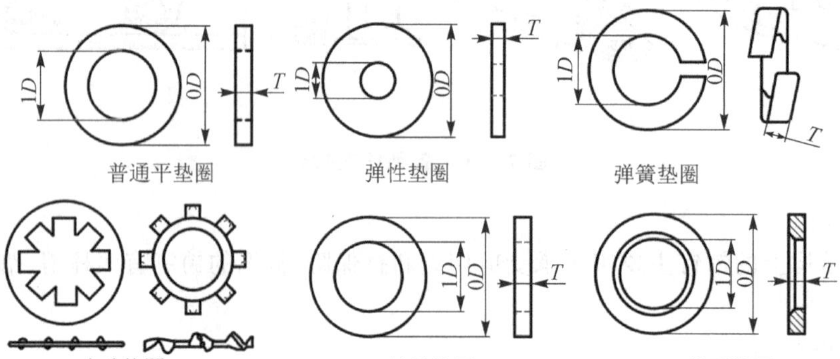

图 7-14 各种形式的垫圈

7.2.2　紧固件拆装

1. 紧固件一般拆装

(1) 螺母和螺栓的拆装步骤

① 注意检查螺母保险是否拆除，严禁在未拆除保险状况下拧动螺母；

② 根据螺母尺寸和操作空间大小选用开口、梅花、套筒或特种扳手，优先选梅花扳手；

③ 将一个扳手按正确位置卡在螺母上(见图7－15)，另一个扳手卡住螺栓头(见图7－16)；

④ 按照螺纹方向拧动扳手，先用扳手拧松，再用手拧下螺母；

⑤ 若螺纹太紧无法拧动，确认螺栓规格型号后，可以用冲子冲螺栓的方法拆除，如图7－17所示。

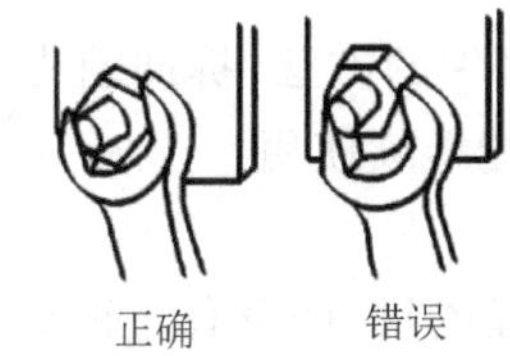

图7－15　扳手位置正误比较

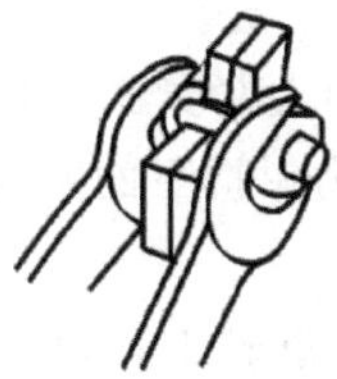

图7－16　拆装螺栓

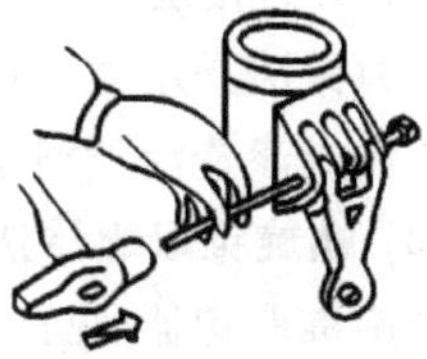

图7－17　用冲子冲螺栓

(2) 螺钉拆装步骤

① 选择合适的一字螺丝刀或十字螺丝刀，如图7－18所示。拆装一字螺钉时，螺丝刀刀口不能过窄或过薄，否则易损坏螺钉凹槽；过宽则会损伤机件的表面；拆装十字螺钉时，螺丝刀刀口的锥度适中，否则容易损坏螺钉槽。工作时，禁止使用一字螺丝刀代替十字螺丝刀。

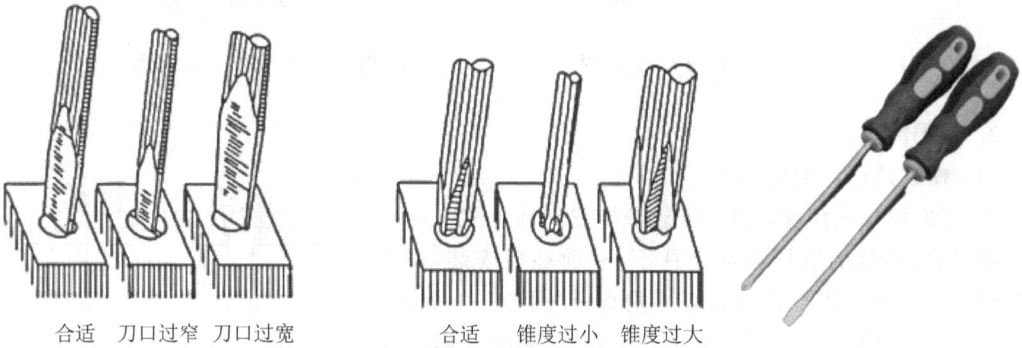

图7－18　螺丝刀的选择

② 使螺丝刀中心线与螺钉中心线重合，用力向下压紧螺丝刀，防止拧转时螺丝刀滑脱；

③ 施加合适的扭转力，按螺纹旋向转动螺丝刀，待螺钉松动后，用手拧下螺钉。

④ 如果螺钉太紧无法拧动，可先加入煤油、除锈剂、松动剂使锈层松动后再拆卸，也可用榔头轻振零件或使用冲击解刀，但要避免敲坏零件。

⑤ 装螺钉时，先用手将螺钉拧上，然后用螺丝刀拧紧，直到螺钉与机件、蒙皮平齐，严禁一开始就用螺丝刀拧紧，防止因没对准螺纹而损伤机件。

2. 紧固件特殊拆卸

(1) 振动拆卸法

振动拆卸法是用塑料榔头或气动铆枪振动拆卸紧固件的方法。拆卸前先在紧固件中加入少许润滑油或渗透液浸泡一定时间;拆卸时不能对零部件进行敲击。因该方法很可能会对零部件造成不必要的损伤,所以要求操作者具备一定钳工技术和钣金工作经验。

(2) 压板拆卸法

压板拆卸法是利用飞行器本身的结构孔用压板将拆卸工具与紧固件紧密咬合,使拆卸工具在拆卸过程中不易滑脱,从而拆卸一些难拆卸的紧固件。拆卸前先用少许润滑油或渗透液浸泡紧固件一定时间,压板拆卸法所用的压板压力较大,为了防止零件结构遭到破坏,此方法不能用于薄壁结构。

(3) 大力钳法

大力钳法是用大力钳(见图 7-19)夹紧紧固件拆卸已打滑紧固件的方法,拆卸前先用少许润滑油或渗透液浸泡紧固件。用大力钳拆下的紧固件应报废,不能继续使用。

(4) 螺旋锥取螺器法

螺旋锥取螺器(见图 7-20)为杆状旋转工具,其尖端为四棱或五棱状,杆身有与钻头旋向相反的螺旋槽,尾部通过四方头结构与板杆连接。使用时用小于螺桩直径的钻头在螺桩断口钻孔,然后把取螺器敲入孔内,旋转取螺器,在棱尖和螺旋槽与孔壁的摩擦作用下取下螺桩。

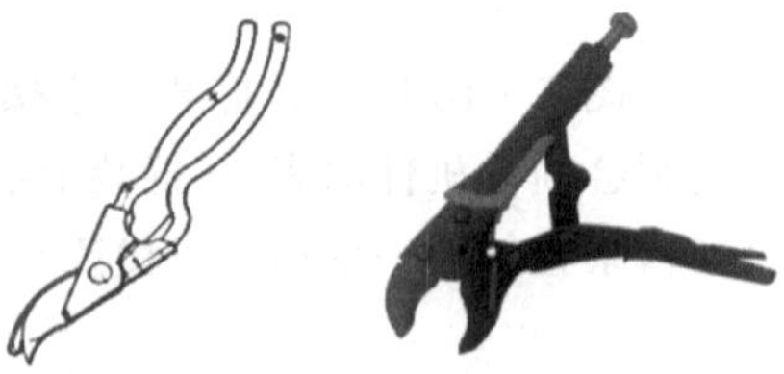

图 7-19 大力钳

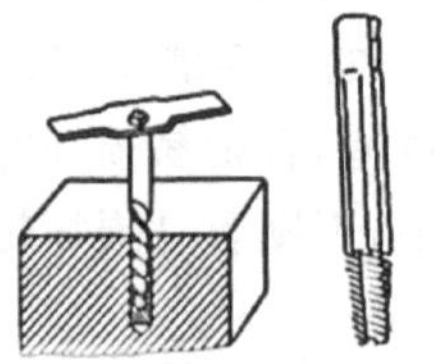

图 7-20 螺旋锥取螺器

3. 紧固件安装

(1) 螺纹紧固件装配要点

① 根据要求领用紧固件,确定安装方向和方式。除特别说明外,航空器的螺栓应从上往下、从前往后安装,安装时螺栓轴线必须与零部件安装表面垂直,如图 7-21 所示。

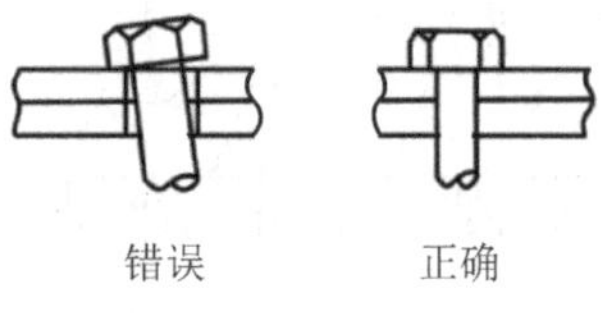

图 7-21 螺栓装配要点

② 安装前检查零件表面要光洁、平整,螺栓或螺母应完好,若有受损或自锁力不足应及时更换。

③ 紧固件装配时,按需对安装材料进行表面处理以防电化学腐蚀。若螺栓安装需要密封剂和防咬剂,则必须在安装垫圈之前进行。对螺栓、螺母进行润滑,如图 7-22 所示。通常螺栓和螺栓孔是松配合,可以轻松地用手装入;当用胶锤打入紧配合螺栓时,要检查孔是否校齐、孔径及螺栓尺寸是否正确。

④ 在拆装螺栓时,应尽量固定螺栓头、拧松螺母,因为固定螺母、拧松螺栓头可能会使孔壁或螺纹损坏。

⑤ 在旋紧螺母时,应先用手将螺母带上牙后再用工具紧固,如果一开始就感觉很紧,则可能是位置不正确,必须旋松再重新安装。

⑥ 拧紧成组螺母时须按照正确的顺序，如图 7－23 所示。

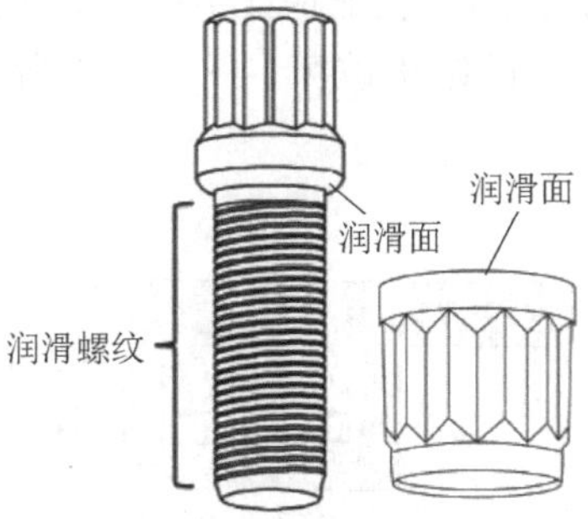

图 7－22　紧固件的润滑

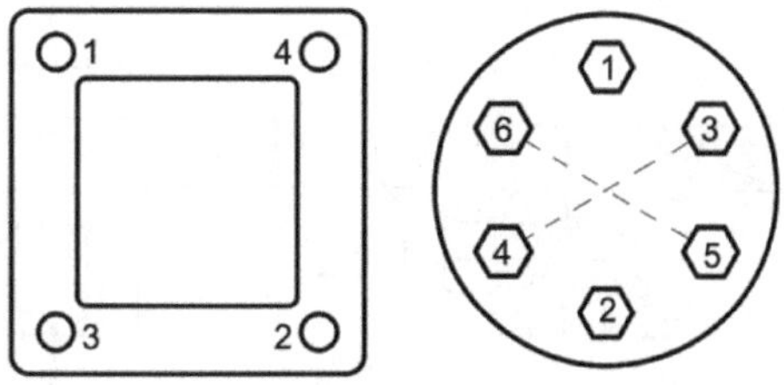

图 7－23　紧固件的拧紧顺序

⑦ 航空器上的螺纹紧固件都有力矩要求，规定的力矩值是指加在螺母上的力矩值。磅紧力矩后，应根据规定采用防松装置或防松动标记。

⑧ 安装时严禁使用丝锥修理自锁螺母的螺纹。

(2) 对螺纹紧固件长度、直径的要求

① 螺栓的光杆长度应尽可能等于螺栓穿过的部件厚度，如果无法满足，可以选用略长螺栓且长出部分用垫片填满，如图 7－24 所示。调整垫片优先装在螺母一边，后考虑加在螺栓头，连接时不得超过 3 片(不包括埋头凹槽的垫片)。

② 螺母拧紧后，螺纹牙凸出量不能太少也不能太多，如图 7－25 所示。

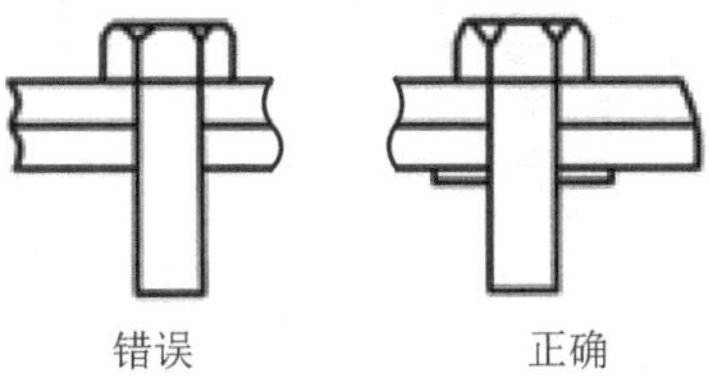

图 7－24　调整垫片的安装

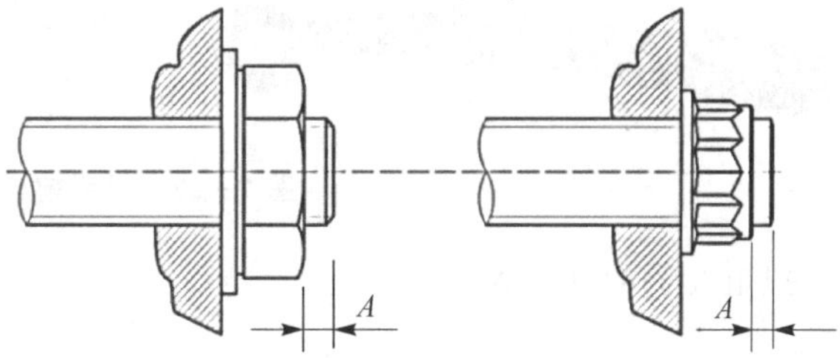

图 7－25　螺纹牙凸出量

③ 螺栓头有倒圆角时，应在螺栓头下面加有埋头凹槽的垫片，且凹槽对着螺栓。连接不同材料的部件时使用不同材料的垫片，例如：在连接铝(镁)部件时，必须使用铝制垫片以防金属间腐蚀。

④ 在航空器结构上，不得使用直径小于 3/16 in 的合金钢螺栓或直径小于 1/4 in 的铝合金螺栓。

4. 紧固件装配力矩

(1) 装配力矩

航空器在高速运动时会对各结构件产生较大的作用力，各连接结构件必须按照设计强度承受相应的载荷，既不能过载也不能欠载，否则会影响结构连接强度和整体稳定性。因此，必须严格控制螺栓、螺母、螺钉等紧固件的装配力，才能保证整个结构单元的负载得到合理分配和安全传递。螺杆力矩过小，会导致螺纹及螺杆承受拉力过大而失效；螺杆力矩过大，会导致内嵌的钢丝螺套破坏内螺纹,使整个螺桩从螺纹孔脱出;反之,螺杆或螺桩力矩不足,会导致结合面振动或疲劳失效。因此,紧固件装配时需使用合适的力矩,不仅能保证结构件的连接达到设计强度,而且还可以在很大程度上降低因材料疲劳而产生的结构破坏。图 7-26 所示为装配力矩的三种情况。

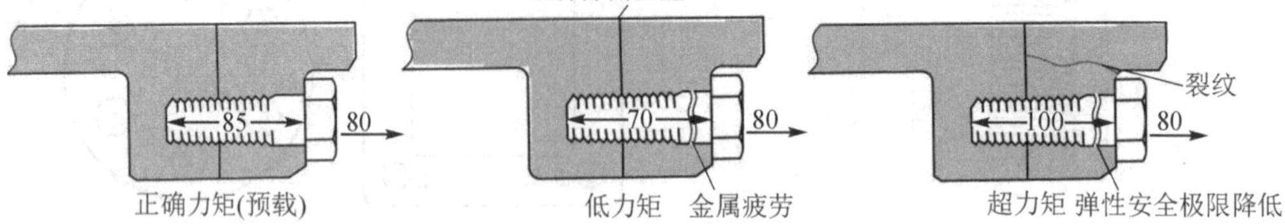

图 7-26 装配力矩(图里的裂纹组合件分离位置看不到)

装配力矩的计算公式为

$$T = F \times L$$

式中:T 为力矩;L 为扭转点中心线与作用力中心线之间的垂直距离;F 为作用力。

(2) 装配力矩值修正计算

用加长杆磅紧力矩时,应注意重新计算设定的力矩值。若使用的加长扳手(杆)与施力杆不在一条直线上,则要计算出与磅表处于同一直线段的长度,如图 7-27 所示。

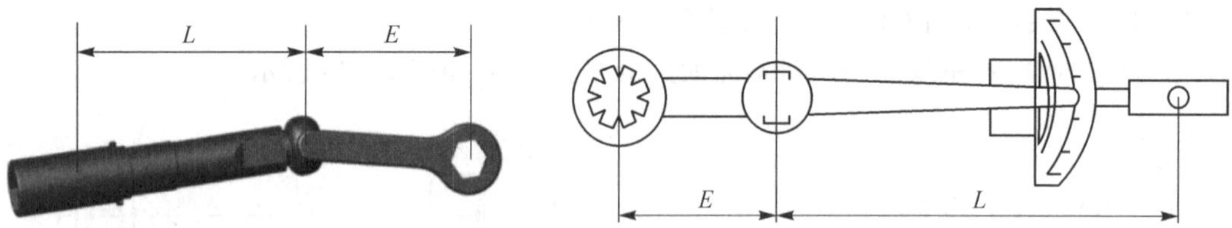

图 7-27 扳手前连接加力杆

扭矩扳手的读数为

$$R = \frac{L \cdot T}{L + E}$$

式中:T 为零件上所需的真实扭矩;E 为加长杆或转接器的有效长度;L 为扭矩扳手的有效长度。

(3) 力矩扳手使用注意事项

① 力矩扳手必须定期校准,使用前检查力矩扳手的计量日期、计量单位和计量量程。

② 检查外表有无损坏,指针是否能灵活转动。

③ 力矩工具属于测量工具,要轻拿轻放。力矩扳手不能乱扔,不能用榔头敲击扳手,不要将其当扳手使用。

④ 对于指针式力矩扳手要检查指针位置。

⑤ 使用的力矩值,处于力矩扳手的量程中间,以减小误差。

⑥ 不同的力矩扳手其加长力臂是专用的,不能混用。

⑦ 使用力矩扳手前,紧固件的拧紧度不超过标准力矩值的 70%。

⑧ 单手握力矩扳手,在平面内用力,拧紧动作要柔和,确保静态加载到要求的力矩值。

⑨ 没有特殊的要求时，不要用万向头磅力矩。

⑩ 不允许用一把力矩扳手校验另一把力矩扳手。

⑪ 使用完力矩扳手后，应将力矩调节到最小刻度处。

⑫ 力矩扳手只能用来磅紧，不能用于拆卸紧固件。

(4) 力矩值的确定方法

① 工作单中标明的力矩。

② 安装程序中或维护工作项目中给出的安装力矩，可以直接使用。

③ 部件上标注的力矩。

④ 紧固件标准力矩，如表7-2所列为某型号波音飞机的扭矩表。根据扭矩表可以查出该型飞机的部分螺栓、螺母在不同尺寸和不同安装形式时要求的扭矩值。

表7-2 波音某型号飞机的扭矩表

NUTPART NO. (螺母零件编号)	BACN10HC，BACH10HR，BACN10JG		BACN10B，BACN10GW，BACN10JA，BACNlOJD，BACNlORM，BACN10JB，NAS577(7/16THRU l-1/40NLY)	
BOLTPART NO. (螺栓零件编号)	BACB30MT，BACB30NG，BACB30NH，BACB30TR，BACB30US		BACB30EM，BACB30FD，BACB30LE，BACB30PN，BACB30NE，BACB30LM，BACB30NM，BACB30LN，BACB30NS，BACB30EM，BACB30LP，BACB30LU，BACB30LR，BACB30MS，BACB30NN，NAS6603～NAS6620，NAS6703～NAS6720	
FASTENER DIAMETER AND THREAD SIZE (紧固件直径-螺纹尺寸)	NUT TIGHTENING TORQUE RANGE(POUND-INCH) (螺母拧紧力矩值/(lb·in)*)			
	DRY BOLT (干螺栓)	LUBRICATED BOLT (润滑螺栓)	DRY BOLT (干螺栓)	LUBRICATED BOLT (润滑螺栓)
10-23			30～33	20～25
1/4-28	90～125	70～80	65～100	50～75
5/16-24	180～250	145～180	130～200	90～125
3/8-24	300～500	275～330	220～410	150～250
7/16-20	510～840	370～440	370～690	260～425
1/2-20	870～1 300	500～575	630～1 070	440～650
9/16-18	1 300～1 800	800～1 000	1 000～1 470	700～920
5/8-18	1 900～2 300	1 350～1 650	1 400～1 900	1 000～1 200
3/4-16	3 300～4 300	2 800～3 300	2 400～3 500	1 700～2 150
7/8-14	5 100～6 700	3 900～4 500	3 700～5 500	2 600～3 400

* 1 lb=0.453 kg。

续表 7－2

FASTENER DIAMETER AND THREAD SIZE（紧固件直径-螺纹尺寸）	NUT TIGHTENING TORQUE RANGE(POUND－INCH)（螺母拧紧力矩值/(lb·in)）			
	DRY BOLT（干螺栓）	LUBRICATED BOLT（润滑螺栓）	DRY BOLT（干螺栓）	LUBRICATED BOLT（润滑螺栓）
1－12or1－14	7 000～10 900	6 200～7 000	5 100～6 900	3 600～5 500
1－1/8－12	9 500～13 000	8 300～9 400	6 900～1 070	4 900～6 700
1－1/4－12	15 800～19 200	11 000～12 000	11 500～15 700	7 500～9 700
1－3/8－12	20 000～24 000	16 000～17 000		
1－1/2－12				

7.2.3 紧固件保险

使用航空器紧固件，除规定拧紧力矩外，还要求采取保险措施防止其松动。

紧固件保险可分为摩擦类和机械类两类。摩擦类保险有弹簧垫圈、双螺母、自锁螺母、自锁垫圈等；机械类保险有保险丝、保险钢索、开口销、锁片（保险片）、弹簧卡环、卡簧（别针式）等。

1. 摩擦类保险

摩擦类保险是指通过增加螺纹间的摩擦力来防止紧固件松动。

(1) 弹簧垫圈保险

弹簧垫圈（见图 7－28）一般用于受力不大的部件上，靠弹簧的弹性形变产生的回复力，增大螺纹间的自锁力达到保险目的。由于弹簧垫圈可以重复使用，所以安装前要检查弹簧垫圈是否完好，且没有被压平。因弹簧垫圈是不平整的，所以弹簧垫圈与部件之间应该安装平垫圈，以保证部件受力均匀，并防止弹簧划伤部件。

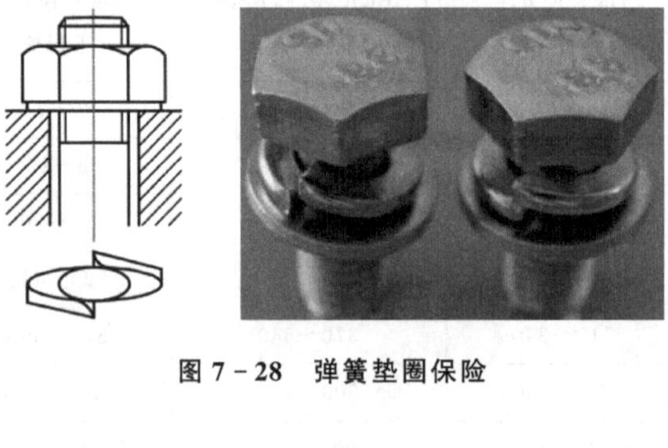

图 7－28　弹簧垫圈保险

(2) 自锁螺母

自锁螺母（见图 7－29）主要用于轴承件和操纵钢索滑轮的固定，安装一般附件、检查口盖以及某些发动机零附件等。自锁螺母可以在强振动环境下使用，并保持不松动，但不能用在受扭矩作用的部位，否则可能使螺栓或螺母发生转动。

自锁螺纹按使用环境可分为低温自锁螺母（见图 7－30(a)）、抗剪型低温自锁螺母（见图 7－30(b)）和高温自锁螺母（见图 7－30(c)）。

① 低温自锁螺母俗称橡皮头螺母，用于温度不高于 250 ℉的环境。螺母顶部插入一个纤维或塑胶环而得名，弹性环上没有螺纹，内径比之配合的螺纹略小。弹性环质地坚韧、耐用，不受水、油和溶剂的影响，也不会对螺栓的螺纹及表面镀层造成影响。

② 抗剪型自锁螺母与低温自锁螺母相似，只是较薄一些。这种螺母用于仅有剪应力的部位，和螺栓杆上无孔的轴销螺栓配合使用。

③ 高温自锁螺母用于温度高于 250 ℉的部位。此类螺母是全金属的，有承载螺纹和锁紧螺纹两部分。锁紧螺纹位于螺母顶部，锁紧方式有多种：一种是将螺母顶段开出槽缝，再挤压闭合使锁紧螺纹的直径比承载螺纹的直径略小，当螺栓拧入锁紧螺纹时槽缝被撑开，螺母变形产生的作用力使其与螺栓夹紧，防止松动。另一种是将锁紧螺纹孔挤压成椭圆状，当螺栓拧入锁紧螺纹时螺纹孔由椭圆变成圆形，在变形力的作用下螺母夹紧螺栓实现自锁。

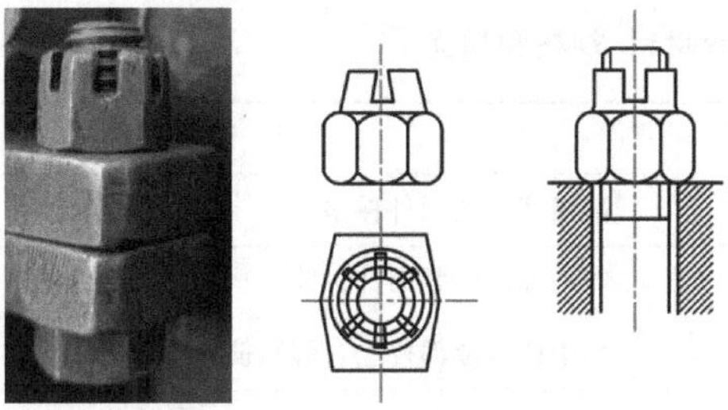

图 7-29 自锁螺母保险

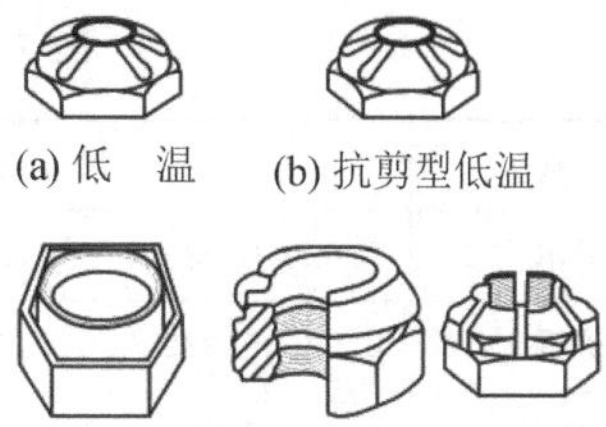

图 7-30 自锁螺母

(3) 双螺母保险

双螺母保险如图 7-31 所示，其中下螺母为紧固螺母，上螺母为保险。当紧固螺母拧紧到位后，用扳手固定不能再转动，再在其上拧一个保险螺母，拧紧后两螺母互相压紧使中间螺杆部分被拉伸，增大螺纹摩擦力从而实现锁紧。双螺母保险用于受力较大或紧固件需保持在某一特定位置的部位，如散热器吊带处，其比弹簧垫圈受力大，比开口销式螺栓定位灵活。

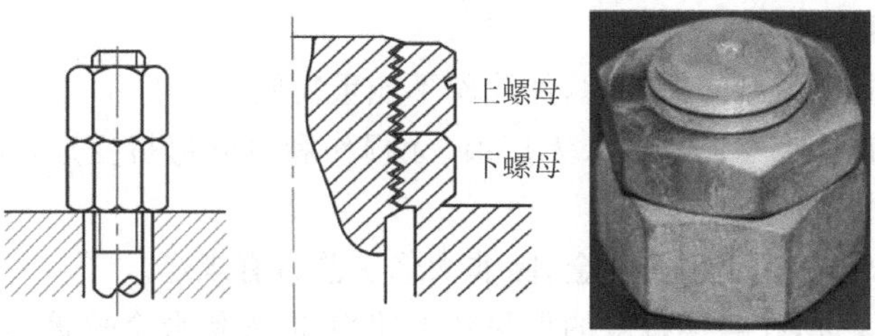

图 7-31 双螺母保险

(4) 自锁垫圈(内花、外花保险圈)

自锁垫圈如图 7-32 所示，其内圈或外圈上有很多舌片，借助螺母或螺钉将其压紧后的弹性变形增加摩擦阻力实现锁紧。此类垫圈用于不能安装自锁螺母或槽顶螺母的场合，与机械螺钉和螺栓配合使用。

2. 机械类保险——保险丝保险

机械类保险是通过机械手段限制螺纹紧固件的相对运动，种类有很多，其中保险丝保险是航空器维修使用最多的保险形式，因使用灵活、方便而受到广泛应用。其原理是用保险丝将两

图 7-32 自锁垫圈

个或两个以上的点串联在一起，使它们相互牵制，任意点的活动都会受到其他点的限制，达到防松的目的。

(1) 材 料

常见航空器保险丝的材料、规格和用途如表 7-3 所列。

表 7-3 保险丝材料、规格和用途

材 料	尺寸/in	用 途
蒙耐尔	0.020,0.032,0.040,0.051,0.091	高温区的紧固件保险
不锈钢	0.020,0.032,0.040,0.051,0.091	非高温区的紧固件保险
铝合金(5056)	0.020,0.032,0.040,0.051,0.091	用于镁合金部件上，保险、防电化腐蚀
铜	0.020	用于应急设备、保护盖、灭火瓶、急救箱、应急活门、电门等

(2) 保险丝的件号含义

以 MS20995 XX 40 件号为例来说明：

MS20995——保险丝家族(或厂家编码标准)；

XX——C(不锈钢)，NC(蒙耐尔合金)，CY(铜)，N(镍铬铁合金)；

40——保险丝直径为 0.040 in。

(3) 保险丝使用的基本规则

① 每次打保险必须用新的保险丝，保险丝不能重复使用。

② 使用前应检查保险丝：无腐蚀、无压痕、无损伤和急剧弯折变形，编结段不得有任何损伤(否则会因振动断裂)。

③ 保险丝按 MS20995 使用镍合金，除非大修工艺另有规定。

④ 为防止电位腐蚀，在与镁接触的保险丝上使用 5056 铝合金覆盖层。

⑤ 防腐和防热的保险钢索仅当大修说明允许时可作为保险丝的替代品。这些说明只允许保险钢索安装在直径小于或等于 0.250 in 的螺栓和螺钉上，其头部中央有钻通的孔。保险钢索不能安装在六角头角边有钻孔的紧固件上。

⑥ 保险丝、保险钢索拆下后不能再继续使用。

⑦ 保险丝结尾长度打 3～6 个花(保险丝直径小于 0.032 in)，向后或向下打弯以保护保险丝的端部并使其不能钩住其他东西。

(4) 保险丝力矩注意事项

① 用保险丝锁定零件的力矩，在用保险丝锁定零件前，必须正确地选择磅紧紧固件的力矩；

② 拧紧力矩时正确对准保险丝孔；

③ 在对准保险丝孔时，不得降低或增加零件的力矩。

(5) 单股保险丝的应用及注意事项

① 常用于窄小空间内闭环结构、电子系统上的零件和不适用双股保险经常拆卸的地方。

② 单股保险应使用能通过保险孔的最大标准尺寸的保险丝。

③ 用单股保险丝串联时要注意保险丝穿孔时的走向，即保证当螺钉、螺母开始松动时，封闭的保险丝圈将受力阻止松动(见图 7-33)。这种串联的螺钉数以保险丝长 24 in(609 mm)为限。

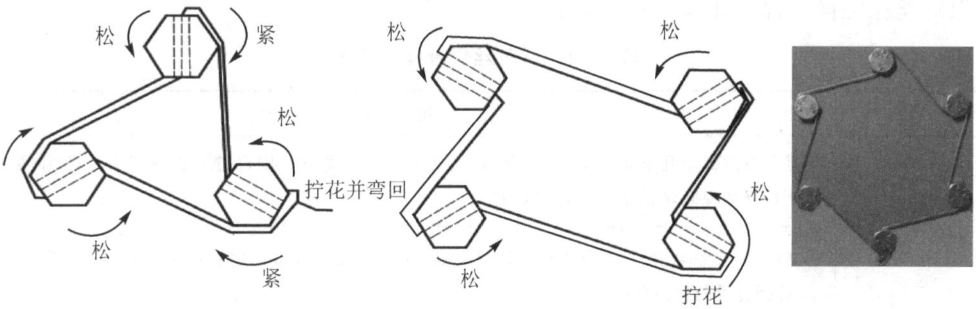

图 7-33　单股保险

④ 单股保险丝结尾长度应在 1/4～1/2 in，要求不少于 4 个花。

(6) 双股保险丝的应用

① 除非大修说明中有规定，否则所有保险丝均需用双股方法。

② 对于直径大于或等于 0.032 in 的保险丝，保险丝直径必须占其将穿过孔径的 1/3～3/4。

③ 直径 0.020 in 的保险丝能用于直径 0.045 in 的保险丝孔或更小的装置上，或者是零件相距小于 2 in 且保险丝孔直径为 0.045～0.062 in 的场合。

④ 对多组紧固件，如果各紧固件间隔在 4～6 in，同一根保险丝上的紧固件不能超过 3 个；如果紧固件之间间隔大于 6 in，则不能把它们串在一起打保险；如果紧固件之间间隔小于4 in，最长允许使用一根 24 in 的保险丝将不多于 4 个紧固件连在一起打保险。

(7) 保险丝保险施工方法

保险丝保险施工方法常用保险钳编花，安装过程中要求保险丝不能有损伤、扭曲或损坏，但扭转保险丝时由保险钳造成的擦伤是允许的。操作时应确保保险钳夹紧面的边缘有足够大的圆角，以防损伤保险丝。

1) 工　具

护目镜——用于安全防护；

剪钳(斜口钳)——用于剪断保险丝；

鸭嘴钳或尖嘴钳——用于拧弯和弯折保险丝；

保险钳——如图 7-34 所示，一种专用工具，它集剪钳和鸭嘴钳的功能于一身，并且可以自动扭编结，打出来的编结均匀美观。

图 7-34　保险钳

2）操作程序

保险丝保险操作程序如表 7-4 所列。

表 7-4　保险丝保险操作程序

程序名称	程序内容
准备工作	确保所有的保险孔都是可用的(没有堵塞、变形)；确保螺纹紧固件拧紧到规定力矩范围；再次确定所选择的保险丝是新的且是完好的
实施	① 剪切一段保险丝，长度应该在预计要实施的保险长度的 1.5～2 倍，若不能确定可适当加长。 ② 选择合适的保险丝孔。 ③ 将保险丝穿入第一个螺栓保险孔，绕螺栓头后打折，用孔出口的一头压住绕螺栓头的另一头(穿线压绕线)。 ④ 用保险丝钳夹取合适的长度进行拧花，编花的密度根据保险丝的直径查表得出。 ⑤ 保险丝的捻绕处与任何零件的保险丝孔距离应在 1/8 in 以内。 ⑥ 对准第二个螺栓的保险孔插入保险丝，用保险钳夹住保险丝的末端并拉直。 ⑦ 用孔出口的一头压住绕螺栓头的另一头(穿线压绕线)。 ⑧ 夹紧保险丝的松脱部分并逆时针方向扭转保险丝末端直到紧固。 ⑨ 留 3～5 个编花作为收尾，剪去多余的保险丝。 ⑩ 收尾段顺保险丝的走向弯曲即可
检查	再次确认拆卸螺栓前拆除的旧保险及本次保险作业剪切下的保险丝头已经从航空器上清除；保险旋向正确(是将螺栓向紧的方向拉)；完成的保险没有损伤。在扭转保险丝时，由保险钳造成的擦伤是允许的

(8) 对螺栓、螺钉和螺桩打保险

① 安装的保险丝应保证穿过的紧固件在发生松动时能够被拉紧，且不通过保险孔的回线能绕过或跨过紧固件，但保险丝必须拧紧。如图 7-35 所示的典型保险丝安装，是针对右旋螺纹紧固件的，左旋螺纹紧固件则方向相反。

② 在保险丝保持拉伸的状态下，扭转保险丝直到螺旋的末端距紧固件的保险孔在 1/8 in 以内。为使保险丝充分拉伸，扭转时不能施加过多的应力，每英寸保险丝上施加的捻数应按表 7-5 所列进行。

表 7-5　编花的密度

保险丝直径/in	<0.019	0.019～0.026	0.023～0.042	0.043～0.065	>0.065
每英寸捻数	11～14	9～12	7～10	5～8	4～7

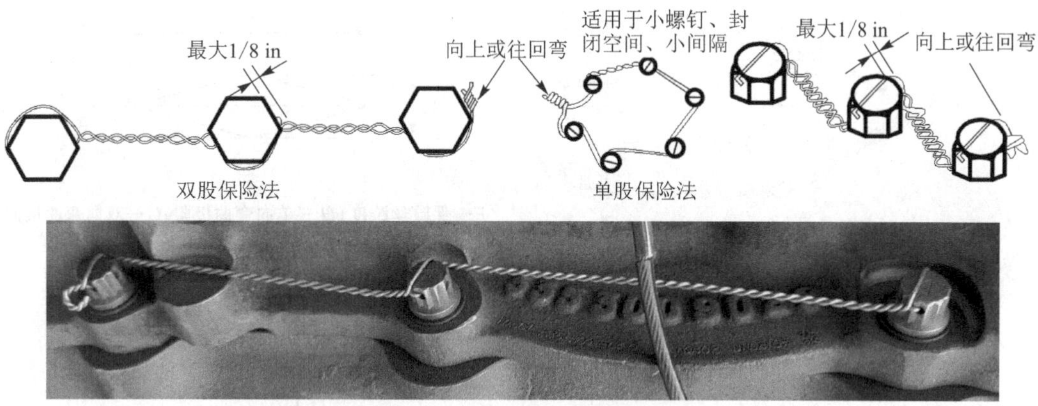

图 7-35　典型安装-右旋螺纹 1

注意：双股保险丝的一捻是指保险丝被扭转半圈时一根保险丝相对另一根的位置改变 180°，如图 7-36 所示。

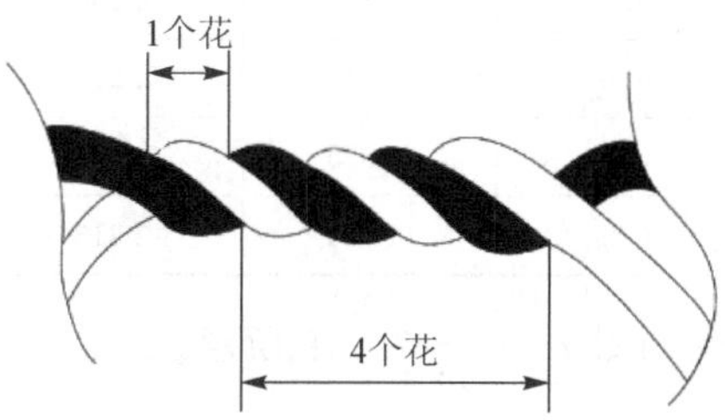

图 7-36　保险丝拧花详解

③ 对槽顶螺母，回线要沿着螺柱或绕过螺母，如图 7-37 所示。

注意：不要拧紧或松动螺母到超过它的规定力矩以安装保险丝。

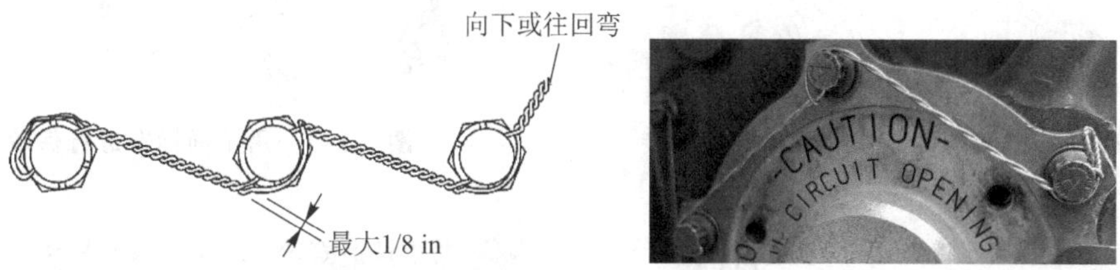

图 7-37　典型安装-右旋螺纹 2

④ 槽顶螺母打保险时，磅紧螺母到最小的规定力矩；如需要，再磅紧直到槽对准螺钉或螺柱的保险孔。

⑤ 若螺栓（如 NAS673 系列钛螺栓）的六角头平板钻有带角度的保险孔，按图 7-38 所示打保险丝。

⑥ 保险丝弯曲极限示意图如图 7-39 所示，其具体尺寸如表 7-6 所列。当手指轻压（大约 2 lb，1 lb＝0.453 592 4 kg）保险丝跨度中部时，保险丝弯曲尺寸不得大于图中规定的极限值。

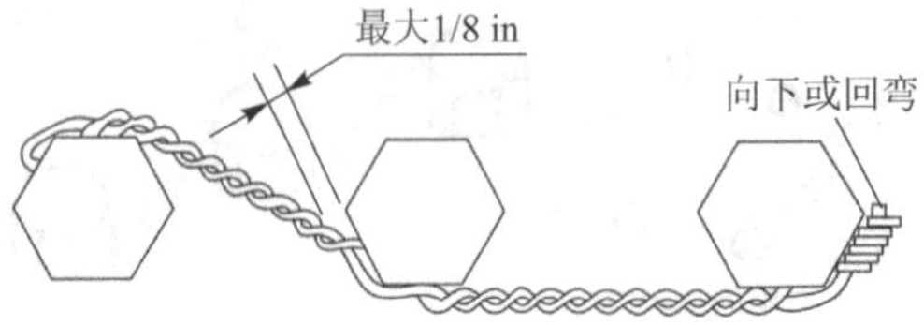

图 7-38 典型安装——右旋螺纹 3

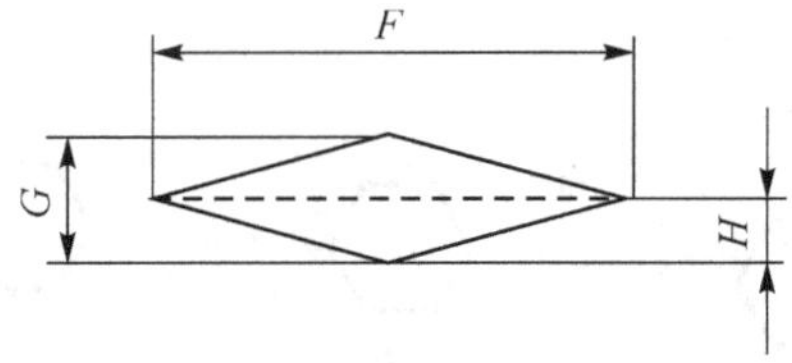

F—保险丝跨度;H—单向弯曲极限;G—双向弯曲极限

图 7-39 保险丝弯曲极限

表 7-6 保险丝弯曲极限尺寸

in

F	G	H
0.5	0.125	0.063
1.0	0.250	0.125
2.0	0.375	0.188
3.0	0.500	0.250
4.0	0.500	0.250
5.0	0.625	0.313
6.0	0.625	0.313

⑦ 保险丝保险的施工图例如图 7-40～7-48 所示。

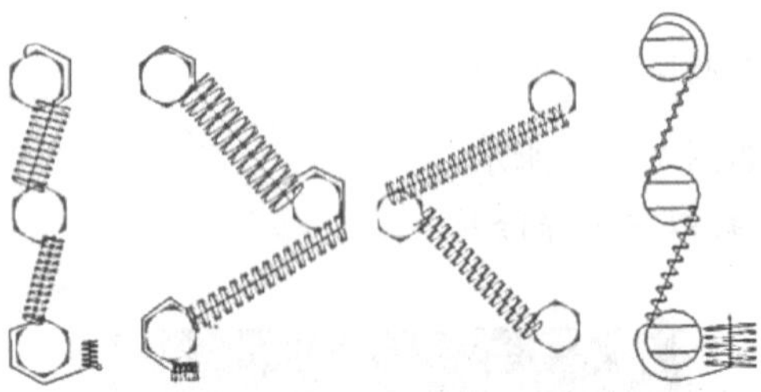

图 7-40 几种典型的双股保险丝的安装

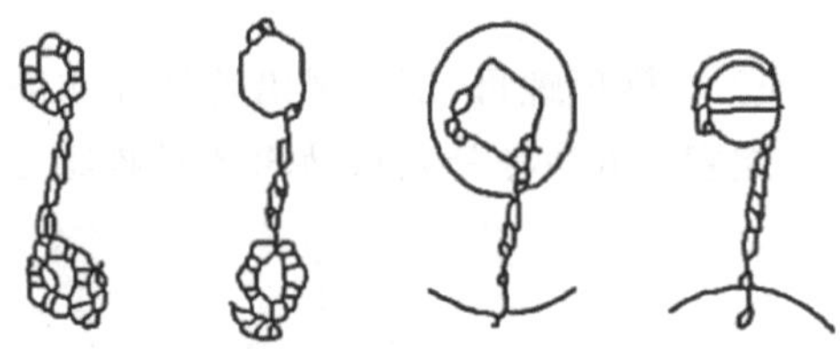

图 7-41 用不同标准进行保险丝锁定

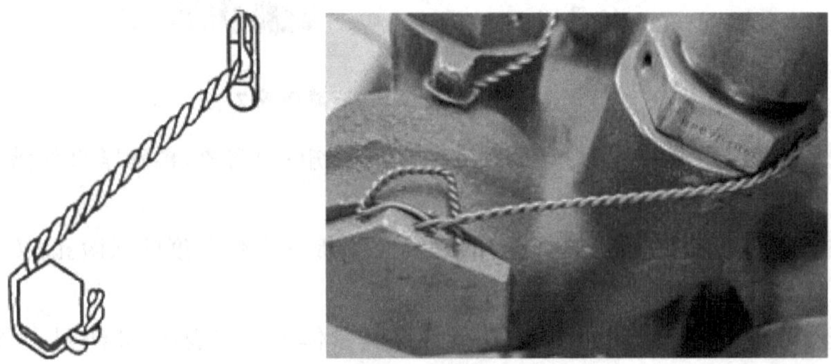

图 7-42 在不同平面上锁定螺栓(可以从任何一个螺栓开始打保险,只能按锁紧螺栓的方向)

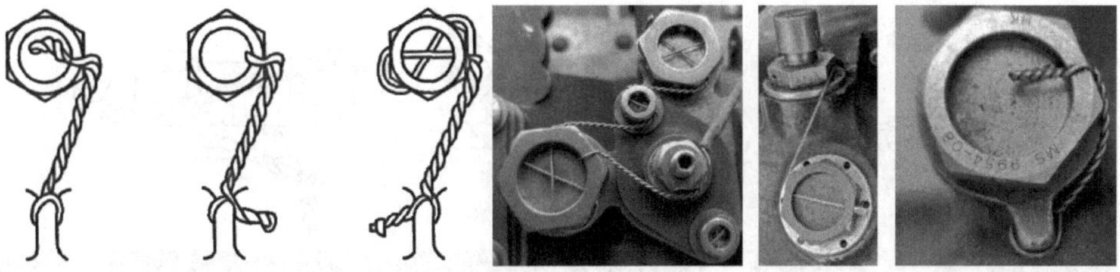

图 7 - 43　空心堵头打保险(须将保险丝末端弯向孔内,防止干涉和伤害在发动机上工作的人员)

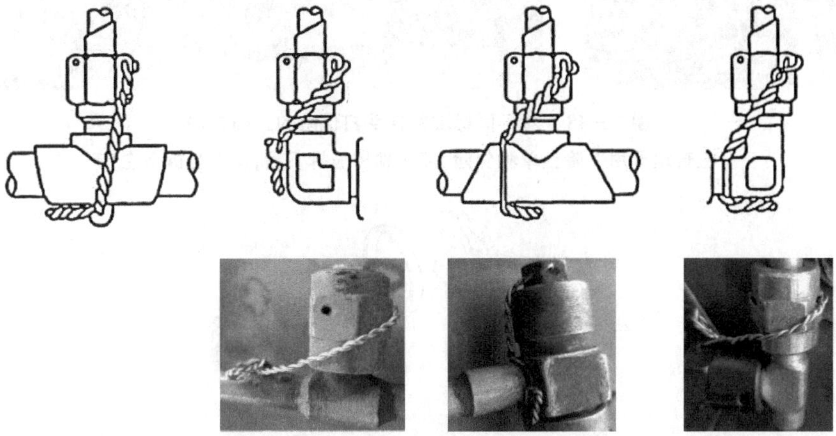

图 7 - 44　带保险凸耳的接头和无保险凸耳的接头必须按示例锁定
(可以从任何一个凸耳、接头或管螺母开始打保险,但应确保必须按接头紧锁的方向进行)

图 7 - 45　对所连接在直接头上且螺母六角头是接头整体的一部分的螺母进行锁紧
(确保按锁紧螺母方向打保险)

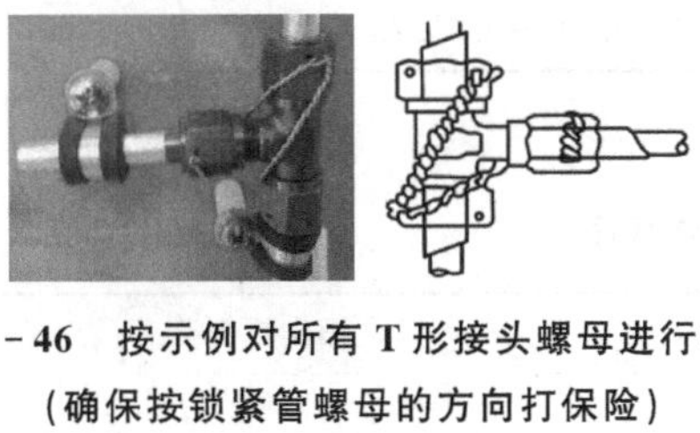

图 7 - 46　按示例对所有 T 形接头螺母进行锁紧
(确保按锁紧管螺母的方向打保险)

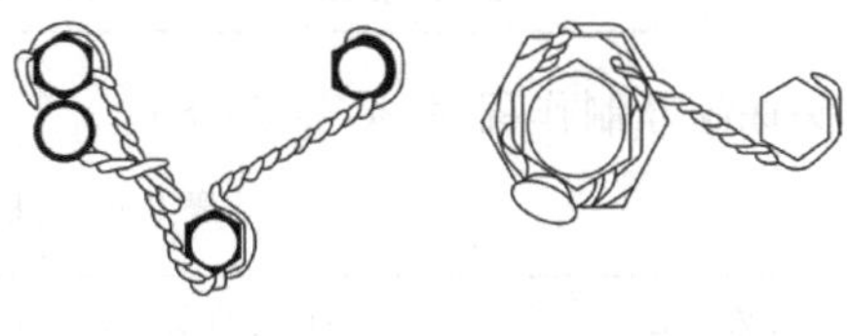

图 7 - 47　对重要的调整项目做铅封加以防护

(10) 插头保险丝制作概述

在航空器维修时,对于非自锁电器插头、处于非增压区的电器插头以及电门护盖等也需要进行保险丝防护,防止出现插头连接松脱或重要电门的误操作。

① 插头拆装工具(见图 7 - 49)。插头拆装应严格参照标准施工手册进行施工,应使用专用插头安全钳或皮带扳手拧紧或松开插头,严禁使用鹰嘴钳、克丝钳等工具安装插头。

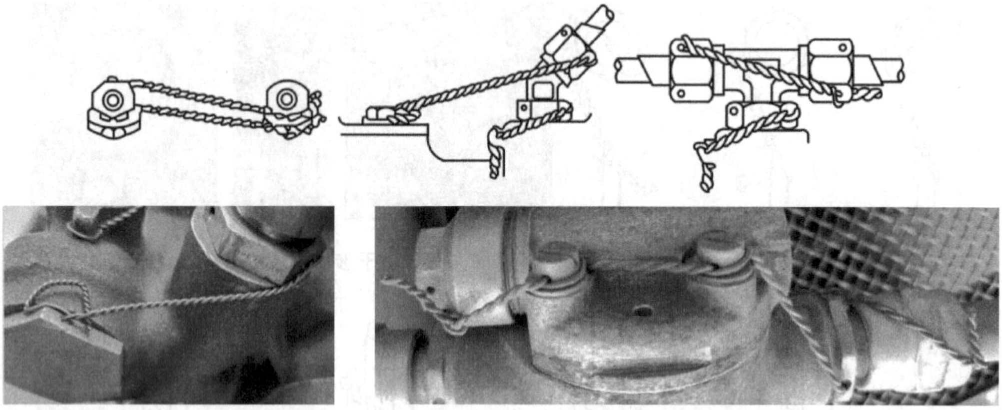

图 7-48　对不同标准的接头打保险的正确方法
(检查螺母用保险丝单独保险，接头螺母被拆下后，没必要拆下它)

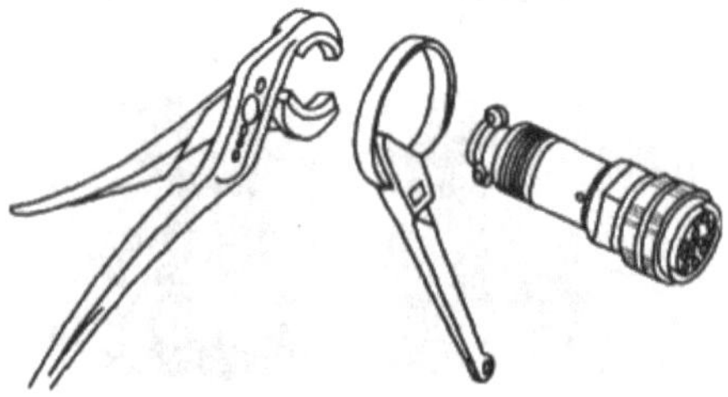

图 7-49　拆装插头的工具图

② 保险丝制作工具(见图 7-33)。

③ 常用工具和器材(见表 7-7)。

表 7-7　常用工具和器材

机　型 工具、保险丝	波　音	空　客
常用保险丝制作工具	GA311C	BELZERVANEXTRA2855
常用保险丝	0.020 in 保险丝	0.020～0.032 in 保险丝

插头保险丝制作程序(见表 7-8)。

表 7-8　插头保险制作程序

步　骤	内　容	制作方法及注意事项	操作图例
1	插入保险丝	(1) 插入保险丝前，须将插头拧紧固定好； (2) 根据插头保险丝孔的直径选择相应的保险丝，常用 0.020 in 不锈钢保险丝； (3) 禁止重复使用保险丝，保险丝只允许使用一次	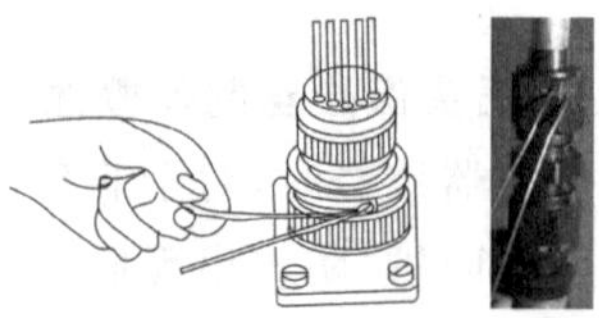

续表 7-8

步 骤	内 容	制作方法及注意事项	操作图例
2	保险丝编花	(1) 禁止过度编花，保险丝编花数由保险丝直径决定，直径为 0.020 in 的保险丝，每英寸一般编花 9～12 个； (2) 编制过程中注意编花方向，保险丝的编制方向应能限制插头的逆时针松锁，防止插头的脱开	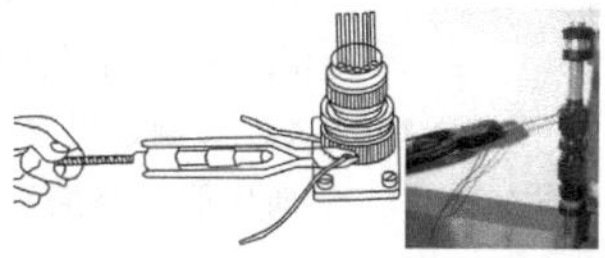
3	插入保险丝	若保险丝固定于安装螺栓，保险丝必须紧密绕制于螺母周围，防止保险丝滑脱到螺母上方，造成松动。在保险丝末端可使用保险丝钳或等效工具拉紧保险丝	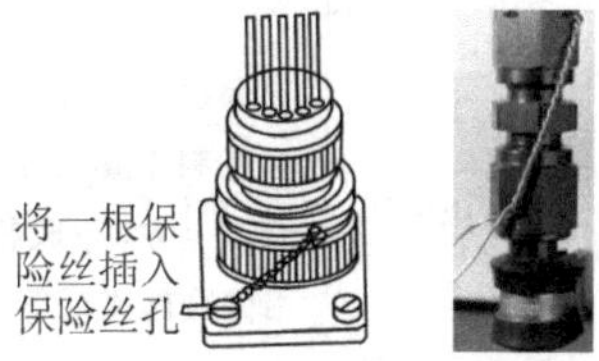
4	保险丝编花	同步骤 2	
5	切除多余的保险丝	保险丝编制完成，在保险丝根部保留 0.590 5 in (15 mm)	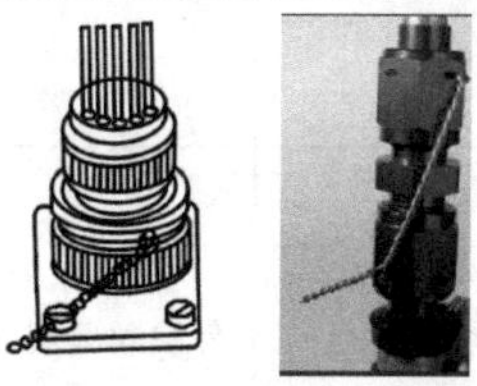
6	保险丝收头	(1) 露出的尾部保险丝弯曲，防止松动和对维护人员的伤害； (2) 检查保险丝制作的正确性，确保插头被安全固定	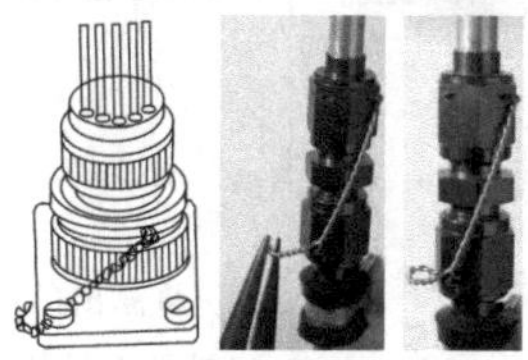

④ 保险丝的手工制作(见表 7-9)。

如果因工作区域空间的限制，保险丝钳无法使用时，需要维护人员采用手工编制的方法进行保险丝制作。

表 7-9 保险丝手工制作程序

步 骤	内 容	制作方法及注意事项	操作图例
1	插入保险丝	制作过程中可使用工具将保险丝拉紧进行手工编花	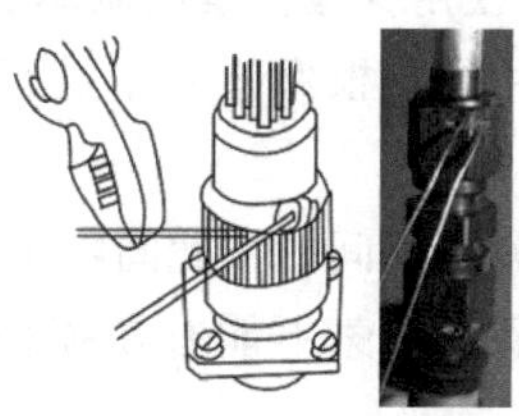

续表 7－9

步　骤	内　容	制作方法及注意事项	操作图例
2	手工编花	(1) 制作过程中需注意保持保险丝编花距离，保证编花均匀； (2) 编制过程注意编花方向，保险丝编制方向应能限制插头的逆时针松锁，防止插头脱开	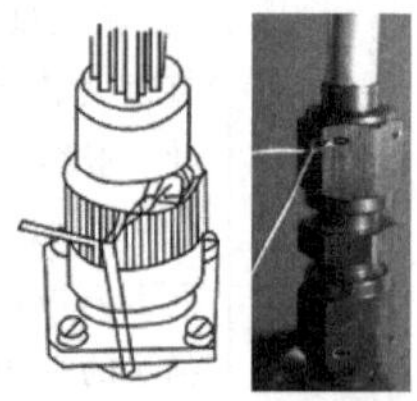
3	插入保险丝	若保险丝固定于安装螺栓，保险丝必须紧密绕制于螺母的周围，防止保险丝滑脱到螺母上方，造成松动。在保险丝末端可使用保险丝钳或等效工具拉紧保险丝	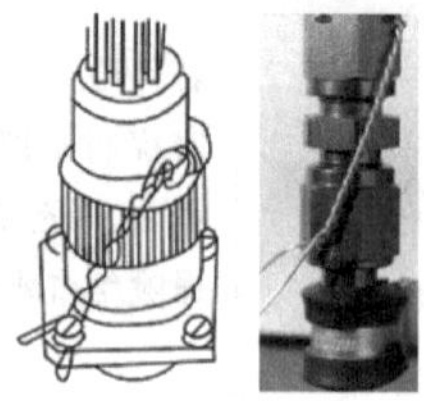
4	手工编花	同步骤 2	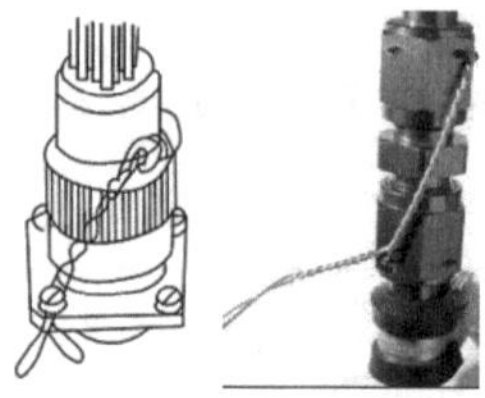
5	切除多余的保险丝	保险丝编制完成，在保险丝根部保留 0.590 5 in (15 mm)	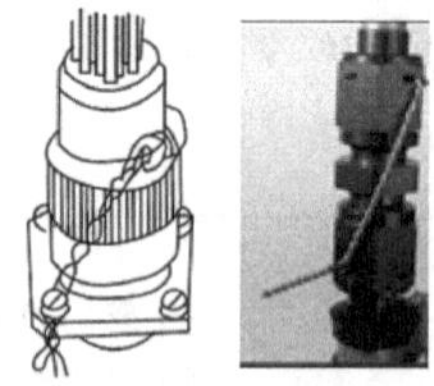
6	保险丝收头	(1) 将露出的尾部保险丝弯曲，防止松动和对维护人员的伤害； (2) 检查保险丝制作的正确性，确保插头被安全地固定	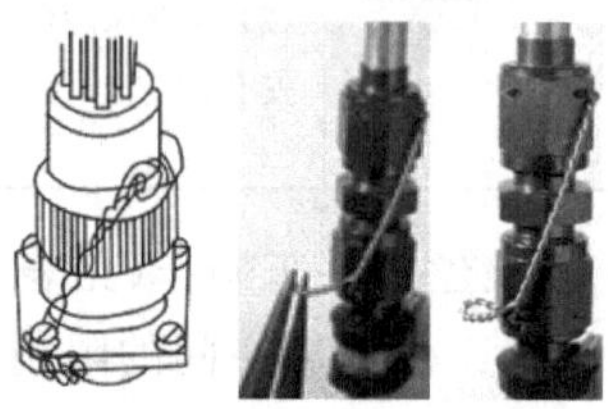

3. 机械类保险——保险钢索

保险钢索一般由如图 7－50 所示的工具制作。

(1) 使用保险钢索的基本原则

① 用同一根保险钢索进行保险的紧固件不超过 3 个。

② 紧固件间的彼此间隔不能超过 6 in。

③ 保险钢索不能有锐损伤、磨损、打结或是其他损伤。

④ 除了被拔具施加的拉伸外，保险钢索上不能

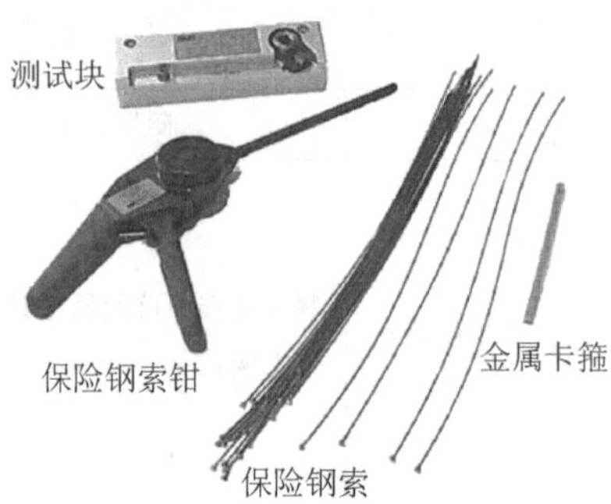

图 7－50　保险钢索制作工具

有其他类型的拉伸。

⑤ 如果大修说明没有规定尺寸，对最大孔径不超过 0.047 in 的孔，使用 0.030～0.034 in 直径的保险钢索；对最大孔径为 0.035 in 的孔，使用 0.020～0.026 in 直径的保险钢索。

(2) 保险丝与保险钢索替换标准

保险丝与保险钢索替换标准如表 7－10 所列。

表 7－10　保险丝与保险钢索替换标准

标　准	替换保险钢索直径	使用保险丝型号
1	0.020 in(0.508 mm)的保险钢索	AS3214－01
2	0.032 in(0.813 mm)的保险钢索	AS3214－02
注意：每次使用的保险钢索及锁块必须是新的，禁止重复使用和将钢索插入螺栓上的减轻孔内。		

(3) 保险钢索的安装程序

保险钢索的安装程序如表 7－11 所列。

表 7－11　保险钢索安装程序

程序名称	程序内容
① 孔对正	不能为了对正保险钢索的孔而增加或减少已施加在零件上的正确力矩
② 相邻零件	➢ 安装保险钢索使紧固件没有松脱的倾向； ➢ 保险钢索并不是增加一种力矩，它是一种保险结构防止零件松脱； ➢ 当钢索穿过紧固件时的尖锐拐弯不超过 90°
③ 安装保险钢索后	从锁块突出一端剪断多余钢索。允许剩余钢索最长为 0.031 in (0.787 mm)
④ 钢索的柔性极限	在钢索两拉紧点的中部，用手指施以大约 2 lb (8.9 N)力时的最大柔性极限为钢索的柔性极限，如图 7－51 所示
⑤ 用保险钢索对螺栓、螺钉和螺桩打保险	安装保险钢索使紧固件要松动时其能被拉紧。左、右旋螺纹件保险方向相反。保险钢索上压紧金属箍前，拉紧保险钢索，使安装工具施加正确拉伸

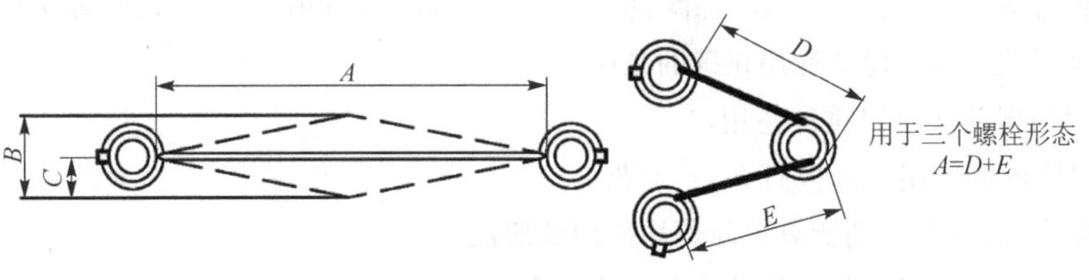

图 7－51　钢索的柔性极限

7.3　课后自测

1. 单选题

(1) 常用于发动机或振动较多部位的螺栓是(　　)。

A. 标准六角头螺栓　　B. 内六方头螺栓　　C. 发动机螺栓　　D. 埋头螺栓

(2) 以下关于紧固件装配力矩的说法错误的是(　　)。

A. 紧固件装配时必须使用合适的力矩

B. 螺杆力矩过大会导致钢丝螺套破坏内螺纹,使螺桩从螺纹孔脱出

C. 螺杆力矩不足会导致结合面振动或疲劳失效

D. 装配力矩的大小对结构连接强度和整体稳定性没有影响

(3) 以下关于装配力矩值的确定方法不正确的是(　　)。

A. 按照工作单中标明的力矩　　B. 按照部件上标注的力矩

C. 按照紧固件标准力矩表查表　　D. 凭个人感觉确定力矩

(4) 常见的摩擦类紧固件保险为弹簧垫圈、双螺母、自锁垫圈和(　　)。

A. 自锁螺母　　B. 保险丝　　C. 保险钢索　　D. 弹簧卡环

(5) 使用保险丝保险时,结尾应打(　　)个花。

A. 1～3　　B. 3～6

C. 5～8　　D. 根据保险丝长度确定

2. 多选题

(1) 航空螺钉按用途可分为(　　)。

A. 通用型螺钉　　B. 结构用螺钉　　C. 机械用螺钉　　D. 自攻型螺钉

(2) 紧固件的特殊拆卸法有(　　)。

A. 振动拆卸法　　B. 压板拆卸法　　C. 大力钳法　　D. 螺旋锥取螺器法

(3) 以下关于紧固件安装的说法正确的是(　　)。

A. 除非特别说明,航空器的螺栓应从上往下、从前往后安装

B. 若螺栓安装需要密封剂和防咬剂,则必须在安装垫圈之后进行

C. 安装时必须按照规定的力矩要求进行

D. 螺栓的光杆长度应尽可能等于螺栓穿过的部件厚度

(4) 常用的机械类紧固件保险有(　　)。

A. 保险丝　　B. 保险钢索　　C. 开口销　　D. 弹簧卡环

(5)以下关于保险丝的使用正确的是(　　)。

A. 旧的保险丝可以重复使用

B. 保险丝的结尾长度应打 3～6 个花

C. 除非有规定,否则所有保险丝均需用双股法

D. 扭转保险丝时由保险钳造成的擦伤是允许的

3. 简答题

(1) 螺母、螺栓拆装时的注意事项主要有哪些?

(2) 摩擦类紧固件保险有哪三种?各自的特点和适用场合是什么?

(3) 请简述保险丝的施工步骤。

7.4　阅读拓展

自从莱特兄弟在 1903 年发明第一架飞机开始，对飞机结构稳固性问题的研究和探讨就随之诞生。除了飞机结构方面的设计优化外，飞机紧固件也扮演着重要的角色。根据数据显示，波音 747 系列飞机大概有 600 多万个零件，在这些零件中，紧固件的比例就占了一半。因此，紧固件在施工时必须小心谨慎。请同学们扫码观看学习紧固件施工工艺。

典型紧固件施工工艺

7.5　素养拓展

千里之堤，溃于蚁穴；螺栓虽小，安全事大。这一桩桩由小小螺丝钉引发的航空安全事故警醒着我们，凡事无小事，在这样一个细节制胜的时代，任何一个常被忽视的小问题都可能导致一次危机，因此，无论在学习、生活还是工作中，我们都应该努力把小事情做对，才能保证把大事情做好。

任务8 开口销和保险片拆装工艺

8.1 任务卡

任务编号	8	任务名称	开口销和保险片拆装
学　时	6	工作区域	航空器综合维修实训室
参考资料	1.《职业技能培训 MES 系列教材》编委会. 职业技能培训 MES 系列教材·铆装钳工技能[M]. 3 版. 北京:航空工业出版社,2008. 2. 任仁良. 民用航空器维修基础系列教材·维修基本技能[M]. 北京:清华大学出版社,2010		
工作任务	1. 按图 1 所示,完成保险片拆装施工。  **图 1** 2. 按图 2 所示,完成开口销拆装施工  **图 2**		
工具设备	工具箱、橡胶榔头、力矩扳手、套筒扳手、铜/铝棒、工具盘和扁冲		
材　料	开口销 2.0×20,2.5×30		

续表

任务要求	1. 开口销的拆除： ① 使用尖嘴钳将开口销尾端尽量夹直； ② 使用尖嘴钳取出开口销； ③ 使用相应的开口扳手将螺母拆下。 2. 安装螺母和开口销： ① 螺母装入螺栓，对螺母按(20±5) N·m力矩磅紧。 ② 检查力矩的计量单位，计量量程；使力矩值处于量程的1/5～4/5之间。 ③ 对螺母按15 N·m的力矩磅紧，观察螺母上面的槽与螺杆上的孔是否对准，如对准，则可进行下一步操作。 ④ 如未对准则，则逐步增大磅紧力矩，使螺母上面的槽与螺杆上的孔对准。磅紧力矩最大不超过上限值，即25 N·m。 ⑤ 如磅紧力矩超过25 N·m还未使螺母上面的槽与螺杆上的孔对准，则视情况通过调整垫片的方法使其对准。 3. 选择规定孔径的开口销，插入螺杆孔内。 4. 确定开口销保险的方法。 ① 横向保险：将开口销插入孔内，把头部推到紧贴螺母槽口，将尾部沿螺母棱分开，用剪钳切除其在螺母外侧的多余部分。用扁冲将尾部打入螺母槽口内。 ② 纵向保险：将开口销插入孔内，把尾部沿螺杆的轴线分开，紧贴在螺杆端面和螺母上，螺杆端面尾端长度不超过螺杆直径的1/2，剪切多余部分。 5. 按照以上1、2、3、4的方法安装四个开口销保险
职业素养	1. 遵守国家法律和企业规章制度； 2. 诚信为本，按工艺文件操作，保证制造过程记录真实； 3. 爱岗敬业，积极参加岗位培训，主动学习并提高知识和技能水平； 4. 工作认真，有团队协作精神； 5. 自觉维护爱惜公共财物及配备的工具等； 6. 着装规范，符合规定，保持工作环境整洁有序，文明生产； 7. 清点工具和设备，数量足够； 8. 清扫现场； 9. 归还工具、耗材； 10. 在工具室归还登记簿上做好归还记录

8.2　知识准备

8.2.1　机械类保险——开口销保险

开口销保险分为纵向保险(见图8－1)和横向保险(见图8－2)，用于螺桩、螺栓、销子上。

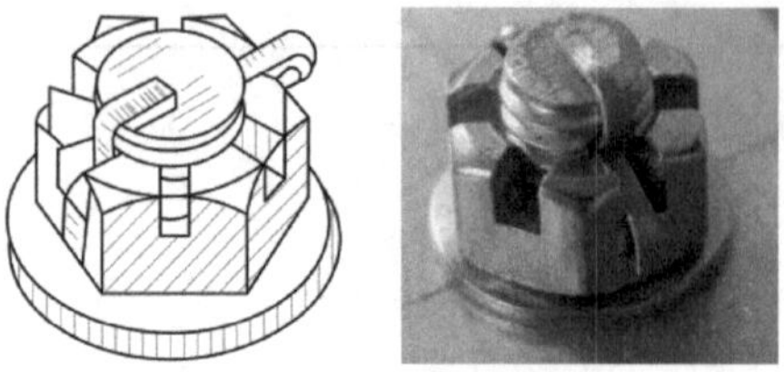

图 8－1　纵向保险

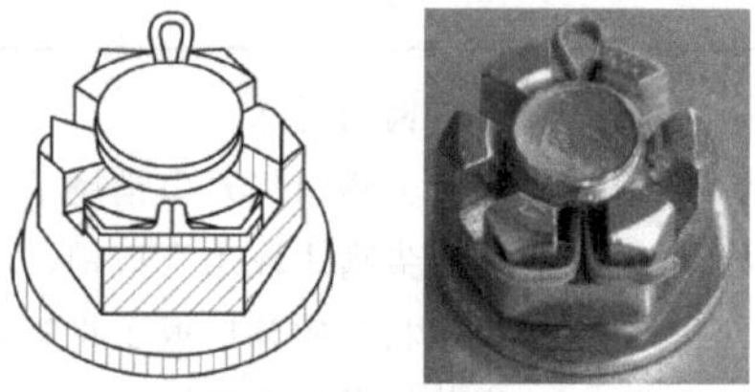

图 8－2　横向保险

1. 开口销保险法的基本原则

① 开口销直径选择要合适，穿入后有一定摩擦力，一般为孔径的 80%～90%。

② 弯在螺母顶上的开口销尾端不能超出螺栓直径（超出部分可以剪掉）。

③ 贴在螺母侧的开口销尾端不能过长，以免碰到垫圈表面；超出部分可以剪掉，剪掉时要用手遮挡一下，防止飞溅到眼睛内。

④ 穿开口销时，一般规则是从（航空器）前向后穿，从上向下穿。

⑤ 如采用横向保险的形式，保持开口销的两尾端贴近在螺母侧面上。

⑥ 开口销尾端应保持相当的弯曲弧度，用木榔头敲弯成形，禁止陡折弯角，因其会导致断裂。

⑦ 每次工作必须使用新的开口销，开口销不得重复使用。

2. 打开口销的方法

① 对正保险孔。为了便于观察可先在螺杆上对正开口销孔处作一个记号，当螺母拧到规定紧度后，检查螺杆上的开口销孔与螺母的缺口是否对正；如果螺母的紧度合适，但开口销孔并未对正，应更换垫圈使孔对正；不能通过拧松螺母使孔对正，也不能用欠力矩或超力矩的方法使孔对正，螺母槽上保险孔的位置如图 8－3 所示。

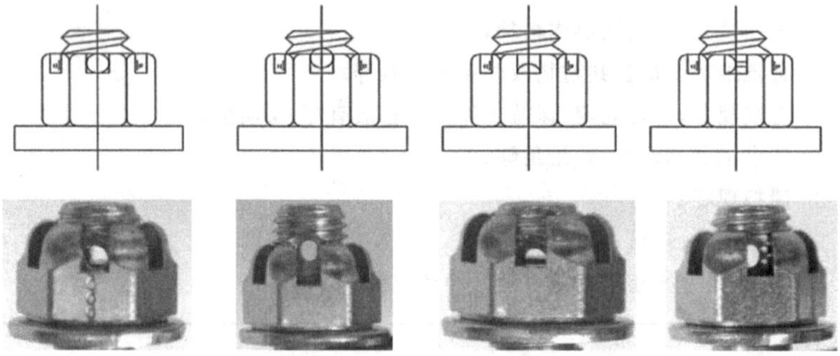

对正　　太高　　太低　　偏离

图 8－3　螺母槽上保险孔的位置

② 插开口销。选择与螺杆孔孔径大致相同的开口销，插入螺杆孔内，可轻敲开口销的头部使开口销插得牢靠。

③ 分开、打牢开口销。

3. 开口销施工方法

(1) 横向保险

开口销横向保险施工步骤如表 8－1 所列。

表 8－1　开口销横向保险施工步骤

步　骤	内　容	图　例
1	将开口销插入保险孔内，把头部推到紧贴螺母缺口的位置	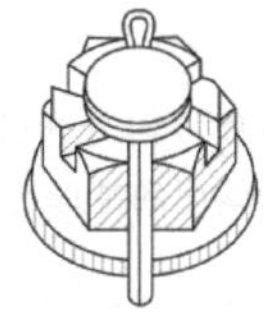 
2	将开口销尾部沿螺母棱面向两侧分开	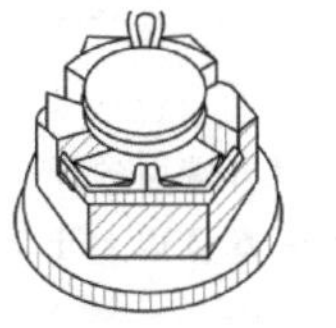 
3	切除开口销在螺母外侧的多余部分	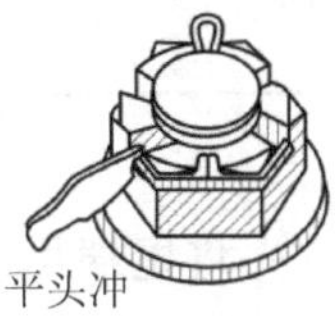 
4	用平头冲将开口销尾部分别打入螺母的两个缺口内，打紧时注意防止平头冲损伤螺母或螺纹	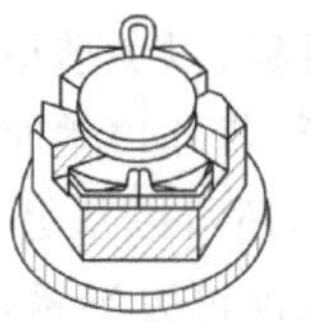 
5	用手轻轻拨动开口销的尾部，尾部没有翘起或晃动，保险才算合格	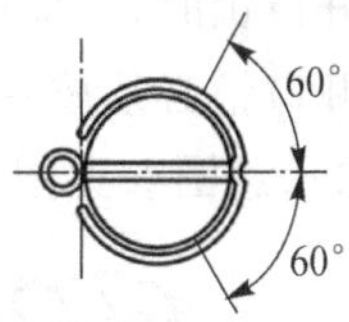

注意：在较狭窄部位，如果用上述保险方法不便操作，也可先将开口销的尾部用钳子弯成钩形，再压入螺母的缺口内，但必须保证保险的质量合格。

(2) 纵向保险

开口销纵向保险施工步骤如表 8－2 所列。

表 8－2　开口销纵向保险施工步骤

步　骤	内　容	图　例
1	将开口销插入保险孔，把头部推到紧贴螺母缺口的位置内	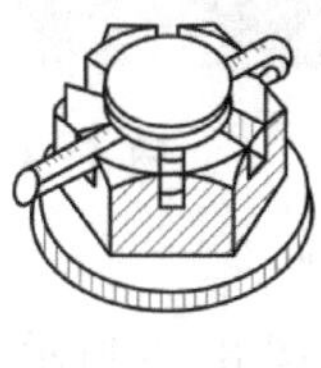 

续表 8-2

步　骤	内　容	图　例
2	把尾部沿螺杆的轴线方向分开(即上下分),并分别紧贴在螺杆的端面和螺母边上	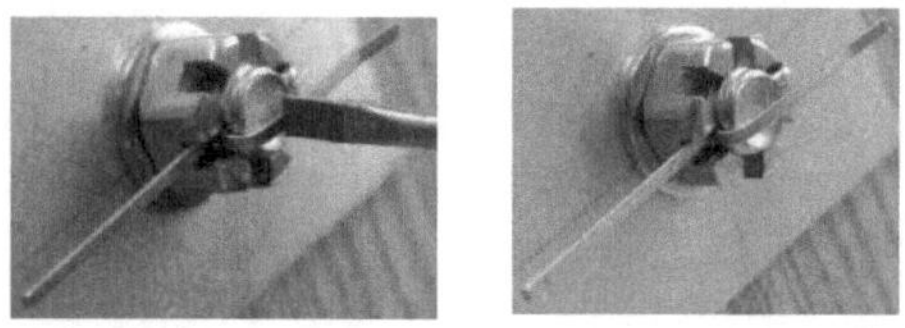
3	切去多余部分,使螺杆端面的开口销尾端长度不超过螺杆的半径,螺母边上开口销尾端长度不触及螺母垫圈	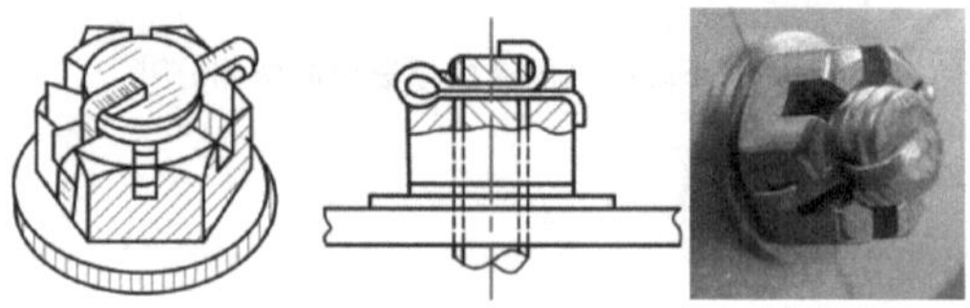

4. 开口销的拆除

① 拆除开口销时,应首先将尾端尽量弯直,再用尖嘴钳夹住环眼向外拔,这样拆下的开口销仍是完整的一根。

② 注意不可用力过猛,以免造成人身伤害或损伤航空器。

③ 禁止将尾端剪断,若开口销时间久了生锈或螺母有松动趋势时,则开口销非常难拔出,若不能从环眼一端拔出,还可以从另一端拔出。

④ 若开口销受到腐蚀可先渗透煤油、渗透剂或除锈剂等。

⑤ 在剪断开口销时,应采取保护措施避免开口销断头飞出伤人或掉入航空器内部。

⑥ 工具和开口销必须放在托盘内,禁止直接放在航空器上。

开口销拆除示意图参见图 8-4。

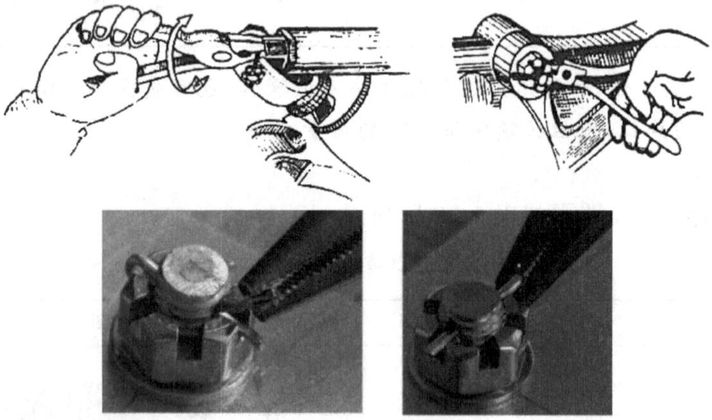

图 8-4　开口销的拆除

5. 开口销保险的施工图例

开口销保险的施工图例如图 8-5 所示。

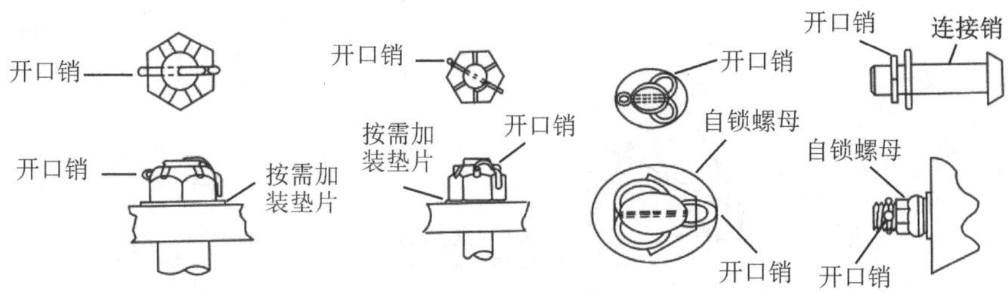

图 8-5 开口销保险的施工

8.2.2 机械类保险——锁片保险(保险片)

锁片保险常用在温度变化较大或者受力较大的地方。锁片的结构形式多样,如图 8-6 所示,一个锁片只能使用一次,每次装配时必须使用新的锁片。

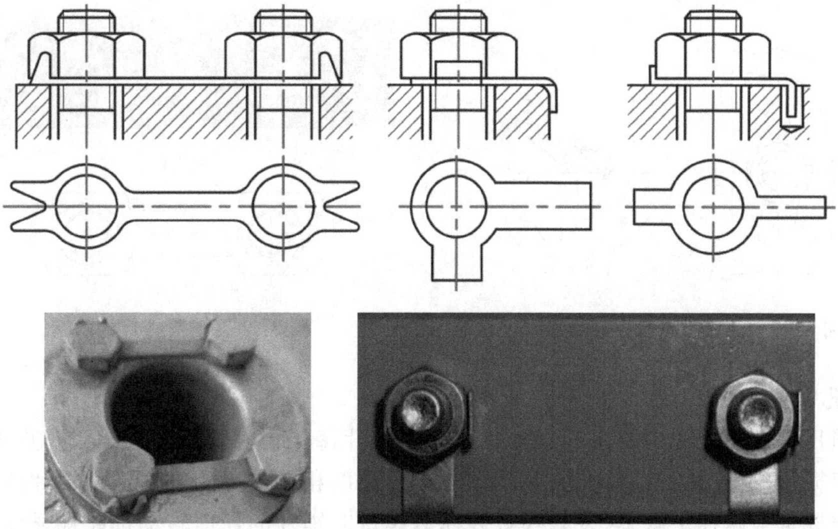

图 8-6 锁片(保险片)保险

1. 直锁舌锁片

直锁舌锁片的安装如图 8-7 所示,使用时应弯曲锁片上的所有锁舌防止它被再次使用,且至少有一个锁舌被充分弯曲以满足图中间隙的要求,由舌片的基体测得的至少 75%的舌片宽应与被锁定零件的平面弯曲贴合。

2. 预弯锁舌的凸舌型锁片

凸舌型锁片的安装如图 8-8 所示,安装时允许弯曲预弯的舌片以满足间隙的要求。螺纹尺寸等于或小于 0.312 5 in 的紧固件最大间隙为 0.010 in,螺纹尺寸大于 0.312 5 in 的紧固件最大间隙为 0.020 in。

3. 椭圆锁片

椭圆锁片的安装如图 8-9 所示。为了安装椭圆锁片,应将锁片向上弯曲至完全贴合在一个六角的整面上,并完全满足凸舌型锁片安装中的间隙要求。

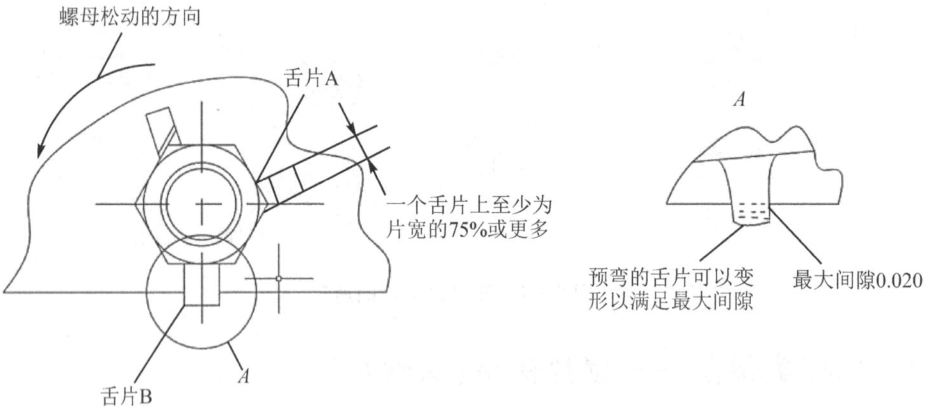

图 8-7 直锁舌锁片安装

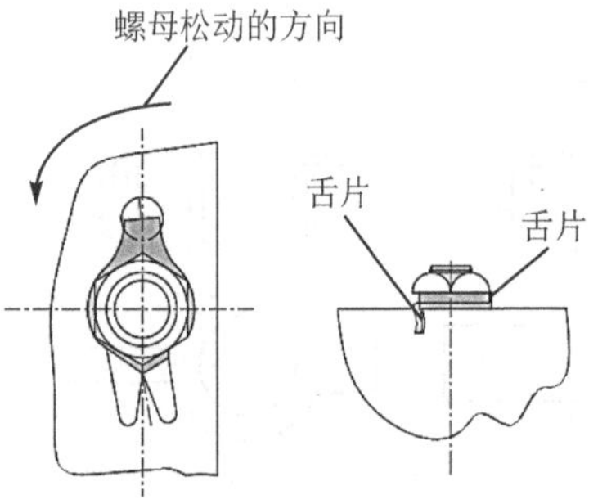

图 8-8 凸舌型锁片的安装图

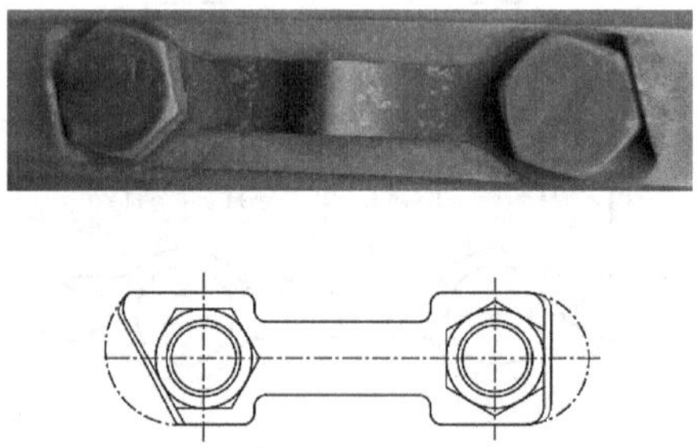

图 8-9 椭圆锁片的安装

4. 多孔锁片

对直锁片和椭圆锁片的要求同样适用于多孔锁片每个孔的所有锁舌。为防止内舌片断裂或出现任何损伤，通过标记锁片与相邻的非转动表面的相对位置的方法记录锁片位置，标记时使用手册中规定金属标记碳笔(硬)，保证在磅紧螺母时锁片的任何转动都能被显示出来。

5. 验收标准

安装的锁片是新的；舌片是按上述规定弯曲的，舌片已经弯曲到不会抖动或者零件不会再松开。

8.2.3 机械类保险——弹簧卡环保险

1. 概　述

弹簧卡环由弹性较好的金属材料制成，能牢靠地卡紧在槽沟内从而起到保险作用，如图 8-10 所示。弹簧卡环分为外用型和内用型两种。外用型卡环锁在轴体或缸体外表的凹槽中，内用型卡环则用于缸体的内壁沟槽中。

2. 拆装工具

卡环的一面为平面，另一面为凸面，安装时将平面朝向需要紧固的部件，使用专门的卡环钳进行拆装，如图 8-11 所示。

图 8-10　弹簧卡环保险

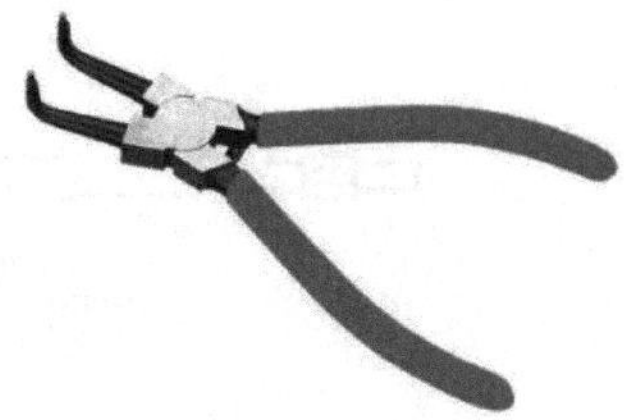

图 8-11　卡环钳

3. 卡环拆装方法及注意事项

① 拆装卡环应使用专用的卡环钳工具。

② 使用卡环钳时应佩戴护目镜。

③ 拆卸时,将卡环钳的两个尖端插入卡环的两个凸耳中,压缩(内卡)或绷开(外卡)卡环并保持住,直到把卡环从槽沟内取出。

④ 安装时,将卡环压缩或绷开保持住,放入槽沟内并松开卡环钳,用一字螺丝刀转动卡环至少一圈,或者用专用塞尺测量卡环两凸耳间的距离符合规定,确保卡环正确放入槽沟内且卡紧到位。

⑤ 用卡环钳压缩或绷开卡环时要用力均匀,并保证卡环钳尖端有足够的长度插入凸耳中,防止卡环弹出损伤工作者和机件。

⑥ 安装时注意卡环的方向。

⑦ 禁止使用已经损坏或弹性不好的卡环。

⑧ 弹性卡环的变形量越小越好,以能完成拆装卡圈为准。若卡环直径变形太大可能会造成永久变形,从而失效。

8.2.4　机械类保险——卡簧销保险(别针式)

现在的航空器上使用较多的松紧螺套保险方式是卡簧销,即别针式,如图 8-12 所示。

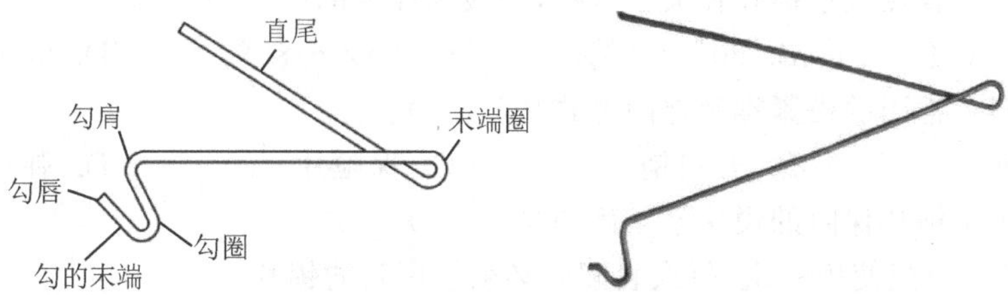

图 8-12　松紧螺套别针

别针式保险的方法和步骤,如图 8-13 所示,具体如下:

① 选用新的别针。

② 使用正确的钢索张力。

③ 将钢索接头与螺套槽孔对正,插入别针的直杆端,并将弯钩按入套管中央孔中;两根别针可同侧或异侧安装。

④ 拆下别针时,从中心孔中拽出或从松紧螺套沟槽中取下别针。无论使用哪种方法保险,打保险时钢索接头露出套管的螺纹数不能超出 3 圈,且露出圈数相同。

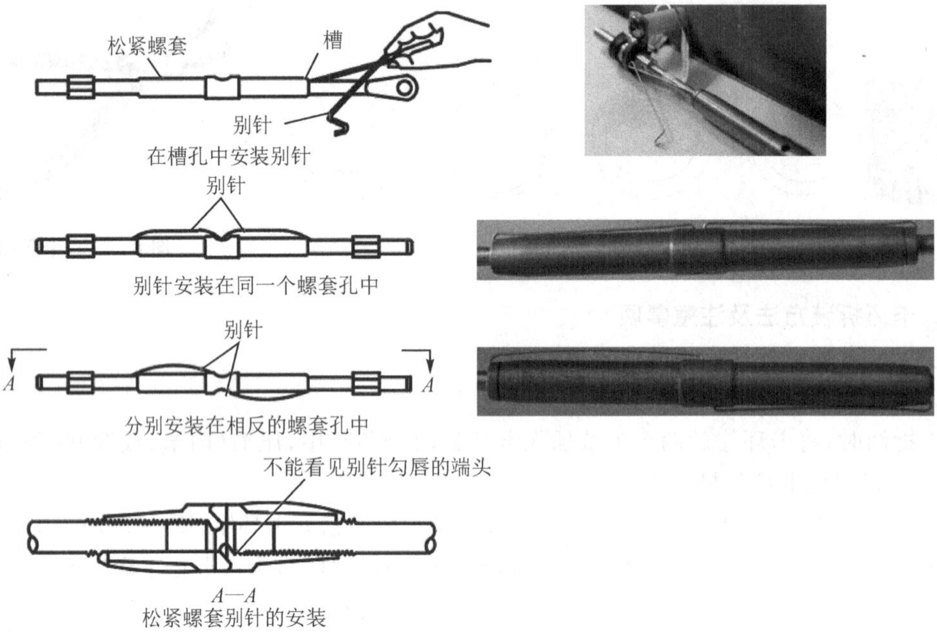

图 8-13　保险螺套别针

8.3　课后自测

1. 单选题

(1) 开口销保险分为(　　)。

A. 保险丝保险和保险片保险　　B. 侧面保险和正面保险

C. 轴向保险和径向保险　　D. 纵向保险和横向保险

(2) 开口销的直径应根据孔径大小选择，一般为孔径的(　　)。

A. 20%～30%　　B. 30%～50%　　C. 50%～80%　　D. 80%～90%

(3) 航空器上常用的松紧螺套保险方式是(　　)。

A. 卡簧销　　B. 开口销　　C. 保险片　　D. 弹簧卡环

(4) 以下关于锁片保险的说法不正确的是(　　)。

A. 一个锁片只能使用一次，每次装配时必须使用新的锁片

B. 使用直锁舌锁片时应弯曲锁片上的所有锁舌防止它被再次使用

C. 使用凸舌型锁片时允许弯曲预弯的舌片以满足间隙的要求

D. 使用椭圆锁片时锁片向上弯曲可以不完全贴合在一个六角的整面上

(5) 拆装卡环时使用的专用工具叫(　　)。

A. 尖嘴钳　　B. 卡环钳　　C. 平口钳　　D. 斜口钳

2. 多选题

(1) 在穿开口销时，一般规则是从航空器的(　　)。

A. 从前向后穿　　B. 从后向前穿　　C. 从上向下穿　　D. 从下向上穿

(2) 锁片保险中常见的锁片结构形式有(　　)。

A. 直锁舌锁片　　B. 凸舌型锁片　　C. 椭圆锁片　　D. 多孔锁片

(3) 常用的弹簧卡环分为(　　)两种。

A. 内用型　　B. 外用型　　C. 通用型　　D. 多用型

(4) 以下关于开口销保险施工的说法正确的有(　　)。

A. 工作时可以使用新的开口销或旧的开口销

B. 开口销的尾端应弯在螺母的顶部,且不能超出螺栓的直径

C. 贴在螺母侧面的开口销尾端不能过长,以防止碰到垫圈表面

D. 开口销的尾端应保持一定的弯曲弧度

(5) 以下关于卡簧的拆装注意事项正确的是(　　)。

A. 在拆装卡环时,必须使用专用的卡环钳

B. 使用卡环钳时,应佩戴护目镜

C. 弹性卡环的变形量越小越好,以能完成拆装卡圈为准

D. 注意卡环的方向,禁止使用已损坏或弹性不好的卡环

3. 简答题

(1) 请简述开口销横向保险和纵向保险的施工方法。

(2) 请简述弹簧卡环保险的拆装方法。

(3) 请简述卡簧销保险的施工步骤。

8.4　阅读拓展

飞行安全问题是飞机设计过程中必须要考虑的问题之一。在飞机设计中,有效的安全要求是确保飞机顺利、安全飞行的关键因素之一。紧固件及保险只是飞机安全设计中很小的一个环节。飞机设计中还有其他的安全要求,请同学们扫码阅读学习。

典型保险施工工艺

8.5　素养拓展

飞机设计安全要求是设计过程中必须要考虑的问题之一,而飞机的安全性则需要众多因素的相互配合,结构设计要求、航空电子设备要求、驾驶舱安全设计要求和发动机安全设计要求都应该得到全面的考虑。只有全面地考虑安全要求,每个环节都不能放松,才能确保飞机在飞行过程中的安全。学习和工作亦是如此,任何事情的成功都是多方面因素综合作用的结果,我们在分析问题和解决问题时,一定要从多角度思考,尽量做到全面和详尽。

模块五　传动结构

任务9　传动结构认知

9.1　任务卡

<table>
<tr><td>任务编号</td><td>9</td><td>任务名称</td><td>飞机传动结构认知</td></tr>
<tr><td>学　时</td><td>6</td><td>工作区域</td><td>航空器综合维修实训室</td></tr>
<tr><td>参考资料</td><td colspan="3">1.《职业技能培训MES系列教材》编委会. 职业技能培训MES系列教材・铆装钳工技能[M]. 3版.北京:航空工业出版社,2008.
2. 任仁良.民用航空器维修基础系列教材・维修基本技能[M]. 北京:清华大学出版社,2010</td></tr>
<tr><td>工作任务</td><td colspan="3">1. 学习飞机的传动结构;
2. 了解飞机基本操作方式,理解操纵杆、脚蹬的作用;
3. 理解飞机的飞行原理;
4. 理解飞机的主要结构组成和作用;
5. 通过体验飞机结构传动台,结合空气动力学知识来认识飞机的起飞、巡航和降落时飞行姿态的变化过程
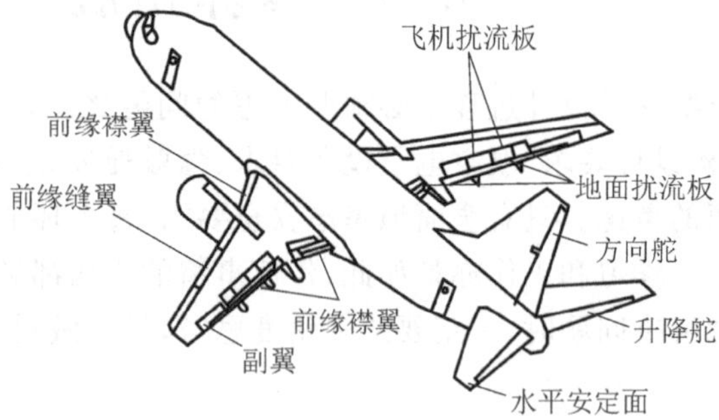
</td></tr>
<tr><td>工具设备</td><td colspan="3">飞机结构传动台</td></tr>
<tr><td>材　料</td><td colspan="3">N/A</td></tr>
<tr><td>任务要求</td><td colspan="3">1. 通过脚蹬和操纵杆演示飞机副翼、升降舵、方向舵的操纵原理,并口述操纵后的飞机姿态变化;
2. 理解钢索、拉杆控制舵面的传动原理</td></tr>
</table>

续表

职业素养	1. 遵守国家法律和企业规章制度； 2. 诚信为本，按工艺文件操作，保证制造过程记录真实； 3. 爱岗敬业，积极参加岗位培训，主动学习并提高知识和技能水平； 4. 工作认真，有团队协作精神； 5. 自觉维护爱惜公共财物及配备的工具等； 6. 着装规范，符合规定，保持工作环境整洁有序，文明生产； 7. 清点工具和设备，数量足够； 8. 清扫现场； 9. 归还工具、耗材； 10. 在工具室归还登记簿上做好归还记录

9.2　知识准备

9.2.1　飞机操纵系统组成

1. 飞机操纵面

飞机操纵系统分为主操纵系统和辅助操纵系统两类。主操纵系统主要包括：升降舵、方向舵、副翼。辅助操纵系统主要有升降舵、方向舵、副翼调整片、襟翼、缝翼、扰流板等。飞机主要操纵面的分布如图9－1所示，每个操纵面通常均由以下三部分组成：

① 控制机构，如驾驶杆、脚蹬和操纵手柄等；

② 传动机构，如推拉杆、钢索、摇臂、扇形盘、导向滑轮和扭力管等；

③ 执行机构，如液压作动筒和舵面等。

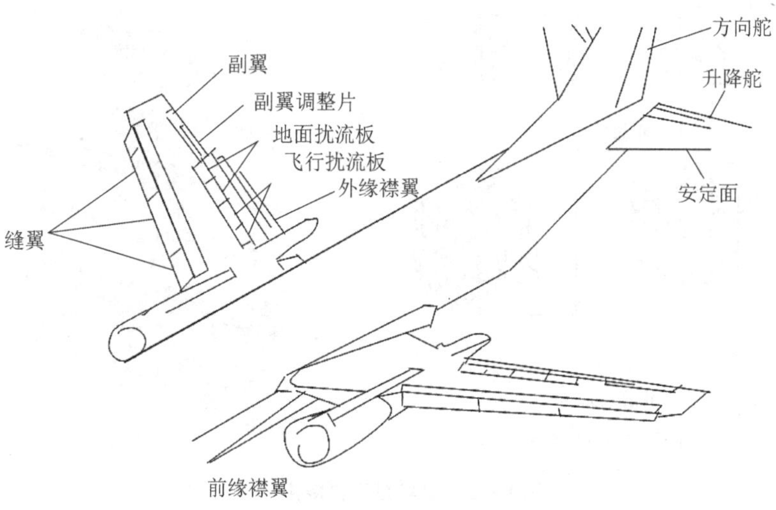

图9－1　飞机主要操纵面

2. 操纵系统分类

飞机操纵系统按照传输方式不同有以下分类：

① 软式操纵，主要有钢索、钢索连接器、滑轮、扇形轮、摇臂、扭力轴等；

② 硬式操纵，主要有传动杆、摇臂、导向滑轮和扭力轴等；

③ 混合式操纵，主要由软式操纵部件和硬式操纵部件混合组成；

④ 电传操纵，以电信号驱动作动机构实现操纵。

钢索作为软式传动机构的主要构件，主要应用于飞行主操纵系统，此外还用在发动机操纵、起落架紧急放下、前轮转弯和刹车操纵装置等系统。

9.2.2 操纵钢索组成

钢索操纵系统除钢索之外，还包括钢索接头、松紧螺套、滑轮、扇形盘、导索板、护索环、气动封严、张力补偿器、钢索鼓轮和校装销等。

1. 钢　索

(1) 钢索材料

钢索在结构上的单体是钢丝，主要由碳素钢制成，其表面通常要做包锌镀锡处理。

(2) 钢索的规格型号

钢索的规格型号，是按所含钢丝股数和每股钢丝根数来识别的。采用两位数编码，第一个数字是股数，第二个数字是每股的钢丝数。最广泛应用的航空钢索为"7×7"(7 股，每股 7 根钢丝)和"7×19"两类(7 股，每股 19 根钢丝)，如图 9-2(a)所示。钢丝的直径决定了钢索的粗细尺寸，一般范围为 1/16～3/8 in，以 1/32 in 为单位递增或递减。

2. 钢索接头

钢索接头，通过挤压钢索成形，用于钢索之间、钢索与其他部件之间的连接。钢索接头的主要结构形式如图 9-2(b)所示，有双柄球头式、单柄球头式、螺杆头式、叉形头式和销眼头式等。

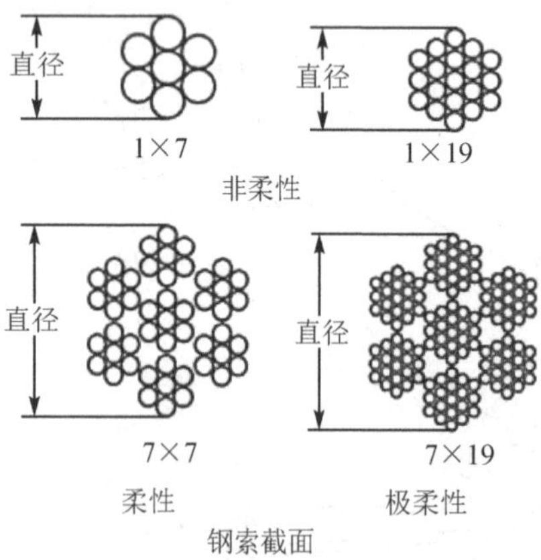

(a) 钢索的规格型号

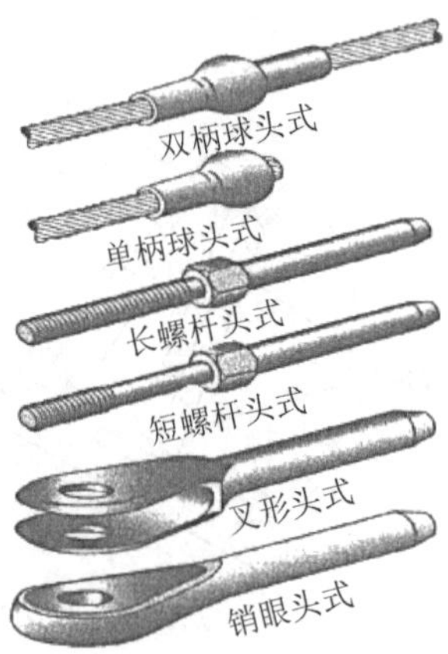

(b) 常用钢索接头

图 9-2　钢索型号和接头

3. 松紧螺套

松紧螺套，用于螺杆头式钢索接头的连接，其作用是在小范围内调节钢索长度以调整钢索的张力大小。松紧螺套的两端分别为右旋和左旋螺纹，与螺套两端相配的钢索接头也是左旋或右旋螺纹。为便于识别，在松紧螺套左旋螺纹一端刻有一道槽线或滚花(见图 9-3)。

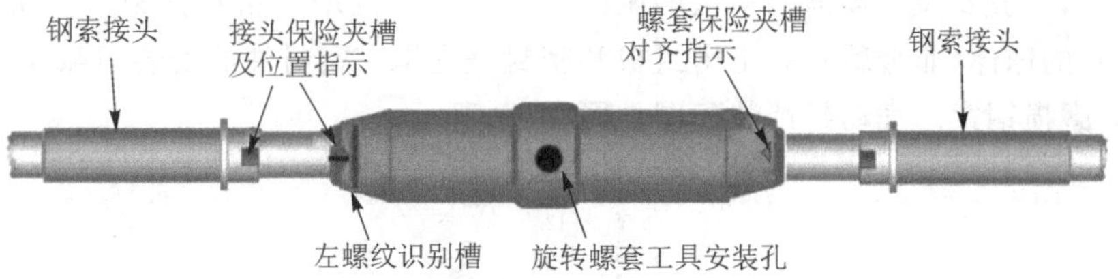

图 9-3 松紧螺套

4. 滑 轮

滑轮用于支撑钢索和引导钢索的运动方向，材料一般是胶木或硬铝。滑轮的轮缘在使用中不应有损坏。滑轮的基本构造如图 9-4 所示。

5. 扇形盘

扇形盘也叫扇形臂，既有滑轮的作用，也可改变力的大小。在某些地方必须用扇形盘与钢索连接，可避免钢索承受额外的拉伸力。扇形盘的基本构造如图 9-5 所示。

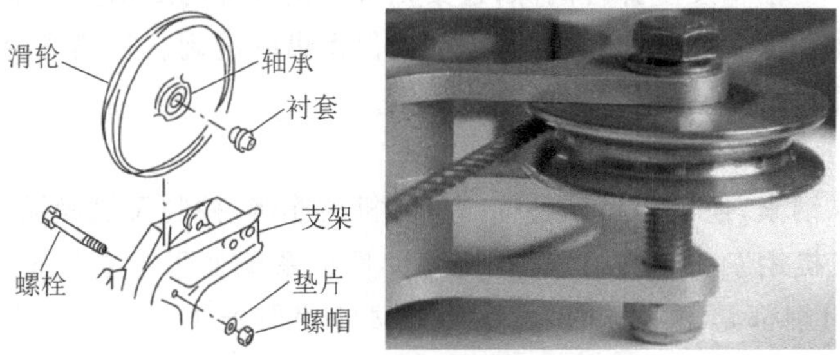

图 9-4 滑轮装配图

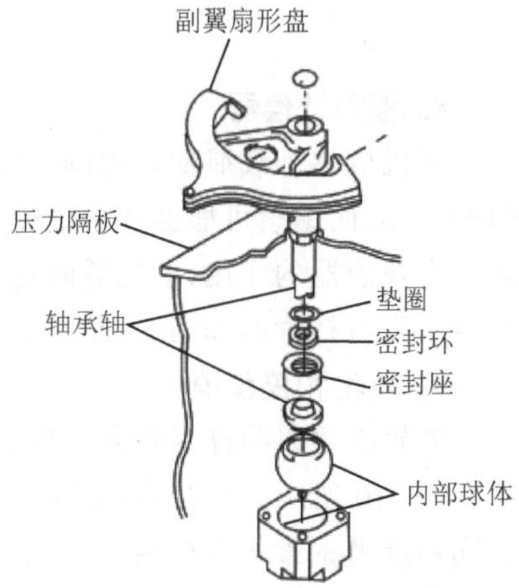

图 9-5 扇形盘装配

6. 导索板、护索环

导索板和护索环，主要由耐磨材料制成，在钢索拆装时起导向作用，还可限制其径向跳动，避免钢索与邻近结构产生摩擦，防止钢索损伤。实物结构如图 9-6 和图 9-7 所示。

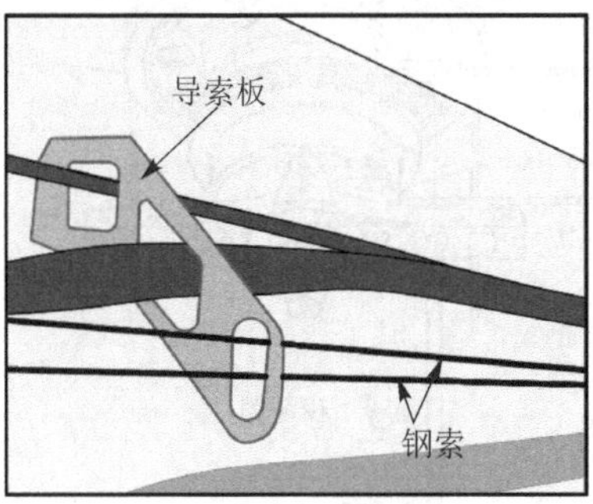

图 9-6 导索板

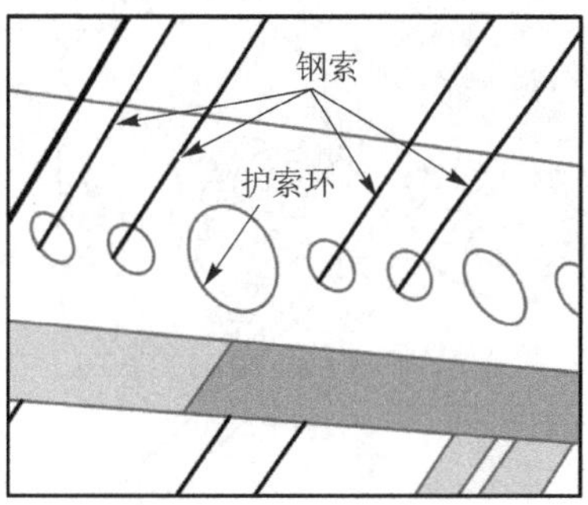

图 9-7 护索环

7. 气动封严

气动封严,一般安装在操纵钢索从增压区到非增压区的增压密封框架上。密封组件主要有一个对半开的球体(非金属),并由密封板和密封盖支承。密封件的安装间隙要求高,过大会漏气,过小会磨损钢索。气动封严装配图如图 9-8 所示。

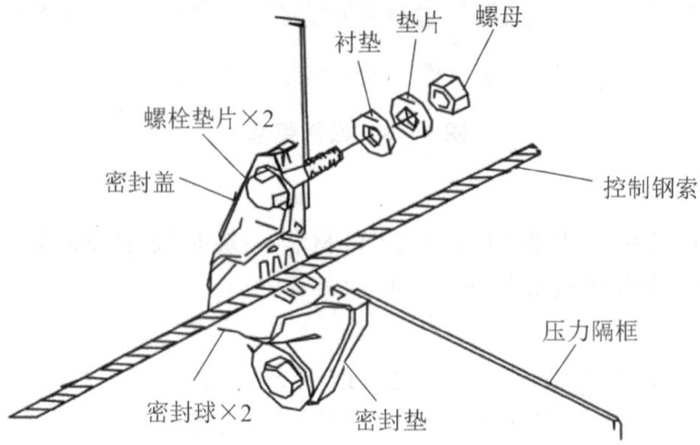

图 9-8　气动封严装配

8. 张力补偿器

飞机机体外载荷随着周围气温的变化而变化,机体结构和操纵系统之间会产生不同程度的变形,从而钢索可能会变松或变紧。变松将发生弹性间隙,过紧则会产生额外的摩擦力。钢索张力补偿器的作用,就是适时适当地补偿额外载荷产生的形变,确保操纵的准确。补偿滑轮型钢索张力补偿器如图 9-9 所示,其同时也具有钢索扇形盘的作用。

9. 鼓轮和校装销

鼓轮既可以给操纵钢索导向、支撑钢索,还可与操纵系统的执行机构连接,控制飞机操纵,如图 9-10 所示。校装销,主要用于飞机钢索张力校装,其作用是使操纵系统处于中立位置。不同系统做钢索张力校装时,其长短粗细都是不一样的,可参照 AMM 手册施工。钢索张力校装完毕后,必须从飞机上拆除。

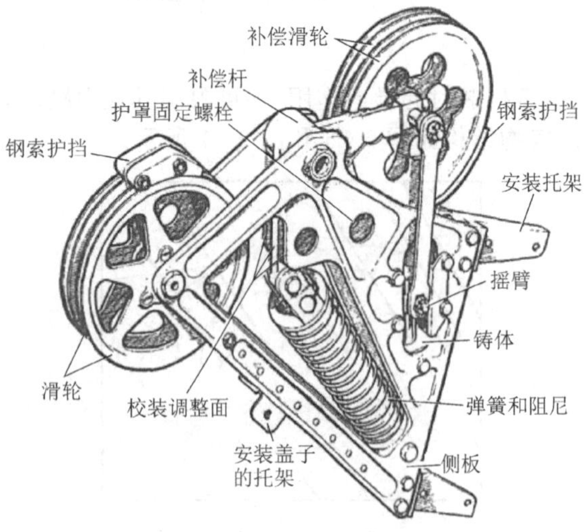

图 9-9　补偿滑轮型钢索张力补偿器

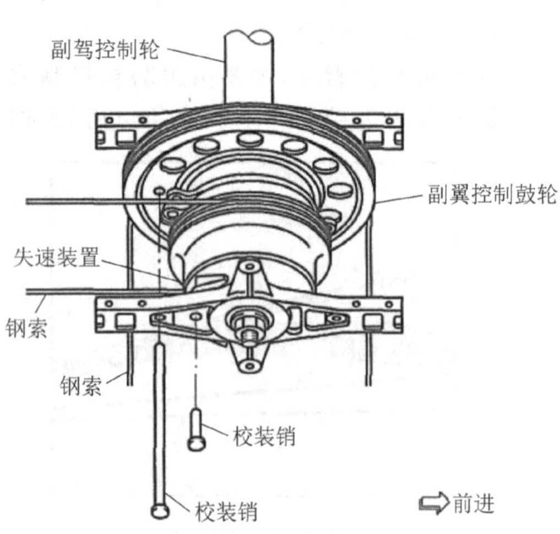

图 9-10　鼓轮和校装销

9.2.3　推拉杆

推拉杆用于传递推力和拉力，基本由铝合金管制成，也可用钢管制成。推拉杆一般不宜超过 2 m，否则容易在推拉杆受压时产生压杆失稳或产生共振。

1. 推拉杆的组成

推拉杆的杆身两端装有可调节长短的接头和锁紧螺母，当杆端接头调节长短后，锁紧螺母挤紧接头的螺纹，以保持锁定固位。调节组件有保险垫片、锁紧螺母和拉杆接头。推拉杆的结构如图 9－11 所示。

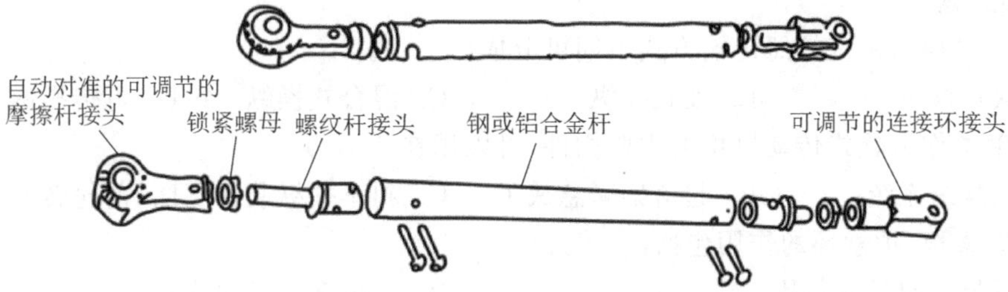

图 9－11　推拉杆的结构

推拉杆的运动包括线性往复运动、相对摇臂转动、绕本身转动和向两侧摆动。为使推拉杆能摆动，其接头内通常装有球形轴承和旋转接头，如图 9－12 所示。

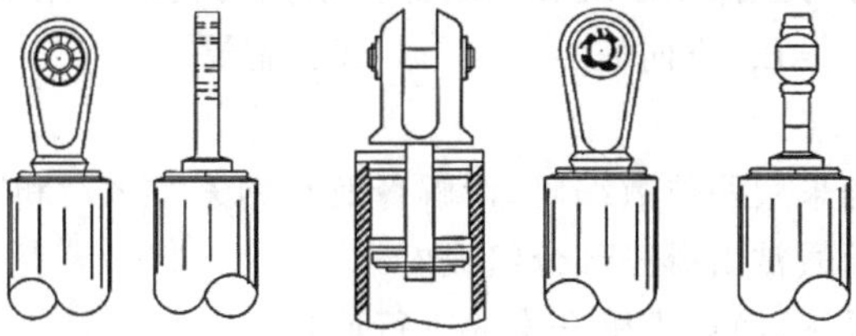

图 9－12　推拉杆接头的形式

2. 推拉杆的调节

① 推拉杆的调节量应由手册相关规定参数决定。

② 传动杆调长时，不要使螺杆退出过多，否则螺纹受力圈数过少，影响受力。因此，在调节后应检查调节螺杆的末端不超过观察孔的位置。

③ 传动杆调短时，可调接头上应留有少量螺纹，为使用中预留调节余量。

④ 传动杆调节后，应检查传动杆表面是否平滑，确保无裂纹、压坑、划伤和锈蚀。各种损伤应符合该机型的规定。

9.3　课后自测

1. 单选题

(1) 飞机操纵系统分为主操纵系统和辅助操纵系统两类。主操纵系统不包括(　　)。

A. 升降舵　　B. 方向舵　　C. 副翼　　D. 扰流板

(2) 飞机操纵系统分类,(　　)主要有钢索、钢索连接器、滑轮、扇形轮、摇臂、扭力轴等。

A. 软式操纵　　B. 硬式操纵　　C. 混合式操纵　　D. 电传操纵

(3) 飞机操纵系统中,在小范围内调节钢索长度以调整钢索的张力大小的结构是(　　)。

A. 升降舵　　B. 方向舵　　C. 副翼　　D. 扰流板

(4) 飞机操纵系统中,(　　)能适当补偿额外载荷产生的形变,确保操纵准确。

A. 扇形盘　　B. 气动封严　　C. 张力补偿器　　D. 松紧螺套

(5) 飞机操纵系统结构中,滑轮的材料一般是(　　)。

A. 高温合金钢　　B. 胶木或硬铝　　C. 碳素钢　　D. 钛合金

2. 多选题

(1) 飞机操纵系统按照传输方式不同可分成(　　)。

A. 软式操纵　　B. 硬式操纵　　C. 混合式操纵　　D. 电传操纵

(2) 钢索作为软式传动机构的主要构件,可以用在(　　)。

A. 主操纵系统　　B. 起落架紧急放下　　C. 刹车操纵装置　　D. 前轮转弯

(3) 导索板、护索环的作用包括(　　)。

A. 拆装时起导向作用　　B. 限制钢索径向跳动

C. 避免钢索与临近结构产生摩擦　　D. 避免钢索承受过大载和

(4) 飞机钢索接头的主要结构形式有(　　)。

A. 单、双柄球头式　　B. 螺杆头式　　C. 叉形头式　　D. 销头式

(5) 飞机操纵系统分为主操纵系统和辅助操纵系统两类。主操纵系统包括(　　)。

A. 升降舵　　B. 方向舵　　C. 副翼　　D. 扰流板

3. 简答题

(1) 钢索规格型号是采用两位数编码,请解释航空钢索"7×7"和"7×19"型号含义。

(2) 飞机每个操纵面通常由哪三部分组成?

(3) 结合飞机操纵系统,简述飞机升降的飞行原理。

9.4 阅读拓展

在世界航空领域,特别是在近现代航空事业的发展历程中,无数前辈和先驱们前仆后继,奉献出他们的聪明才智,甚至宝贵生命,才奠定了现代航空的基业。不同民族、不同国家和地区的先知先觉者,在各自不同的时代和境遇里,探究航空科学,制作各式航空器,涌现出一批伟大的巨匠。请同学们扫码阅读学习。

航空领域的先驱

9.5 素养拓展

确定目标,矢志不渝,坚持不懈,直至成功,这是对莱特兄弟的肯定,也是一切有志于为人类社会做出贡献的人们所应坚守的成功之道。让我们永远记住这些巨匠的英名。在享用他们的科技遗产的同时,也要学习他们的奋斗精神。只有从他们留下的科技与精神宝库中汲取营养,才能使自己更丰满、更高尚。

任务10　传动钢索拆装

10.1　任务卡

<table>
<tr><td>任务编号</td><td>10</td><td>任务名称</td><td>飞机传动钢索拆装</td></tr>
<tr><td>学　时</td><td>6</td><td>工作区域</td><td>航空器综合维修实训室</td></tr>
<tr><td>参考资料</td><td colspan="3">1.《职业技能培训MES系列教材》编委会. 职业技能培训MES系列教材·铆装钳工技能[M]. 3版. 北京:航空工业出版社,2008.
2. 任仁良. 民用航空器维修基础系列教材·维修基本技能[M]. 北京:清华大学出版社,2010</td></tr>
<tr><td>工作任务</td><td colspan="3">1. 检查钢索接头、松紧螺套、滑轮、扇形盘以及保险销是否失效,检查钢索是否有毛刺或者断丝,通过使用擦布来回擦来检查,注意切记带线手套操作检查;
2. 学习使用张力调节器,按手册要求将钢索松紧度调整至要求范围;
3. 调整松紧螺套至要求紧度后,打保险,防止松紧螺套长期使用后松动</td></tr>
<tr><td>工具设备</td><td colspan="3">飞机结构传动台,张力调节器、剪线钳、保险钳、7 mm开梅扳手、内六角一套等</td></tr>
<tr><td>材　料</td><td colspan="3">保险丝、擦布、润滑油、线手套等</td></tr>
<tr><td>任务要求</td><td colspan="3">1. 钢索检查工作:
(1) 按照AMM手册要求,查找要调节的钢索张力;
(2) 查询钢索的环境温度,即将温度计置于钢索调节区域内,待读数稳定后,记录温度值。
2. 张力调节器的使用:
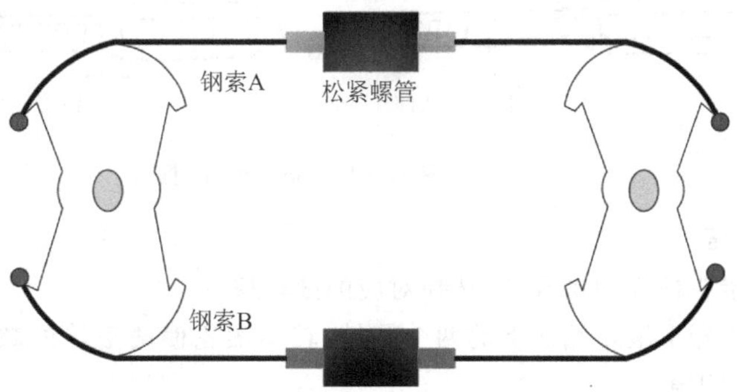

(1) 先检查钢索回路安装情况;
(2) 固定松紧螺管两端的接头,避免钢索发生扭曲;
(3) 旋转松紧螺套,调节钢索张力时,螺套旋转方向要符合张力调整要求。
3. 松紧螺套的打保险工作</td></tr>
</table>

续表

职业素养	1. 遵守国家法律和企业规章制度； 2. 诚信为本，按工艺文件操作，保证制造过程记录真实； 3. 爱岗敬业，积极参加岗位培训，主动学习并提高知识和技能水平； 4. 工作认真，有团队协作精神； 5. 自觉维护爱惜公共财物及配备的工具等； 6. 着装规范，符合规定，保持工作环境整洁有序，文明生产； 7. 清点工具和设备，数量足够； 8. 清扫现场； 9. 归还工具、耗材； 10. 在工具室归还登记簿上做好归还记录

10.2 知识准备

10.2.1 钢索接头制作

1. 直杆型接头的挤压

(1) 准备钢索和接头

钢索与接头的尺寸需完全匹配，按规范要求使用量规检查接头杆的外径，确保与钢索尺寸相符。在挤压之前，将钢索端头剪平，防止少量钢索分叉，必要时可重新切断钢索修整端头。除此之外，钢索在接头内全长结合也很重要，这样的挤压可以提高接头的结合强度至最大值。先将钢索插入接头一半的深度，再握紧接头端部的钢索，将其弯曲，确保插入挤压设备时钢索不会脱出接头。图 10－1 所示为钢索插入接头的过程，将钢索插入接头孔底，对于 MS20667 叉形接头，钢索插入尺寸距孔底 1/8～1/4 in。

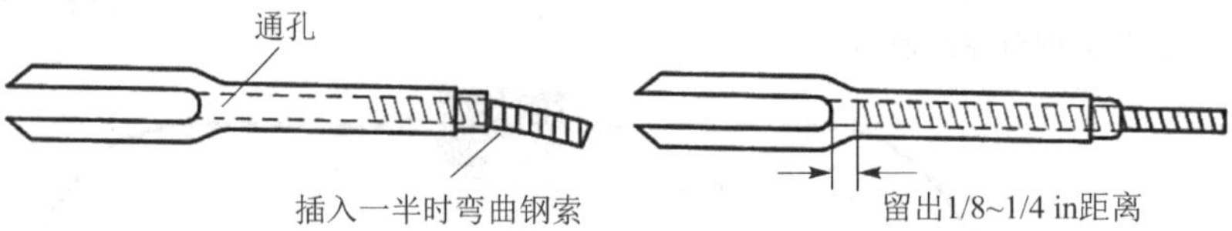

图 10－1　MS－20667 插头

(2) 挤　压

① 根据接头杆部的量规孔，选择对应的滚轮块。

② 利用机器下滚轮端面上的两个凸销，转动滚轮使两滚轮的缺口中心对正，将接头放入两滚轮之间的间隙。

③ 把钢索接头放入导向装置，使钢索接头的自由端紧靠在导向装置接头上(见图 10－2)。再把导向装置向右滑到底，逆时针旋转下滚轮直至剩余距离约等于一个钢索接头外径。

④ 扳动挤压机手柄直至滚过整个钢索接头套筒。为消除纵向压痕，从第一位置处将接头部旋转 90°挤压滚轮。在两次挤压后，接头杆就会变得平滑光圆。但挤压不能超过 4 次，否则

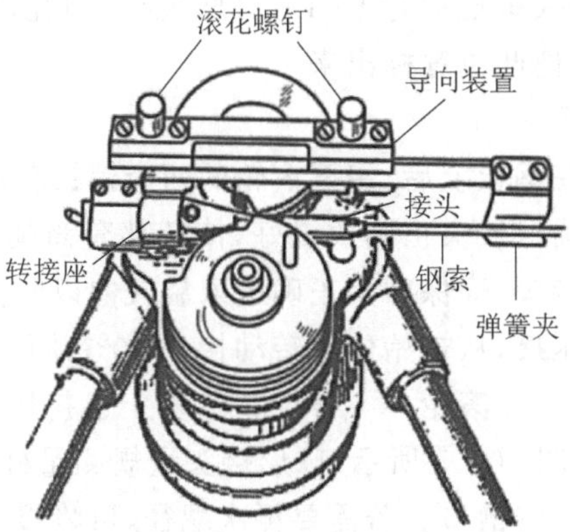

图 10－2　挤压过程

会产生过度挤压，从而产生硬化裂纹。

(3) 检　查

用量规测量挤压过的接头杆部，接头杆部应能顺利通过量规槽口，如图 10－3 所示。残留的毛刺不能超过 0.01 in。如果接头仍不符合要求，则需进行再次挤压，使它符合规定要求，量规如图 10－4 所示。

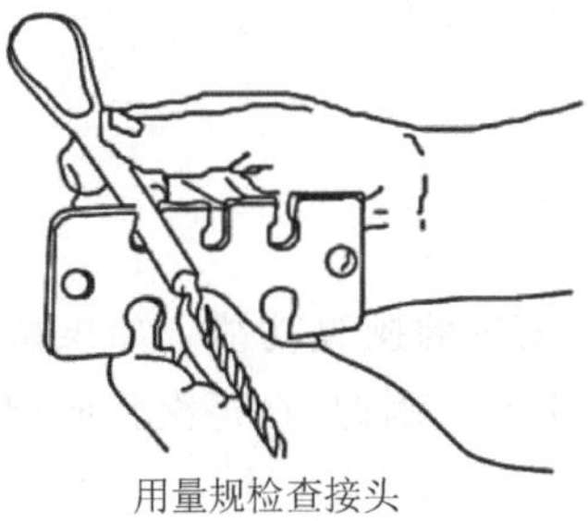

图 10－3　直线接头检查

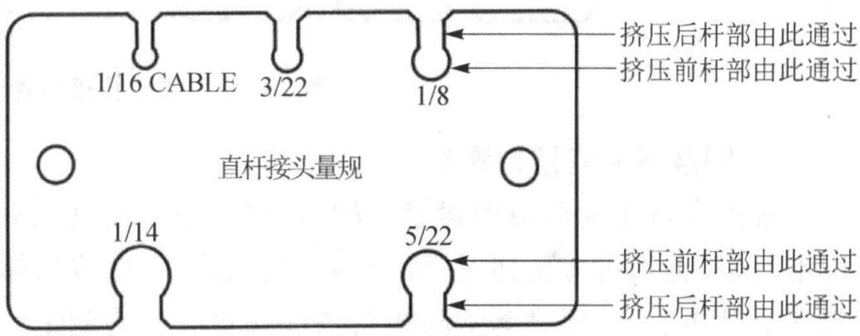

图 10－4　直杆接头检查图

2．球形杆接头的挤压

用于挤压球形杆接头的滚轮的端面上刻有“上(upper)”“下(lower)”字样，并有与它们匹配的钢索的直径。与直杆接头不同，每个滚轮都有 4 个间隔分布的有效弧线，这些有效弧线编号为 1、2、3、4。这些号码也可刻在滚轮前端面相应弧线的中间点上。在每个有效弧线凹槽的中间点有一个袋穴，其尺寸与待挤压的接头的球头相匹配。下滚轮与制作直杆接头一样，有两销钉凸出端面，使操纵者可以用手操作。

(1) 机器装配

根据滚轮上的数字挑选一对滚轮，把标有“上”的滚轮装到机器的顶轴，把标有“下”的滚轮装在下轴上，并使凸出的两个销钉朝外。当滚轮上的键与滚键槽结合时，两个滚轮标记刚好对正。用手推动轴上的滚轮到底，不要用工具敲打，并用滚轮垫片和螺钉把滚轮固定好。用两个滚花螺钉把导进组件装进机器内，机器就可以挤压球形杆接头了。

(2) 准备钢索和接头

挑选一个球形杆接头，以容纳所要使用的钢索直径。接头杆部应能进入标有 SHANK(杆部）的圆形孔内。球头应能进入量规标有 BALLS（球头）的圆孔内。按照操作需要，把接头的球头按纵向定位在钢索上，并把此位置标出来。

（3）单杆球形接头的挤压

单杆球形接头正确定位在钢索上后，用下滚轮的两个销钉转动滚轮，直到接头刚好进入滚轮 1 号位置的袋穴内。应当确保接头正确放置好，使杆部套筒朝右。通过滚轮的 1 号位置慢慢转动滚轮以压缩钢索上的接头，确保球头正确进入袋穴内以防止变形。

为了去除第 1 次留下的压痕，从初始位置转动接头 90°，并重新转动滚轮以便球头正确进入 2 号袋穴内，然后进行挤压。在滚轮 3、4 号位置重复上述挤压步骤。做第 3 次时转动接头 45°；做第 4 次时转动 90°。如图 10－5 所示，球形接头量规测量杆部和球头的正确直径。杆部和球头都应该通过量规中的规定槽口。若需要再次减径，可将接头通过 4 号位置滚压，但在滚压前，需转动接头 90°。

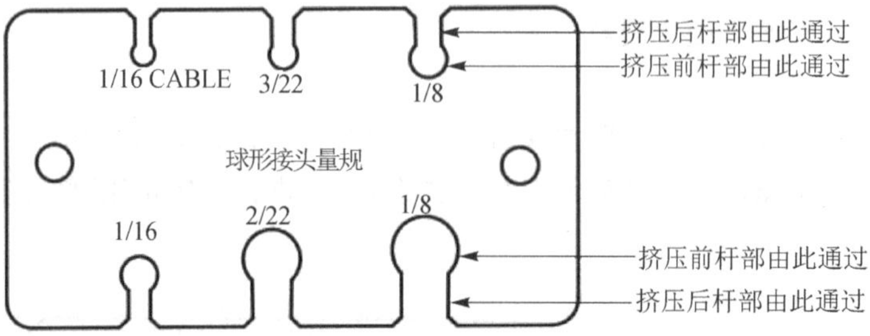

图 10－5　球形杆接口检查

3．钢索接头的拉力测试

接头靠挤压变形与钢索紧密配合，钢索挤压成功与否直接影响飞机的操纵功能。如果挤压不合格，钢索受力拉伸时，可能会与接头滑脱，造成操纵系统传动中断。因此，在每次完成钢索接头挤压后，必须对钢索和接头的连接进行拉力测试。

如图 10－6 所示为 AT520CT 钢索拉力测试器。为了有效使用拉力测试器，必须按设备的使用说明进行施工。

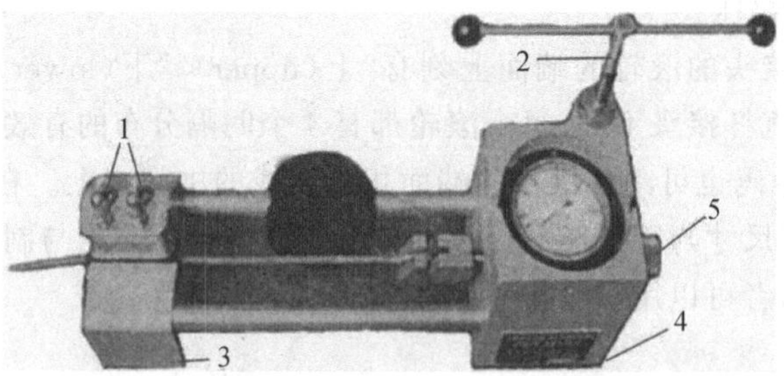

1—夹钳螺丝；2—调节螺丝；3—开口；4—装载头；5—粗调螺丝

图 10－6　AT520CT 钢索拉力测试器

① 优选逆时针转动张力调节螺丝 2、夹钳螺丝 1 和粗调螺丝 5 到底，备好测试器。

② 选择一对适合的和转接座。

③ 把接头转接座与挂钩连接。如果要测试一股带螺纹的接头，把转接座安放到挂钩以前

应把接头拧到转接座内。

④ 安装任一钳爪到开口 3 内，凸缘朝左，铜衬垫的凹槽朝上，把钢索放置在铜衬垫的凹槽内。在钢索上安装上钳爪和铜衬垫。

⑤ 拉动钢索，去除松弛现象，并将钢索固定在铜衬垫槽中间。

⑥ 把钳爪推向装载头 4 直到托肩靠上夹钳。

⑦ 顺时针转动夹钳螺丝以拧紧钢索的钳爪(两个前爪都被牢牢地拧紧，这样才能防止在试验中钢索滑动)。

⑧ 如果在较大的钢索中发生了滑动，可以松开紧固块滑向拉力测试器的中央。在执行步骤⑥之前，沿紧固块卷曲钢索一圈。在拧紧紧固块的调节螺钉之前，用拉紧钢索的方法使紧固块自己对正。然后继续步骤⑥、⑦、⑧、⑨、⑩。

⑨ 转动粗调螺丝 5，直到表中有一些反应。

⑩ 顺时针拧张力调节螺丝 2，直到所期望的数值在张力表中显示出来。

⑪ 在钢索和接头处测试完毕后，按下列要求：尽可能逆时针拧动张力调节螺丝 2 到底；尽可能逆时针拧动粗调螺丝 5 到底；尽可能逆时针拧动夹钳螺丝 1 到底；从挂钩上拆下接头转接座；把钢索和夹具取下。

10.2.2　操纵钢索拆装

飞机各操纵钢索系统都有特定的拆装程序，下面仅讨论操纵钢索拆装的一般工作步骤，如果拆装飞机某一特定系统的操纵钢索，需根据 AMM 手册或工作单的程序实施拆装工作。

1. 操纵钢索拆卸

飞机操纵钢索拆卸的一般工作步骤如图 10－7 所示。

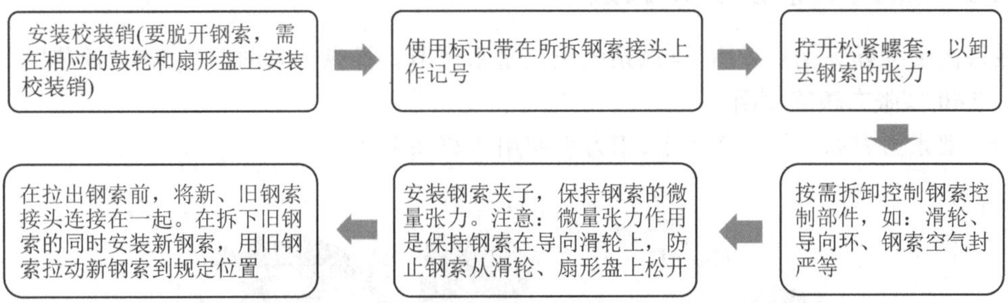

图 10－7　飞机操纵钢索拆卸步骤

2. 操纵钢索安装

飞机操纵钢索安装的一般工作步骤如图 10－8 所示。

3. 操纵钢索的清洁和润滑

用干燥不起毛的布包住钢索，采用“拉布法”来回擦拭。对于不锈钢材料制成的钢索，禁止使用润滑油脂对其进行润滑。

(1) 碳素钢操纵钢索的润滑要求

① 要在钢索的全行程涂一层薄薄的润滑脂；

② 在涂上润滑脂后，用清洁的布擦拭，只留下一层薄薄的润滑脂；

③ 在以下区域不能涂润滑脂，否则会阻碍钢索的移动：导索板、导索环、气动封严、滑轮、

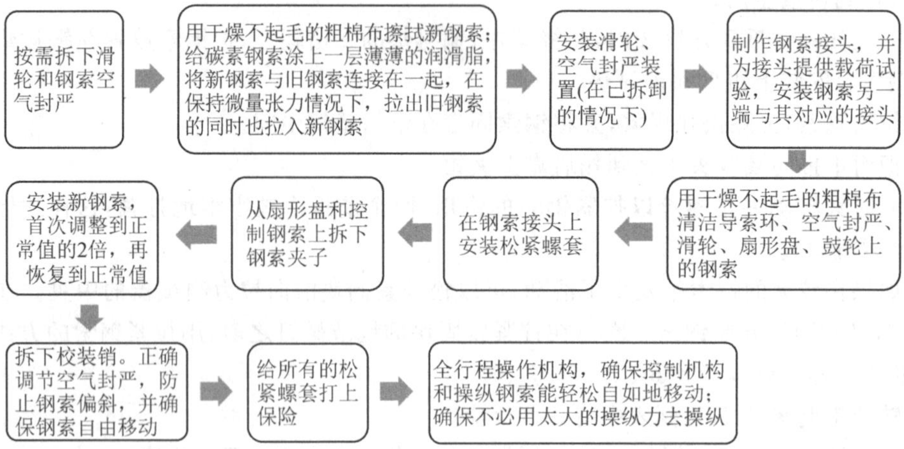

图 10-8　飞机操纵钢索安装步骤

扇形盘、鼓轮。

(2) 钢索清洁和润滑注意事项

① 溶剂(丁酮、洗剂、脱脂溶剂)对钢索内的润滑剂具有溶解作用，不要将钢索浸泡在溶剂中；

② 在大翼和吊舱等邻近高温的区域，钢索的润滑剂很容易失效，应重点检查；

③ 不要使用溶剂、油脂或油液润滑不锈钢钢索。这些材料会聚集污染物损伤不锈钢钢索内部股与股之间的表面，会降低钢索的使用寿命。

10.2.3　操纵钢索校装和保险

在每次更换操纵钢索以后，操纵系统应该重新调节。操纵钢索的调节也叫“校装”。

1. T60 型张力表的使用

T60 型张力表如图 10-9 所示，张力表使用步骤如下：

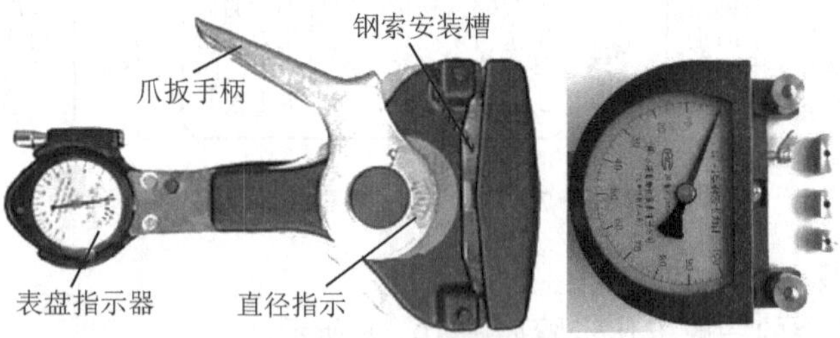

图 10-9　张力表

① 用张力表测量钢索直径，如图 10-10 所示。

② 测量钢索张力如图 10-11 所示。

③ T60 型钢索张力表使用注意事项：

- 估测钢索张力值，选择适当量程的张力表；使用前检查张力表应在校验有效期内。
- 测量时，为了减小误差，应在钢索的不同位置测出多个数值，取平均值。
- 所测张力不能超出张力表的量程，否则会损坏张力表。

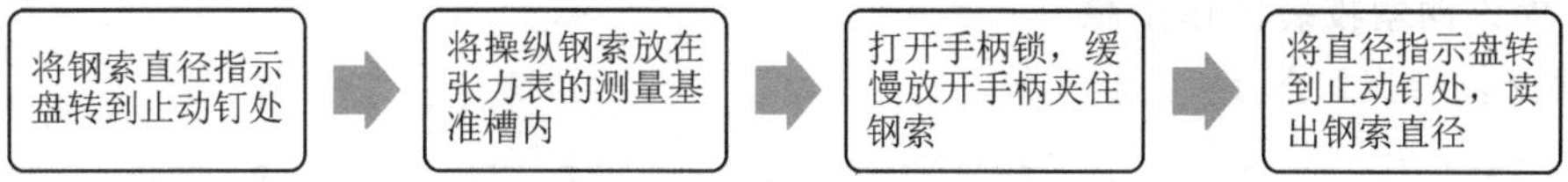

图 10－10　张力表测量钢索直径

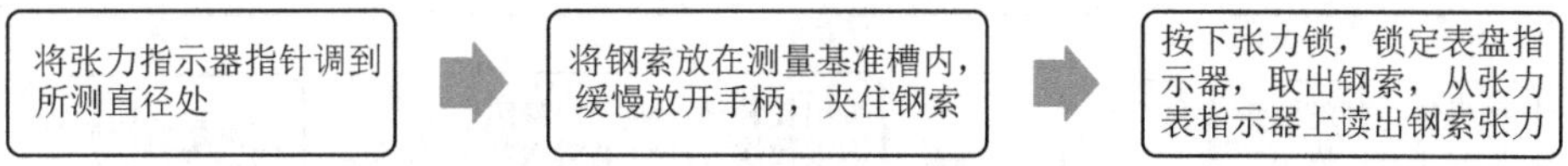

图 10－11　张力表测量钢索张力

➢ 张力表只适用于测量飞机标准钢索。

2. T2 型张力计的使用

T2 型张力计如图 10－12 所示，张力计使用步骤如图 10－13 所示。

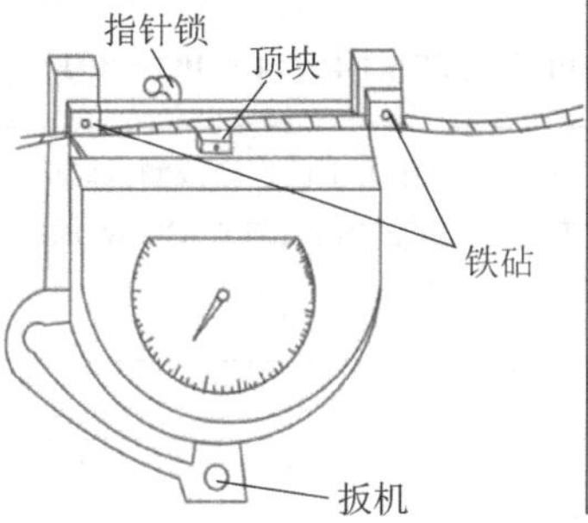

No.1			顶块	No.2		No.3
直径（1/16）	3/32	1/8	张力/lb	5/32	3/16	7/321/4
12	16	21	30	12	20	
19	23	29	40	17	26	
25	30	36	50	22	32	
31	36	43	60	26	37	
36	42	50	70	30	42	
41	48	57	80	34	47	
46	54	63	90	38	52	
51	60	69	100	42	56	
			110	46	60	
			120	50	64	

图 10－12　T2 型张力计

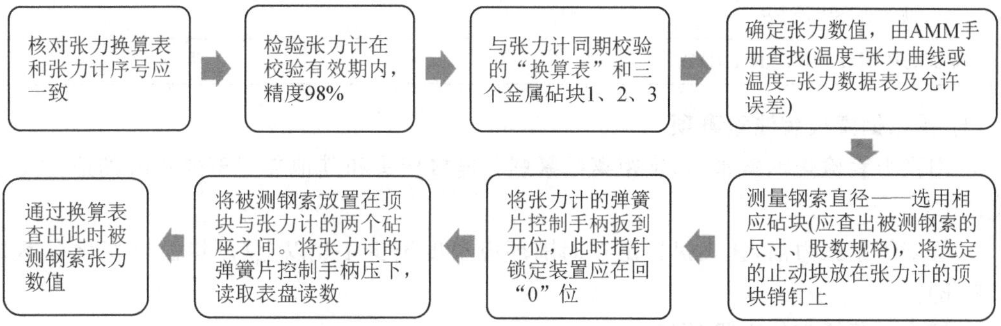

图 10－13　T2 型张力计测量步骤

3. 操纵钢索的校装

(1) 校装操纵钢索

钢索传动装置中的松紧螺套的作用是少量调节钢索长度以调节钢索张力。在松开松紧螺套以前，必须安装好校装销。安装松紧螺套时，必须将松紧螺套与两端的接头同时拧上螺纹，从而保证在装配调整后，两端啮合的螺纹长度相同。此外，还要检查每个接头螺纹是否有足够的拧入深度，露在螺套之外的螺纹不能超过 3 牙。根据维护手册有关章节的“温度-张力图表”，用张力表校装钢索张力值。

(2) 操纵钢索校装工作步骤

钢索校装步骤如图 10－14 所示。

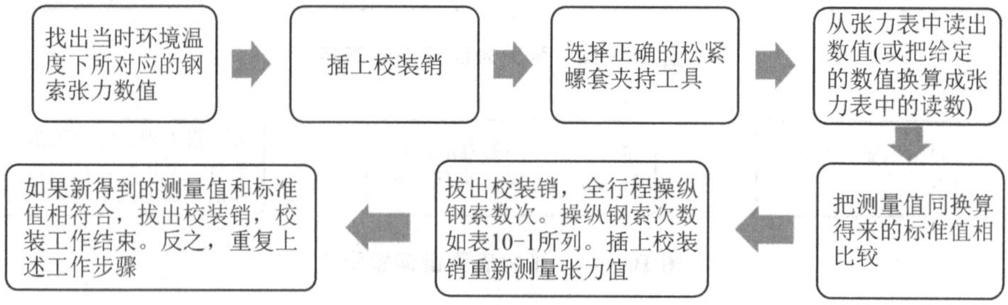

图 10－14　钢索校装步骤

测量值同换算的标准值比较，应注意：若测量值小于标准值，应向调紧方向旋转，调节松紧螺套达到标准值；若测量值大于标准值，应向调松方向旋转，调节松紧螺套达到标准值。

表 10－1　各操纵系统操纵次数(Table201/27－04－14－993－801)

钢缆系统(CABLESYSTEM)	两次工作张力下的次数或测试周期 (NUMBER OR TEST CYCLES AT TWICE WORKING TENSION)
副翼(AILERON)	20
升降舵(ELEVATOR)	25
后缘襟翼(TRAILING EDGE FLAPS)	25
方向舵(RUDDER)	25
刹车(SPEED BRAKE)	20
扰流板(SPOILER)	20
安定面配平(STABILIZER TRIM)	5

(3) 操纵钢索校装注意事项

① 用张力表检查钢索张力，须距离松紧螺套连接接头和其他装置至少 6 in 的地方安放张力表；

② 检查钢索张力前，让飞机稳定在周围环境温度至少 1 h 以上(环境温度变化率不大于 ±5 ℉/h)。

4. 钢索松紧螺套的锁紧(保险)

钢索松紧螺套锁紧(保险)可用别针锁夹和保险丝保险两种方式施工。

(1) 别针锁夹保险

别针锁夹保险的施工步骤如图 10－15 所示。

(2) 保险丝保险

如果在对松紧螺套保险时，没有别针锁夹，也可选择保险丝对其保险。保险丝保险的施工步骤如图 10－16 所示。

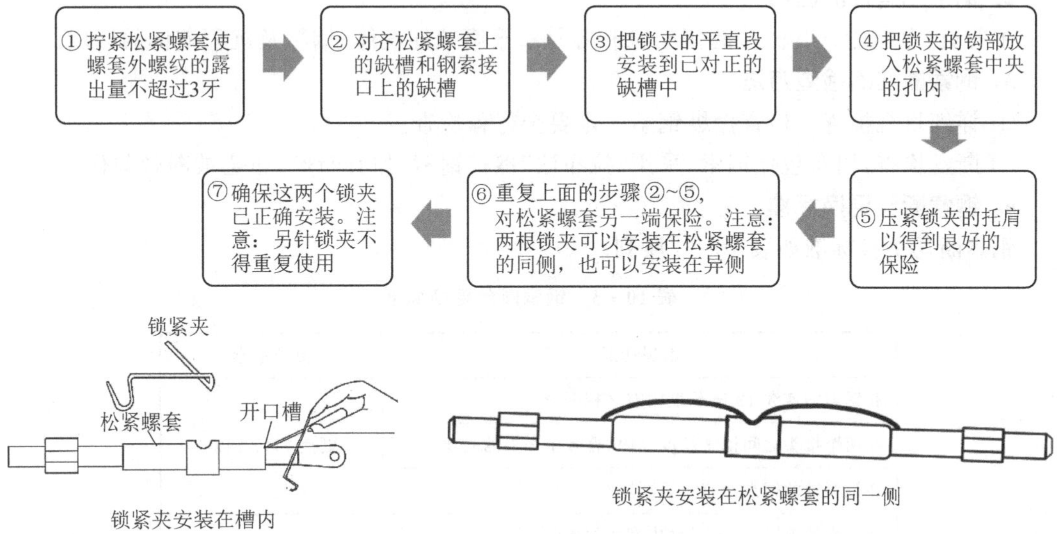

图 10－15　别针锁夹保险

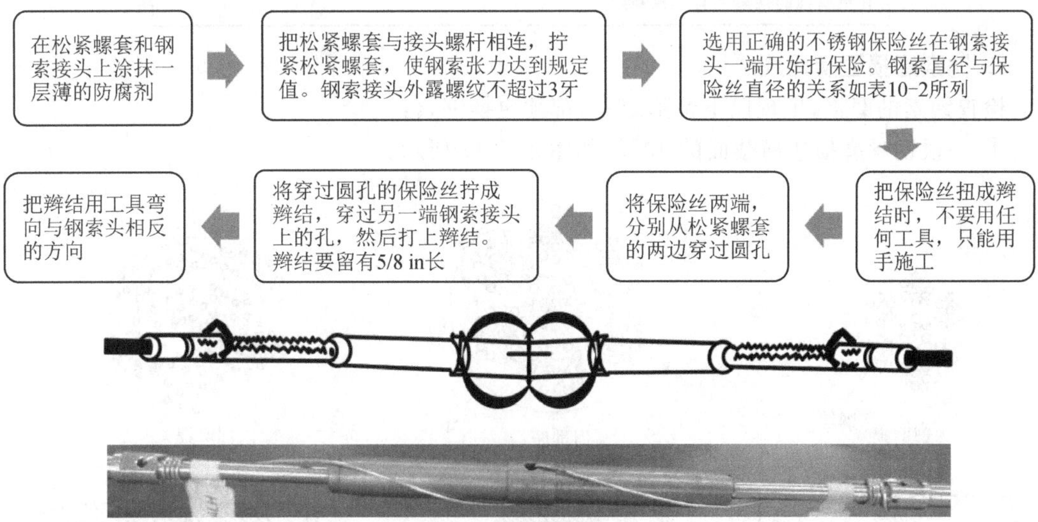

图 10－16　保险丝保险

表 10－2　钢索直径与保险丝直径的对应关系

钢索直径/in	1/16	3/32 或 1/8	5/32～5/16
保险丝直径/in	0.024	0.031	0.043

10.2.4　钢索检查

1. 钢索易损伤的位置

主要有：滑轮、鼓轮、导向环、扇形盘与周围机械部件接触。

2. 钢索易腐蚀的区域

主要有：电瓶舱、盥洗室、起落架舱和容易积聚腐蚀性气体、烟雾及沉积液体的区域。

3. 钢索断丝的检查方法

① 详细目视检查。检查操纵钢索一定要全行程检查。

② 断丝检查：用布包住钢索，采用“拉布法”擦拭钢索，如有断丝，布会被断丝勾住。

4. 钢索断丝更换标准

钢索断丝更换标准如表 10－3 所列。

表 10－3　钢索断丝更换标准

出现情况	更换钢索
在钢索的连续 12 in 长度内有 2 根断丝	更换 7×7 钢索
在两个接头之间钢索长度之内，有多于 3 根的断丝	
在被腐蚀的钢索上有 1 根断丝	
在钢索的连续 12 in 长度内有 4 根断丝	更换 7×19 钢索
在整根钢索长度之内，有多于 6 根的断丝	
在被腐蚀的钢索上有 1 根断丝	

5. 钢索磨损更换标准

检查钢索的磨损，出现以下情形之一，都须更换钢索：

① 一根钢丝磨损达横截面的 40%，如图 10－17 所示；

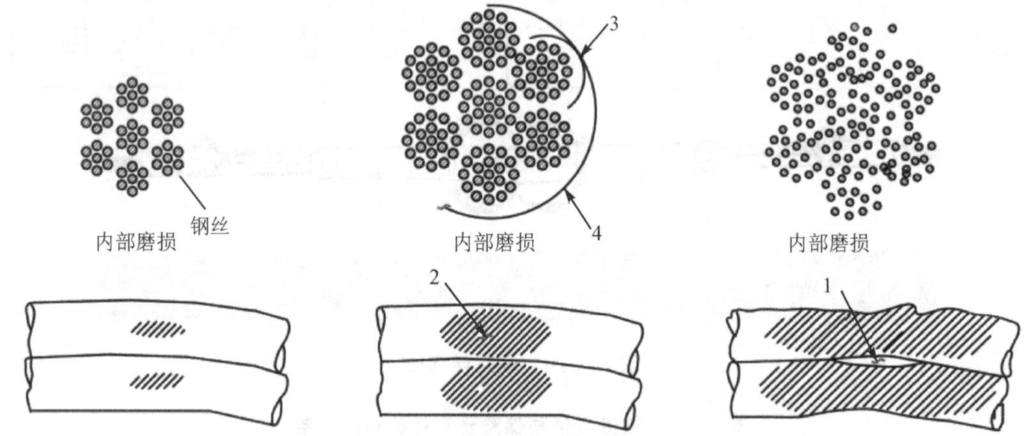

(a) 外围每根钢丝的磨损少于40%（磨损区域不掺混）　(b) 外围每根钢丝的磨损为40%~50%（磨损区域掺混）　(c) 外围每根钢丝的磨损超过50%

图 10－17　钢索磨损

② 钢索上有刻痕或切纹；

③ 钢索发生扭曲；

④ 钢索出现腐蚀。

10.2.5　操纵钢索部件检查

1. 操纵钢索接头的检查

① 详细的目视检查，确保钢索保险的方法(保险丝保险、开口销保险、松紧螺套锁夹保险)是完整的，安装任何缺失的部件；

② 检查接头挤压段表面是否有裂纹和腐蚀，如发现应更换钢索；

③ 检查接头未挤压段，如发现裂纹、腐蚀或接头弯曲大于 2°，则更换钢索；

④ 检查松紧螺套，如发现裂纹或腐蚀，则更换松紧螺套。

2. 滑轮的检查

① 详细目视检查，确保滑轮轴承润滑良好，并可以自由转动，若滑轮不能自由转动，则更换滑轮；

② 检查滑轮螺栓是否磨损，如有以下缺陷：轮缘出现磨损、轮缘出现裂纹、沟槽出现压伤、沟槽出现掉块，则更换滑轮；

③ 目视检查，并更换如图 10-18 所示的滑轮。

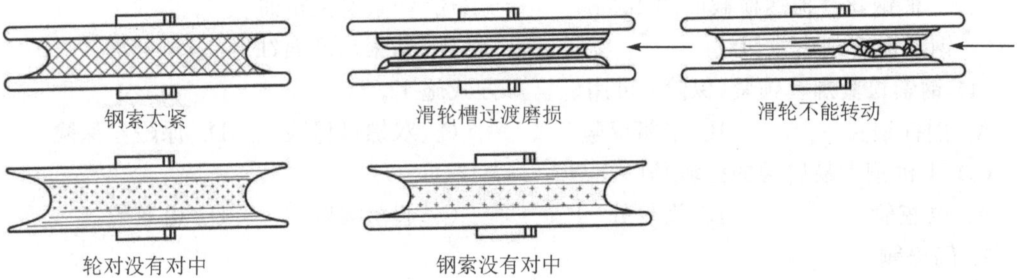

图 10-18　滑轮磨损图

10.3　课后自测

1. 单选题

(1) 下列说法错误的是(　　)。

A. 直杆型接头挤压时，钢索与接头尺寸需完全匹配，按规范要求使用量规检查接头杆的外径

B. 直杆型接头挤压时，挤压次数需要 4 次以上，避免因挤压次数不够导致接头不稳

C. 每次完成钢索接头挤压后，必须对钢索和接头的连接进行拉力测试

D. 球形接头量规测量杆部和球头的正确直径，杆部和球头都应该通过量规中的规定槽口

(2) 关于张力表说法错误的是(　　)。

A. 张力不能超出张力表量程测量

B. 张力表使用前不需要查看有效期

C. 在钢索不同位置测出多个张力数值，取平均值

D. 张力表只适用于测量飞机标准钢索

(3) 飞机操纵系统中，在小范围内调节钢索长度以调整钢索的张力大小的结构是(　　)。

A. 升降舵　　B. 方向舵　　C. 副翼　　D. 扰流板

(4) 测量值同换算的标准值比较，若测量值小于标准值，松紧螺套须(　　)以达到标准。

A. 调紧　B. 调松　C. 上调标准值　D. 下调标准值

(5) 钢索断丝更换 7×19 钢索标准不符的是(　　)。

A. 钢索的连续 12 in 长度内有 4 根断丝

B. 整根钢索长度之内，有多于 6 根的断丝

C. 两个接头间钢索长度之内，有多于 3 根的断丝

D. 被腐蚀的钢索上有 1 根断丝

2. 多选题

(1) 以下(　　)区域不能涂润滑脂，否则会阻碍钢索的移动。

A. 导索板　B. 气动封严　C. 滑轮　D. 张力补偿器

(2) 出现以下情形需要更换滑轮(　　)。

A. 钢索太紧　B. 钢索没有对中

C. 滑轮槽过度磨损　D. 滑轮不能转动

(3) 钢索的磨损，出现(　　)的情形，须更换钢索。

A. 一根钢丝磨损达横截面的 40%　B. 钢索发生扭曲

C. 钢索上有刻痕或切纹　D. 钢索出现腐蚀

(4) 钢索松紧螺套锁紧(保险) 可用(　　)方式施工。

A. 别针锁夹　B. 卡簧保险　C. 双螺母保险　D. 保险丝保险

(5) 飞机钢索易腐蚀的区域是(　　)。

A. 电瓶舱　B. 滑轮处　C. 起落架舱　D. 电瓶舱

3. 简答题

(1) 简述飞机操纵钢索拆卸的一般工作步骤。

(2) 简述飞机操纵钢索安装的一般工作步骤。

(3) 简述飞机操纵钢索校装步骤。

10.4　阅读拓展

航空工业中，若违反飞机维修程序，可能会导致严重的灾难，在航空发展史上有许多典型案例，请同学们扫码阅读学习。

美国客机事故

10.5　素养拓展

违反飞机维修程序可能会导致严重的空难，飞机拆装维护与维修必须严格按照规定程序进行，不能为了节省工时或费用而走捷径，更不能擅自改变操作程序，要有严格的职业操守，任何微小的疏忽都有可能酿成一场严重的事故。

模块六　数字化制造技术

任务 11　前机身虚拟装配

11.1　任务卡

任务编号	11	任务名称	前机身虚拟装配
学　时	6	工作区域	虚拟仿真实训室
参考资料	1.《职业技能培训 MES 系列教材》编委会. 职业技能培训 MES 系列教材 · 铆装钳工技能[M]. 3 版. 北京:航空工业出版社,2008. 2. 任仁良. 民用航空器维修基础系列教材 · 维修基本技能[M]. 北京:清华大学出版社,2010		
工作任务	按下图完成前机身上下机身虚拟铆接 		
工具设备	前机身装配及双机器人铆接虚拟仿真软件系统		
材　料	略		
任务要求	1. 了解飞机前机身结构组成,掌握前机身装配的工艺装备、工具和设备的使用方法; 2. 掌握前机身壁板组件装配和手工铆接的常规工艺方法; 3. 掌握前机身壁板组件数字化装配工艺方法—“柔性工装+双机器人铆接+数字化测量技术”; 4. 掌握前机身部件装配工艺规划、虚拟装配和双机器人铆接的流程		

续表

职业素养	1. 遵守各种规章制度，树立良好的职业素养； 2. 爱护公共财产，培养社会公德心； 3. 培养动手能力，增强自主学习能力； 4. 培养爱国意识，提高政治素养； 5. 培养树立8S意识，增强劳动纪律

11.2 知识准备

11.2.1 工装工具工艺

模块主要展示在人工铆接和双机器人铆接过程中使用的工装工具，如表11-1所列。

表11-1 工装工具表

序号	工装工具工艺零部件	图例	序号	工装工具工艺零部件	图例
1	风钻	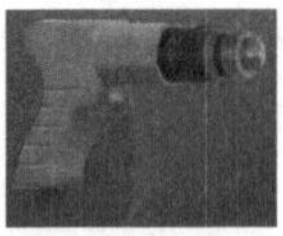	7	铆钉	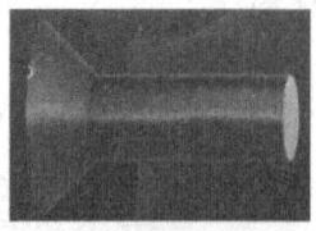
2	锪窝钻头	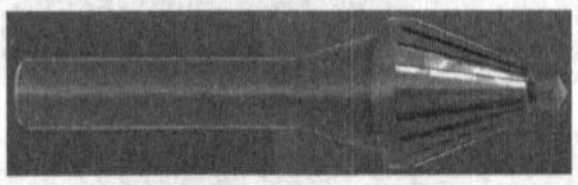	8	铆枪	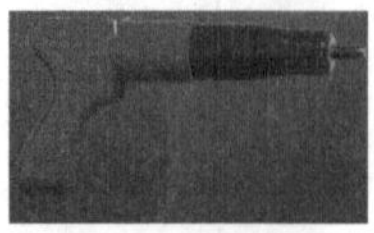
3	钻孔导套		9	铣平器	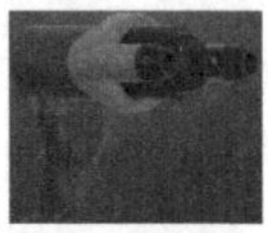
4	清洁剂		10	顶铁	
5	注胶枪		11	工业机器人	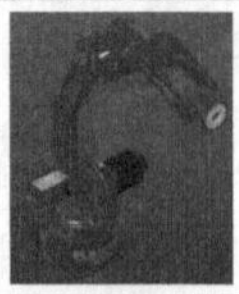
6	去毛刺钻头	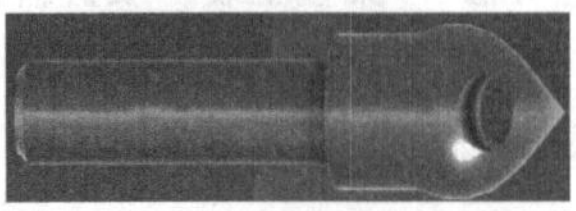	12	机身摆放工装	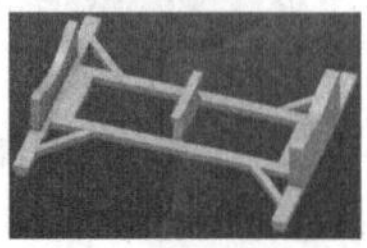

续表 11－1

序　号	工装工具 工艺零部件	图　例	序　号	工装工具 工艺零部件	图　例
13	末端 执行器		15	机身 内部 支撑架	
14	蒙皮 型架	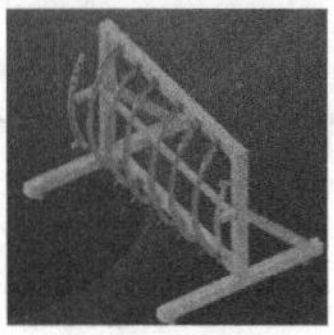	16	蒙皮 摆放 工装	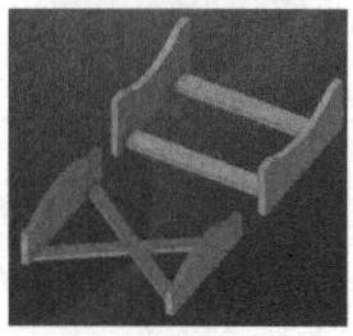

11.2.2　壁板组件人工铆接

该模块为前机身壁板组件人工铆接的虚拟试验，从最初的摆放长桁到最后的铆接，全方位地展示了人工铆接的流程。在学习中还可以通过选择道具的类型、位置进行深层交互，提高学习效率。壁板组件人工铆接流程如表 11－2 所列。

表 11－2　壁板组件人工铆接流程

步　骤	内　容	图　示	步　骤	内　容	图　示
1	查看型架		6	扩孔	
2	摆放长桁		7	锪窝	
3	吊装蒙皮		8	吊走蒙皮	
4	固定蒙皮		9	去毛刺	
5	打初孔	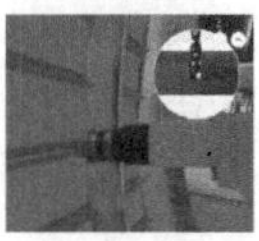	10	清洗孔位	

续表 11－2

步　骤	内　容	图　示	步　骤	内　容	图　示
11	涂胶		13	反铆法	
12	插铆钉		14	正铆法	

反铆法：铆枪在铆钉头端锤击，用顶铁顶住铆杆一端而形成镦头。优点：顶铁质量轻，受通路结构限制较少；缺点：表面质量较差。

正铆法：顶铁顶住铆钉头，铆枪的撞击力直接搭载顶杆上而形成镦头。优点：铆接表面质量比较好；缺点：顶铁较重，劳动强度大，受通路结构限制。

11.2.3 机器人铆接

1. 壁板组件双机器人铆接

该模块为前机身壁板组件双机器人铆接的虚拟试验，通过内外两个机器人对已经固定好的蒙皮进行自动化铆接。可以近距离观察机器人的铆接过程。壁板组件双机器人铆接工序如表 11－3 所列。

表 11－3　壁板组件双机器人铆接流程

步　骤	内　容	图　示	步　骤	内　容	图　示
1	查看型架		5	找正孔位	
2	摆放长桁		6	夹紧工作	
3	吊装蒙皮		7	钻锪	
4	固定蒙皮		8	注胶	

续表 11-3

步 骤	内 容	图 示	步 骤	内 容	图 示
9	插铆钉		11	铣平	
10	铆接				

2. 壁板部件双机器人铆接

模块为前机身壁板部件双机器人铆接的虚拟试验，在机身进行装配时，使用内外双机器人对各个壁板组件之间进行铆接，如表 11-4 所列。

表 11-4 壁板部件双机器人铆接流程

步 骤	内 容	图 示	步 骤	内 容	图 示
1	工装就位		7	压紧蒙皮	
2	安装隔框		8	执行钻锪	
3	安装壁板		9	执行压胶	
4	安装角片		10	插入铆钉	
5	人工固定		11	执行铆接	
6	找正孔位		12	执行铣平	

3. 上下机身对合

模块为前机身上下两个半机身对合的虚拟试验，通过一系列设备自动完成上下机身的对合，如表 11－5 所列。

表 11－5　上下机身对合流程

步　骤	内　容	图　示	步　骤	内　容	图　示
1	下半机身入位		4	上下机身对合	
2	上半机身入位		5	执行对合铆接程序	
3	激光测量定位				

11.3　课后自测

1. 单选题

(1) 每道工序及装配阶段定位基准方式是(　　)。

A. 同一基准进行定位　　B. 不同基准进行定位

C. 相同、不同基准定位都可　　D. 不需要基准，随意定位

(2) 为减少装配变形，铆接工作应在定位器打开数目(　　)的情况下进行。

A. 最多　　B. 最少　　C. 适量　　D. 不确定

(3) 开始钻孔用力适当，合理控制切削用量，转速(　　)。

A. 保持不变　　B. 先快后慢　　C. 先慢后快　　D. 时快时慢

(4) 高速飞机蒙皮与骨架之间的连接，主要用埋头铆钉，铆接后只许铆钉头(　　)蒙皮表面。

A. 低于　　B. 高于　　C. 高低都可　　D. 不确定

(5) 密封铆接时清洗的紧固件在(　　)内使用。

A. 0.5 h　　B. 1 h　　C. 2 h　　D. 3 h

2. 多选题

(1) 以下属于虚拟仿真设备和工具的是(　　)。

A. VR 系列虚拟现实工作站　　B. 立体投影

C. 建模软件　　　　　　　　　D. 数据手套

(2)(　　)是以蒙皮为基准的装配误差积累。

A. 骨架零件制造的外形误差

B. 装配型架卡板的外形误差

C. 蒙皮和卡板外形之间由于贴合不紧而产生的误差

D. 装配后产生的变形

(3) 装配过程中属于易损组件的有(　　)。

A. 玻璃组件　　B. 蜂窝组件　　C. 电缆　　D. 成品

(4) 下列属于受控工具的有(　　)。

A. 风钻　　B. 胶枪　　C. 铆枪　　D. 顶铁

(5) 前机身铆接方法包括(　　)。

A. 人工正铆法　　B. 人工正铆法　　C. 机器人铆接　　D. 螺栓连接

3. 简答题

(1) 简述壁板组件人工铆接流程。

(2) 简述正反铆法的定义及优缺点。

(3) 简述虚拟仿真系统中上下机身对合流程。

11.4　阅读拓展

虚拟现实简称 VR,虚拟装配主要由虚拟现实软件内容和外设设备构成。虚拟现实软件的内容,主要是利用三维软件,根据现实中的模型,建立相应的三维模型。然后,将三维模型导入 VR 软件中去。虚拟装配的外设,主要用来支撑虚拟现实软件的运行。

铆接机器人

为了实现虚拟现实的人机交互性能,必须有特殊设备和工具,主要包括:VR 系列虚拟现实工作站、立体投影、立体眼镜或头盔显示器、三维空间跟踪定位器、数据手套、三维立体显示器、三维空间交互球、多通道环幕系统和建模软件等。请同学们扫码阅读。

11.5　素养拓展

虚拟仿真装配技术能够帮助同学们对飞机装配技术要点理解得更加形象客观,同学们在学习过程中,需要结合书本理论知识,做到理论联系实际,加深知识学习。遵守实验室设备使用要求,爱护实验设备,规范练习方法,培养自己的职业道德规范。

任务 12　飞机机头虚拟装配

12.1　任务卡

任务编号	12	任务名称	飞机机头虚拟装配
学　时	4	工作区域	虚拟仿真实训室
参考资料	1.《职业技能培训 MES 系列教材》编委会. 职业技能培训 MES 系列教材 · 铆装钳工技能[M]. 3 版. 北京：航空工业出版社，2008. 2. 任仁良. 民用航空器维修基础系列教材 · 维修基本技能[M]. 北京：清华大学出版社，2010		
工作任务	按下图完成前机机头装配虚拟仿真实训 		
工具设备	飞机机头数字化虚拟装配仿真软件系统		
材　料	略		
任务要求	1. 了解飞机前机机头装配设备； 2. 掌握飞机前机机头系统操作步骤； 3. 掌握飞机前机机头装配流程和注意事项； 4. 掌握飞机前机机头调姿过程		
职业素养	1. 培养严谨和吃苦耐劳的工作态度； 2. 培养主动学习的意识； 3. 培养理论联系实际，注重学习方法的能力； 4. 培养爱国意识，提高政治素养； 5. 培养树立 8S 意识，增强劳动纪律		

12.2　知识准备

飞机机头数字化装配软件系统主要包括工艺集成管理系统、数据库管理系统、激光测量系统、调姿对接控制系统。

12.2.1　设备系统认知

1. 设备认知

单击“设备认知”:进入待装配部件和装配设备的认知学习。根据图12-1中右边文本提示框的内容,单击“确定”按键,进入全部设备的认知。

图12-1　待装配部件

装配部件认知完成后,根据右边文本提示框的内容,单击“结束”按键,进入装配设备的详细认知。装配设备主要包括上壁板数控定位器组、下壁板数控定位器组、左侧壁板数控定位器组、右侧壁板数控定位器组、前段数控定位器组、环形轨、激光跟踪仪、端框定位器等。

漫游移动到场景中的设备前,单击场景中设备上的标签,进入对应的设备详细结构功能的学习,如图12-2所示。

图12-2　装配设备

2. 系统认知

飞机机头数字化装配软件系统主要包括工艺集成管理系统、激光测量系统、调姿对接控制系统、环形轨道制孔系统、数据库管理系统。

(1) 工艺集成管理系统

机头自动化工艺集成管理系统(见图 12-3)将某型飞机中测量系统、调姿对接系统及其他自动化工艺装备联合起来,完成飞机大部件的自动校准、定位和对合等操作。系统发出组件目标姿态和当前姿态,规划调整路径,控制现场定位器根据设定的运动精度和运动分辨率,实现机头组件调姿、定位与装配连接。通过工艺集成管理系统发送给环形轨道制孔系统的任务指令,环形轨道制孔系统完成各个壁板连接部位的制孔、锪窝,通过激光测量系统完成激光跟踪仪的控制,如:根据工艺集成管理系统的需求,建立现场装配坐标系,对现场公共观测点及姿态评价点进行测量、评价等。工艺集成管理系统的功能介绍如图 12-4 所示。

图 12-3　工艺集成管理系统

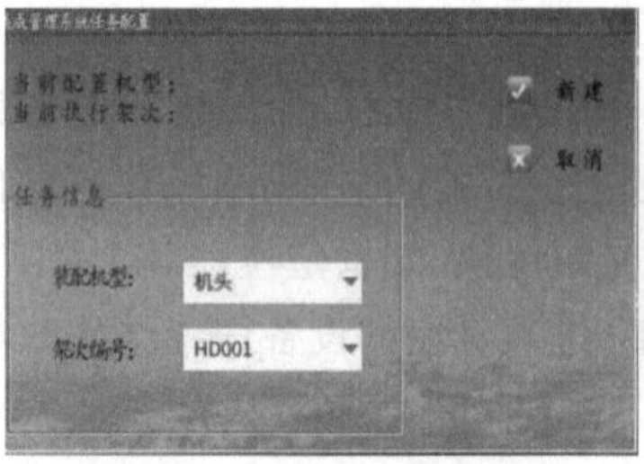

(a) 新建任务

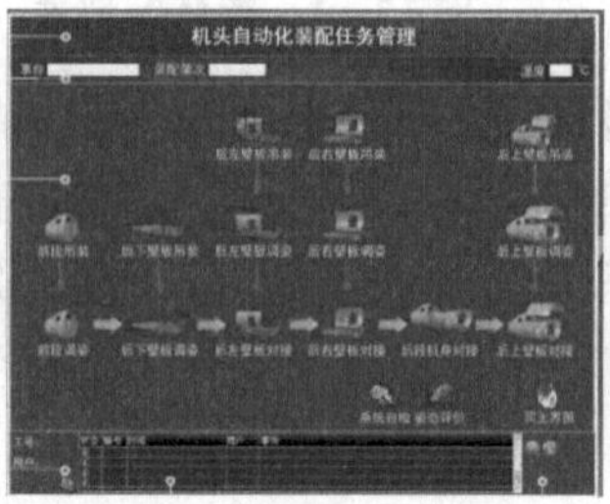

(b) 任务管理

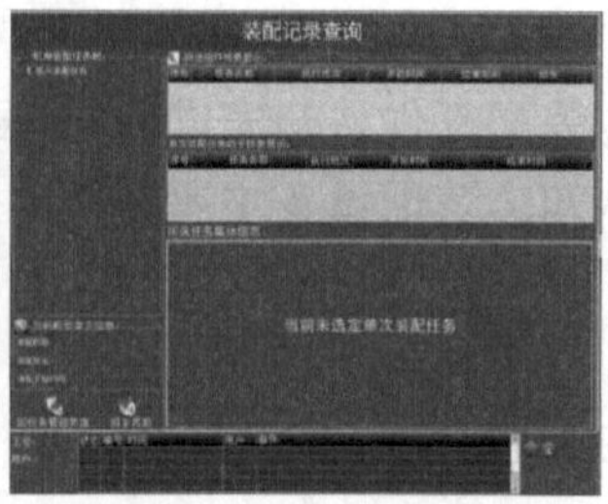

(c) 装配记录查询

(d) 装配动画演示

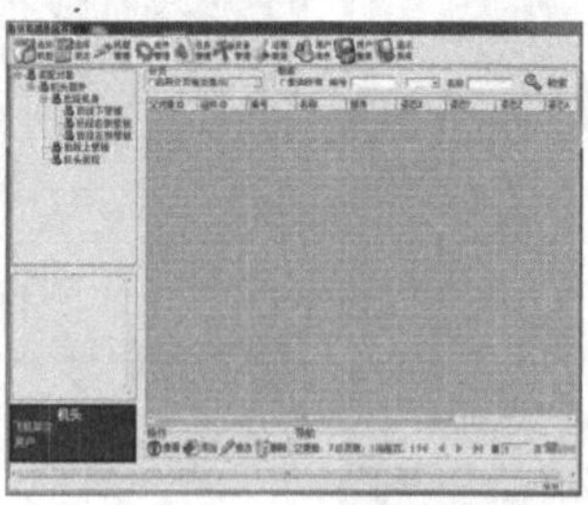

(e) 数据库系统

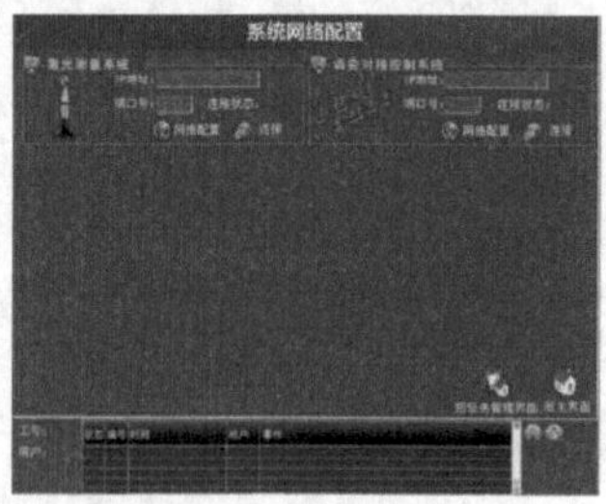

(f) 服务配置

图 12-4　工艺集成系统功能介绍

图 12-4 中:

① 新建任务　进行任务的新建操作,如图 12-4(a)所示;

② 任务管理　完成机头自动化装配管理,如图 12-4(b)所示;

③ 装配记录查询　查询装配历史记录，如图 12－4(c)所示；

④ 装配动画演示　演示装配工艺流程中的各个环节，如图 12－4(d)所示；

⑤ 数据库系统　向工艺集成管理系统提供各工装设备和装配机型的相关参数，如图 12－4(e)所示；

⑥ 服务配置　服务配置的系统包括激光测量系统，调姿对接控制系统，如图 12－4(f)所示。

(2) 激光跟踪测量系统

激光测量系统(见图 12－5)通过激光跟踪仪接口，访问激光跟踪仪服务器，控制其实现初始化、松电机、关激光、定时开激光、回鸟巢、测量、搜索靶球、改变配置参数等操作。它既可以独立地开展测量，实现飞机大部件对接系统中装配坐标系建立的测量和大部分计算工作，又可以接受主控系统的各种装配测量任务，实现批量点的自动测量、自动连续跟踪测量、机头支撑球头测量的工作。

图 12－5　激光测量系统

激光测量系统作为一个测量工作站，其基本功能是实现与激光跟踪仪的通信及对它的基本操作，包括通过激光跟踪仪实现一些基本的测量功能，以及实现激光跟踪仪内部各种参数的设置。激光测量系统支持 LeicaLTD640、LTD840、LTD800、AT901－LR、AT901－B 激光跟踪仪，支持 T－Cam 和 T－Probe 进行测量，在运算处理上，它提供了直线拟合、平面拟合、球心拟合、圆心拟合，基于点、线、面的测量，求交、投影，以及坐标系建立、修改、测量点坐标系转换等功能。激光测量系统不仅可独立完成飞机装配系统的测量、建模、分析工作，还能在装配过程中与主控系统和控制系统结合，实现自动化测量、调姿的全闭环工作。激光测量系统功能介绍如图 12－6 所示。

图 12－6 中：

① 系统设置　配置激光跟踪仪参数，包括单位、温度范围、测量模式参数等，如图 12－6(a)所示；

② 基本功能　完成跟踪仪基本测量功能，如初始化、回鸟巢、静态测量、连续测量，如图 12－6(b)所示；

③ 坐标系　三点建立坐标系、3－2－1 建立坐标系、点线面建立坐标系、跟踪仪转站，如图 12－6(c)所示；

④ 部件测量功能　根据选定的测量点为基准，测量评价指定的点，并给出测量报告，如图 12－6(d)所示；

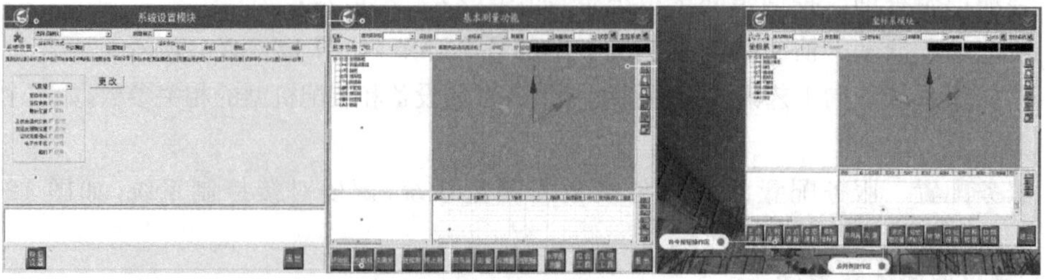

(a) 系统设置　　(b) 基本功能　　(c) 坐标系

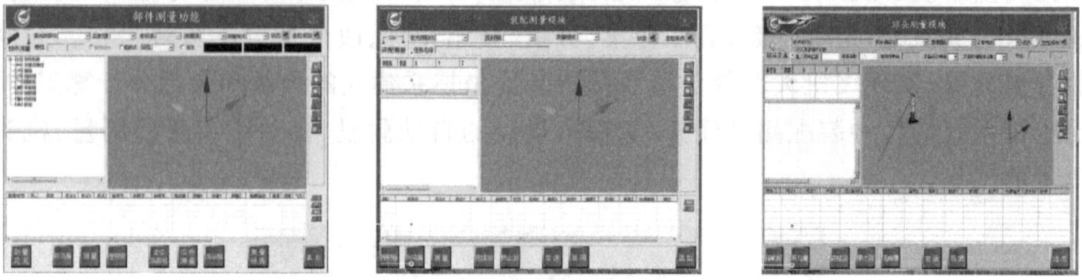

(d) 部件测量功能　　(e) 装配测量　　(f) 球头测量

图 12－6　激光测量系统功能介绍

⑤ 装配测量　配合机身、机翼调姿态、对合、精加工测量，如机身机翼姿态测量和位置监控等，如图 12－6(e)所示；

⑥ 球头测量　使用连续测量方式或逐点测量方式测量工艺球头，如图 12－6(f)所示。

另外，激光测量系统中还包括：

➢ 服务设置　连接跟踪仪，断开跟踪仪；

➢ 退出系统　退出测量系统。

(3) 调姿对接控制系统

图 12－7 所示调姿对接控制系统高，其中包含初始化、组件吊装、组件调姿、组件对接、端框安装、机头下架、人工模式七大模块。各模块的功能如图 12－8 所示。

图 12－7　调姿对接控制系统

图 12－8 中：

① 初始化　显示系统配置、设备自检、机型配置完成状态，如图 12－8(a)所示。

② 组件吊装　有下壁板、左侧壁板、右侧壁板、上壁板吊装，如图 12－8(b)所示。以下壁

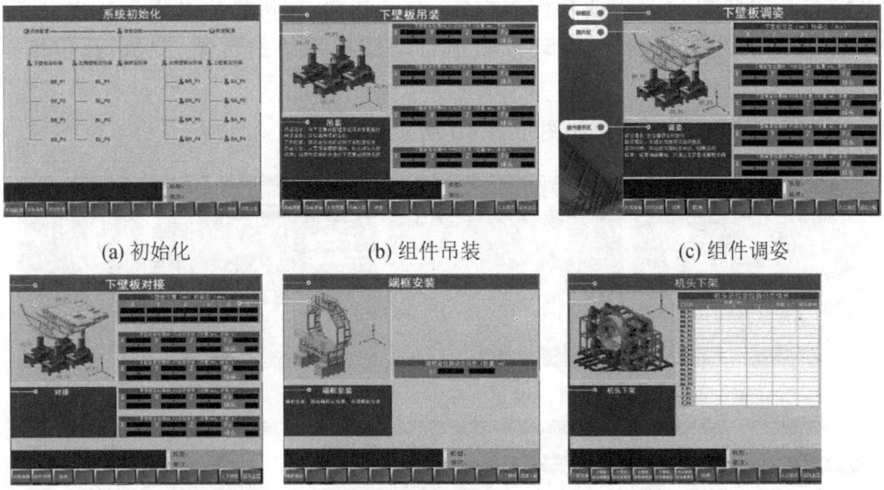

(a) 初始化　(b) 组件吊装　(c) 组件调姿

(d) 组件对接　(e) 端框安装　(f) 机头下架

图 12-8　调姿对接控制系统功能介绍

板吊装为例：

- 吊装请求　向工艺集成管理系统请求吊装操作；
- 吊装准备　定位器吊装初始化；
- 工作配置　驱动定位器运动到吊装配置位置吊装入位，人工吊装壁板组件，使其球头入位；
- 结束　结束吊装操作并通知工艺集成管理系统。

③ 组件调姿　包含上下壁板、左右两侧壁板、机头前段调姿，如图 12-8(c)所示。

④ 组件对接　包含上下壁板、左右两侧壁板、机头前段的对接，如图 12-8(d)所示。

⑤ 端框安装　移动端框定位器，实现端框安装，如图 12-8(e)所示。

⑥ 机头下架　下架机头，如图 12-8(f)所示。

(4) 环形轨道制孔系统

图 12-9 所示为环形轨道制孔系统，它基于面向事件(工艺流程)的思想设计，利用工业以太网、ZMP 控制卡、千兆网卡、SynqNet 实时现场总线以及 Slicel/o 等协同控制环形轨各数控

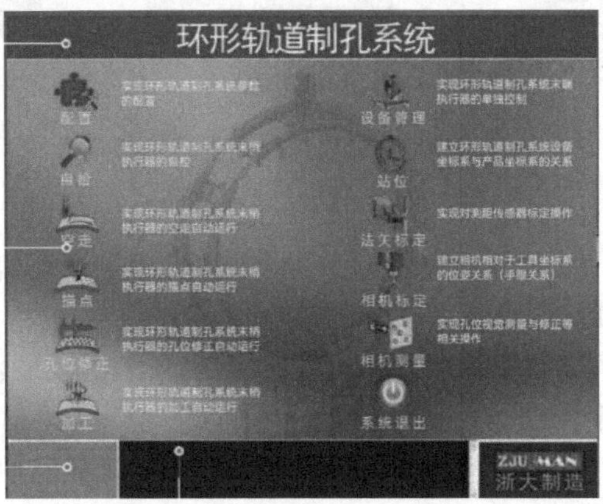

图 12-9　环形轨道制孔系统

运动轴、I/O 接口、电主轴以及工业相机等设备，通过光栅、编码器以及磁性接近开关等部件实现设备位置和状态的实时反馈，完成环形轨道自动质控系统的转站、测量、孔位修正、制孔等功能。

环形轨道制孔系统功能介绍，如图 12－10 所示。

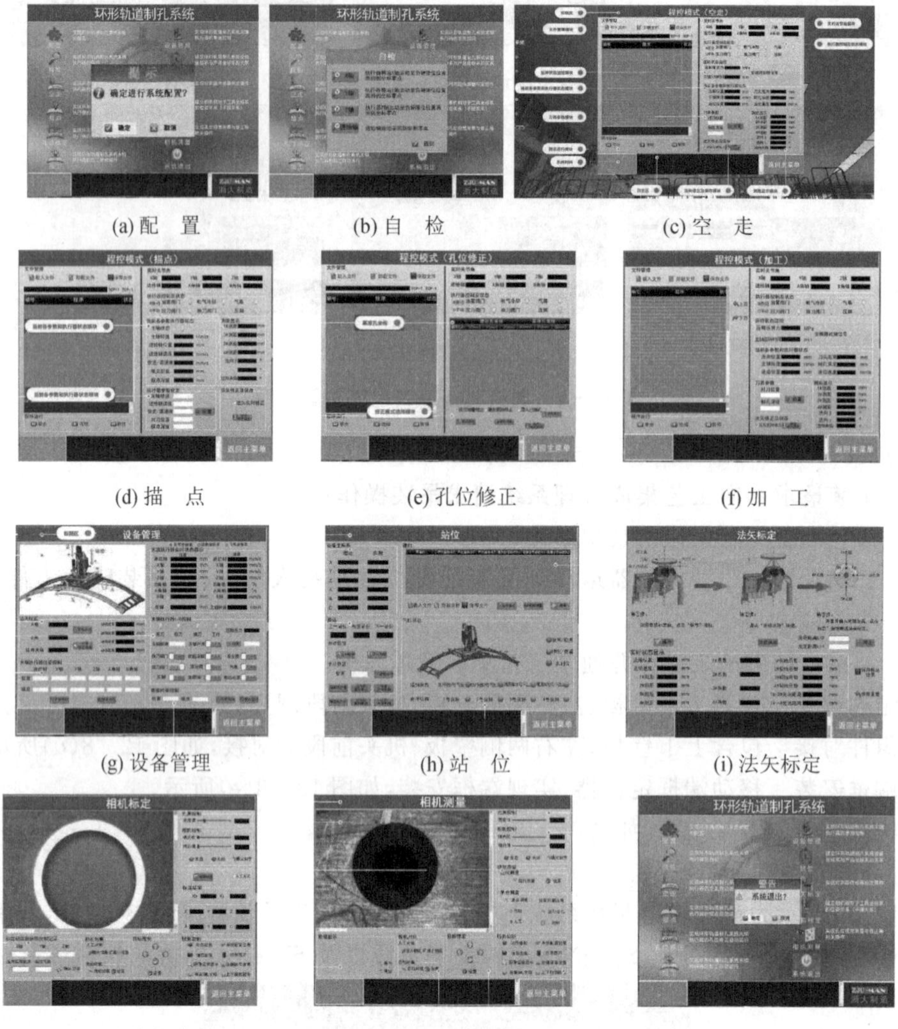

(a) 配　置　　(b) 自　检　　(c) 空　走

(d) 描　点　　(e) 孔位修正　　(f) 加　工

(g) 设备管理　　(h) 站　位　　(i) 法矢标定

(j) 相机标定　　(k) 相机测量　　(l) 系统退出

图 12－10　环形轨道制孔系统功能介绍

图 12－10 中：

① 配置　配置成功后日志框会输出站位号、配置成功等系统信息，实现环形轨道制孔系统参数的配置，如图 12－10(a)所示。

② 自检　实现环形轨道制孔系统末梢执行器控制，能通过动画演示装配工艺流程中的各个环节，如图 12－10(b)所示。

③ 空走　实现环形轨道制孔系统末梢执行器的空走自动运行，如图 12－10(c)所示。

④ 描点　实现环形轨道制孔系统末梢执行器的描点自动运行，如图 12－10(d)所示。

⑤ 孔位修正　实现环形轨道制孔系统末梢执行器的孔位修正自动运行，如图 12－10(e)所示。

“基准孔坐标”：显示程序中的基准孔理论坐标和基准孔实际坐标。

“修正模式选择”：

- 选择“视觉测量修正”模式，勾选一个基准孔；
- 单击“运动至孔”按钮，使相机运动到目标基准孔处；
- 单击“相机测量”，转入视觉测量界面，测量该基准孔在当前设备坐标系下的坐际，返回该界面，表格中的“实际孔坐标”已经自动填入；
- 同样的方法测量其余基准孔；
- 所有基准孔测量完毕后，单击“多孔修正”按钮，完成孔位修正操作，再单击“保存修正结果”按钮，保存孔位修正结果。

⑥ 加工　实现环形轨道制孔系统末梢执行器的加工自动运行，如图 12－10(f)所示。

⑦ 设备管理　实现环形轨道制孔系统末端执行器的单独控制，如图 12－10(g)所示。

- “末端执行器实时状态显示”：显示执行器各个运动轴实时位置和运动速度，包括主轴实时转速以及压脚位置信息；
- “法矢校正”：执行器刀具轴线与飞机蒙皮表面法矢修正操作，其中“1＃测距”、“2＃测距”、“3＃测距”和“4＃测距”显示压脚端四个激光位移传感器读数；
- “末端执行器 I/O 控制”：对执行器上的各个 I/O 开关、主轴、压脚的参数设置以及打开(伸出)、关闭(收回)控制；
- “末端执行器位姿控制”：控制执行器 XYZ 关节轴、AB 角关节轴以及进给轴的运动和停止。

⑧ 站位　建立环形轨道制孔系统设备坐标系与产品坐标系关系，如图 12－10(h)所示。

- “建站”：单击“载入文件”，加载带有建站基准孔理论坐标值的 xml 文件。
- 选中一个基准孔，单击“运动至孔”，执行器将带相机运动到当前选中的基准孔处。
- 单击“相机测量”，转到视觉测量界面进行基准孔测量和对中操作。测量完成后返回该界面，目标基准孔实测设备坐标系下的坐标值已自动填写进表格。
- 建站基准孔测量完毕后，单击“计算”，完成建站计算。
- 单击“保存文件”，保存建站结果。“卸载文件”用于卸载当前加载的建站 xml 文件。
- “换站”：实现环形轨的自动、手动换站功能。

⑨ 法矢标定　实现对测距传感器标定操作及压脚端面四个激光位移传感器的标定工作(见图 12－10(i))：

- 按照图文要求安装法矢标定用的标定盘。
- 单击“保存”，保存激光测距仪初始读数→单击“进给运动”，主轴分五次进给计算平均系数，进给完成后回到距压脚端面大约 5 mm 位置；测量标定盘上 1 号激光传感器光斑与 2、4 号激光传感器光斑的距离，填入对应编辑框中。
- 单击“标定”，完成法矢标定操作。

⑩ 相机标定　建立相机相对于工具坐标系的位姿关系(手眼关系)，如图 12－10(j)所示。

“标定初始数据修改和记录”根据手眼关系标定方法：

- 在试刀板上钻出两个孔(孔距建议为 20 mm 或至少保证两个孔能够同时出现在相机

视野中)；

- 不要移动执行器，直接转到“相机标定”界面，在“标定初始数据修改和记录”模块中输入 X、Y、Z 关节轴的当前位置，及制孔时压脚实际伸出的距离值；
- 输入实际钻孔的孔间距，单击“确认记录”，完成初始数据保存；
- “测量标定”完成初始数据保存后，单击“相机标定”完成相机内参和外参的标定。

⑪ 相机测量　利用执行器上面安装的工业相机，对目标基准孔进行测量，同时对相机和光源进行控制。实现孔位视觉测量与修正等相关操作，如图 12－10(k)所示。

- “光源控制”：通过 RS232 串口通信调节和相机配套的光源亮度，为相机拍摄提供良好的照明条件。
- “相机控制”：相机的打开、关闭、曝光调节操作。
- “数据显示”：通过右上角的下拉列表框，可以切换不同的显示窗口，可显示数据为：自动对焦、自动搜索、单步测量、迭代测量和视觉标定。
- “相机对焦”：有对焦功能，驱动执行器将相机移动到最清晰的位置拍摄。
- “目标搜索”：目标孔不在或不完全在相机视野范围内时，移动执行器将使得目标孔回到相机视野范围内。
- “相机测量”：“单步测量”提取图像中的圆孔，并返回其相对于设备坐标系的坐标(偏差)；“运动至孔”用于制完孔后将相机焦点移到当前 TCP(所制孔位)的位置；“对中”根据所测圆心坐标，驱动执行器运动，使得下一次测量时，被测圆孔位于图像视野中心；“迭代测量”结合“单步测量”和“对中”两个操作，进行迭代，直到被测圆孔到图像中心的误差在允许的范围内。

⑫ 系统退出　退出环形轨道制孔系统，如图 12－10(l)所示。

(5) 数据库管理系统

机头自动化工艺集成管理系统中使用了大量的数字化设备和工装，数据库管理系统主要针对工艺集成管理系统的数据管理需要，提供各工装设备的相关参数、装配机型的基本参数和工艺参数信息，并保存系统运行过程中实时产生的设备状态、架次状态和测量数据等动态信息。

➢ 选择机型　在飞机型号下拉框中，显示所有飞机型号名称；
➢ 选择架次　在飞机架次下拉框中，显示所有飞机架次名称；
➢ 机型管理　包括机型、检测点和公共观测点三项子模块信息的显示；
➢ 组件管理　主要完成装配对象信息的显示、添加、修改和删除等编辑功能；
➢ 任务管理　主要是完成任务信息的显示、添加、修改和删除等编辑功能；
➢ 设备管理　完成任务信息的显示功能、添加、修改和删除等编辑功能；
➢ 过程数据　完成系统运行历史数据的显示；
➢ 用户角色　主要包括角色和用户两大节点；
➢ 用户登录；
➢ 退出系统　退出数据库管理系统。

12.2.2 装配案例操作

单击“装配案例操作”，进入装配案例操作主界面，根据提示单击左侧装配流程按键，进行装配案例操作各个步骤的学习，如图 12－11 所示。

装配案例操作步骤：系统初始化→吊装→调姿→对接→制孔→清理→铆接→机头下架。

系统初始化需用到的系统有三个：装配集成管理系统、装配控制系统和激光测量系统，根据提示进行操作。

机头下架只用到装配控制系统。

图 12－11 装配案例操作

12.2.3 调姿过程训练

单击“调姿过程训练”，进入调姿过程训练主界面，操作方式同“系统初始化”，单击界面中的“帮助”按钮可查看操作提示。

12.2.4 考核模块

单击“考核模块”国，进入考核主界面，包括装配案例操作和调姿过程训练两个模块。图 12－12 所示为考核模块。

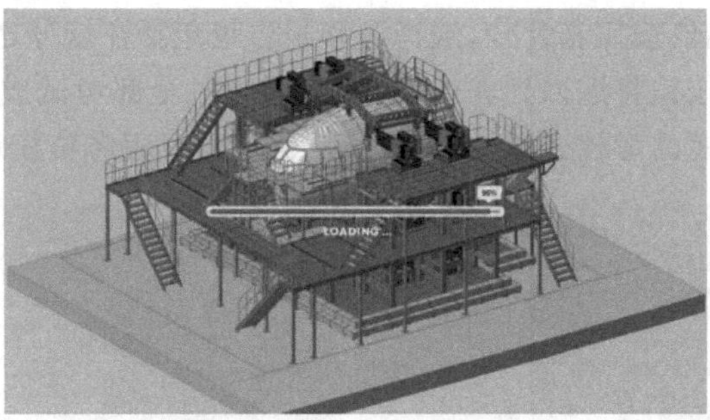

图 12－12 考核模块

1. 装配过程考核

选择“装配过程考核”，对装配案例操作的过程进行考核，左上角为计分板，全部考核过程的满分为 100 分，根据单击正确的按钮来计分，选择题也包括在计分之内。单击装配流程主界面右上角的“返回”按钮将返回到软件主界面，同时对全部考试成绩进行上传。在每一个操作步骤完成后将会有对应的选择题考核，所有的装配流程考核操作都是这个方式。图 12－13 所示为装配考核模块。

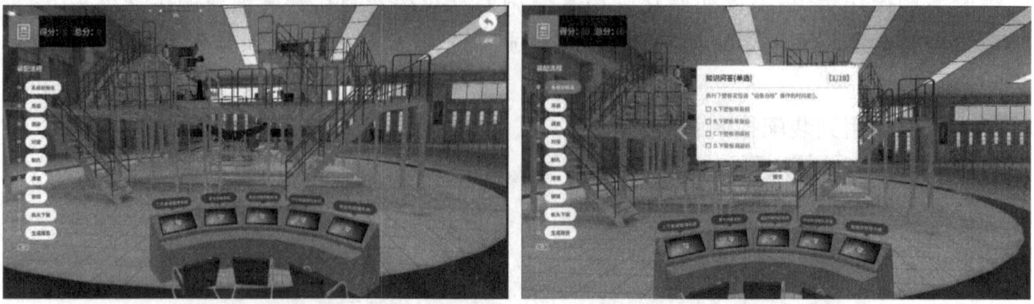

图 12－13　装配考核模块

考核中，装配流程按钮中多了一个“生成报告”按钮，只有在完成吊装和调姿步骤后单击该按钮才有效，单击后生成两份报告如图 12－14 所示，分别单击每份报告的“提交”按钮将自动提交报告，单击右上角的“返回”按钮，将自动上传报告。

图 12－14　装配考核模块报告生成

2. 调姿过程考核

选择“调姿过程考核”，对调姿全部过程进行考核，左上角为计分板，全部考核过程的满分为 100 分，根据单击正确的按钮来计分，选择题和报告也包括在计分之内。单击调姿过程考核主界面右上角的“返回”按钮将返回到软件主界面，同时对全部考试成绩进行上传。在调姿步骤操作完成后进行选择题的考核。图 12－15 所示为调姿过程考核模块。

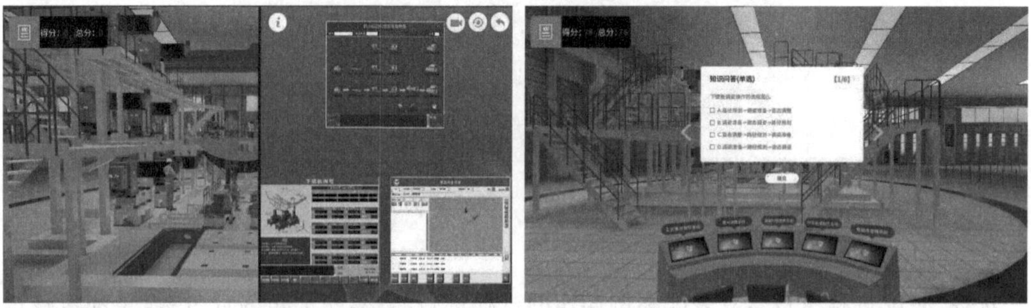

图 12－15　调姿过程考核模块

选择题考核结束后，将进入调姿报告提交界面（见图 12－16），单击调姿报告的“提交”按钮将自动提交报告，单击右上角的“返回”按钮，将自动上传报告。

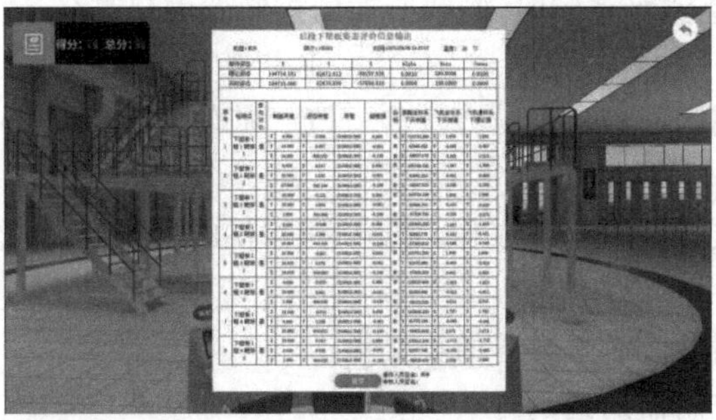

图 12-16　调姿过程考核模块报告生成

12.2.5　创新与互动

单击“创新与互动”,进入创新与互动主界面,如图 12-17 所示。

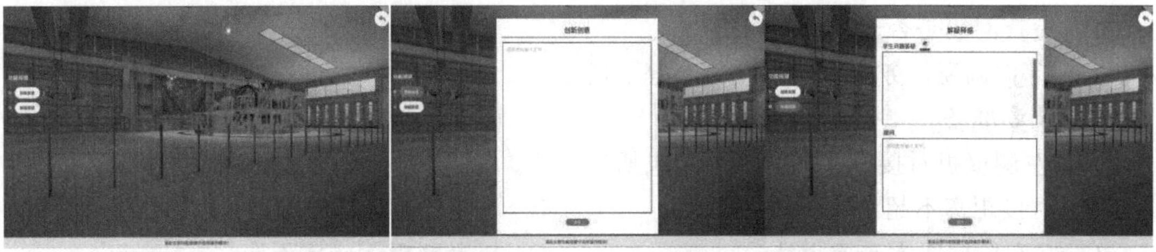

图 12-17　创新与互动

创新创意:单击“创新创意”后进入该界面,在输入框中输入创新内容,输入完成后单击“提交”按钮后,创新内容将自动提交;单击右上角“返回”按钮,创新报告将自动上传。

解疑释惑:单击“解疑释惑”后进入解疑释惑界面,该界面分为两个窗口,上方为学生答疑解惑,下方为提问窗口,在提问窗口文本框中输入提问内容,输入完成后单击“提交”按钮,将自动提交提问内容;单击右上角“返回”按钮,该报告将自动上传。

12.3　课后自测

1. 单选题

(1) 下列情况中可测量系统不能完成自动测量的是(　　)。

A. 测量过程中,工人挡住了激光光线　　B. 靶球没有放好

C. 测量系统连接的激光跟踪仪的 ID 与数据库不相符合　　D. 以上都是

(2) 机头自动化装配集成管理系统的核心功能是(　　)。

A. 任务管理　　B. 历史记录　　C. 网络配置　　D. 新建任务

(3) 执行下壁板定位器“设备自检”操作的时间是(　　)。

A. 下壁板吊装前　　B. 下壁板吊装后　　C. 下壁板调姿前　　D. 下壁板调姿后

(4) 机头下架时,最后复位的定位器组是(　　)。

A. 上壁板定位器组　　B. 下壁板定位器组

C. 左侧壁版定位器组　　D. 右侧壁版定位器组

(5) 激光跟踪仪连接测量系统时，网线所插的控制器网口是(　　)。

A. LAN 口　　B. NC 口

C. 控制器背后中间的网口　　D. 随便哪个网口

2. 多选题

(1) 若跟踪仪已连接，但不能正常工作，要确认跟踪仪出现的问题须查看的地方是(　　)。

A. 测量软件日志栏的错误信息

B. 激光跟踪仪控制器液晶显示屏的英文提示

C. 激光跟踪仪和控制器的指示灯

D. 激光跟踪仪电缆线是否已插紧

(2) 下列属于测量前准备工作的是(　　)。

A. 检查激光跟踪仪电缆线是否正常连接

B. 检查 Motor 开关是否打开

C. 旋转测量靶球，检查靶球测量误差是否在正常的范围内

D. 检查网线是否连接正常

(3) 部件调姿任务主要包括(　　)等子任务。

A. 调姿准备　　B. 姿态调整　　C. 姿态评价　　D. 路径规划

(4) 左侧壁板对接操作的注意事项包括(　　)。

A. 对接距离不超出定位器行程　　B. 与下壁板无碰撞干涉

C. 与右侧壁版无碰撞干涉　　D. 与上壁板无碰撞干涉

(5) 测量系统支持的仪器是(　　)。

A. LTD 840 激光跟踪仪　　B. 电子水平仪

C. API 激光跟踪仪　　D. AT901-LR 激光跟踪仪

3. 简答题

(1) 简述激光跟踪仪转站时，如何指光(按顺序书写)。

(2) 简述下壁板调姿操作的流程。

(3) 机头自动化装配集成管理系统的任务管理功能主要包括哪些？

12.4 阅读拓展

C919 大型客机是我国首款按照国际通行适航标准自行研制、具有自主知识产权的喷气式干线客机。座级 158～192 座，航程 4 075～5 555 km。2015 年 11 月 2 日完成总装下线，2017 年 5 月 5 日成功首飞，2022 年 9 月 29 日获得中国民用航空局颁发的型号合格证，2022 年 12 月 9 日全球首架交付，2023 年 5 月 28 日圆满完成首次商业飞行。(摘自中国商用飞机有限责任公司官网 http://www.comac.cc/cpyzr/c919/)

飞机机头数字化装配技术

C919 机长 38.9 m、翼展 35.8 m、机高 11.95 m，空机质量45.7 t、最大商载 18.9 t，为 C 类飞机，动力源配备两台涡扇发动机。

C919 机头由成飞公司(成都)制造，前机身和中后机身由洪都航空公司(江西)制造，中机身、中央翼、缝翼、襟翼等由西飞公司(西安)制造，后机身和垂尾由沈飞公司(沈阳)制造，前起

舱门、主起舱门等由哈飞公司(哈尔滨)制造。该机型在研制过程中充分借鉴和运用了国内外同类产品的先进理念和最新技术,包括绿色制造、并行生产、数字化装配技术等。请同学们扫码阅读。

12.5　素养拓展

C919 大飞机研制历程,凝聚了几代航空人的心血。我国是飞机使用大国,在 C919 问世之前不是飞机的制造大国,从 1970 年自主研制的运十飞机立项,到现在 C919 的成功交付,是一代代航空人的努力奋斗,是多个省市、上千多家企事业单位、近 30 万人共同努力的结果,凝聚着几代航空人的心血,是他们不畏艰险,脚踏实地地干出来,如今随着首次商业载客飞行,让中国的“大飞机梦”一步步照进现实。

C919 从研发到首架飞机交付,是一代代航空人接续努力,实现一个个突破,克服重重困难得来的结果,是“长期奋斗、长期攻关、长期吃苦、长期奉献”结出的硕果。年轻科研人员的平均年龄只有 30 岁左右,他们怀揣着航空报国梦,将青春热血浸润到每一个部件的研发、设计和制造当中。一代代中航空人,以“一定要把装备制造业搞上去,把大飞机搞上去”的青春梦想,用永不放弃、志在必得的精神支撑起“国之重器”的起飞。

同学们也要努力学习,夯实技能本领,爱国敬业,发扬“长期奋斗、长期攻关、长期吃苦、长期奉献”,在以后的工作岗位中,为祖国的航空航天事业贡献自己的青春和力量。